Der verschwundene
Journalist

Eva Züchner

Der verschwundene Journalist

Eine deutsche Geschichte

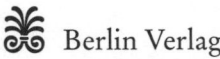 Berlin Verlag

Mix
Produktgruppe aus vorbildlich bewirtschafteten
Wäldern und anderen kontrollierten Herkünften
www.fsc.org Zert.-Nr. GFA-COC-001278
© 1996 Forest Stewardship Council

© BV 2010 Berlin Verlag GmbH, Berlin
Alle Rechte vorbehalten
Umschlaggestaltung: Nina Rothfos und Patrick Gabler, Hamburg
Typografie: Birgit Thiel, Berlin
Gesetzt aus der Stempel Garamond von Greiner & Reichel, Köln
Druck und Bindung: CPI – Ebner & Spiegel, Ulm
Printed in Germany
ISBN 978-3-8270-0896-1

www.berlinverlage.de

INHALT

ABSCHIED VON EINEM BILD

Einleitung

»Das Gute an der Geschichte ist, daß sie eigentlich keinen Schluß hat.« Das hast du 1937 in einer deiner munteren Reportagen geschrieben, da warst du vierundzwanzig Jahre alt. Du hattest keine Ahnung, welch lebenslängliche Bürde es sein kann, wenn eine Geschichte keinen Schluss hat – eine Geschichte wie deine. Für dich hatte sie natürlich einen Schluss, und zwar einen unausdenkbar schrecklichen, wie ich annehme, aber in den Träumen deiner Frau, meiner Mutter, bist du immer wieder, noch nach Jahrzehnten, zurückgekommen als ein Lebender, und ich selbst, deine Tochter, versuche nun, deiner Geschichte endlich einen Schluss zu geben, indem ich sie aufschreibe.

Der Augenblick deines Verschwindens, wie meine Mutter ihn mir erzählte, hat sich in mein Gedächtnis gebrannt wie eine düstere Filmszene. Es ist der 21. September 1945, ein Freitag, vier Monate nach Kriegsende. Wir drei – Vater, Mutter, Kind – leben in Kleinmachnow bei Berlin, Im Walde 3, im Einfamilienhaus mit Garten. An diesem Abend klingelt es um elf Uhr. Du öffnest die Haustür. Die schwarze Nacht wird vom Vollmond in ein kaltes Licht getaucht, du siehst zwei Männer in schwarzen Ledermänteln auf den Treppenstufen. Auf der Straße vor dem Gartenzaun steht ihr Auto, eine schwarze Limousine. Sie sind von der sowjetischen Geheimpolizei GPU. Sie wollen dich zum Verhör abholen und danach wieder nach Hause bringen. Sprechen sie deutsch mit dir? Du hast Angst und bittest sie, einen Moment zu warten, gehst die Treppe hinauf in mein Kinderzimmer, wo ich längst schlafe, hebst mich aus dem Bett, drückst mich an dich und sagst zu mir: Ich komme bald wieder. Ich war damals drei, deine Frau achtundzwanzig, du selbst zweiunddreißig Jahre alt. Seit vier Jahren wart ihr verheiratet. Du wirst deine Papiere eingesteckt und den Staubmantel angezogen haben. Hast du deinen Hut aufgesetzt? Deine Frau hat dich noch zum Gartentor begleitet. Ihr habt euch ein letztes Mal umarmt. Dann bist du mit den beiden Männern ins Auto gestiegen, sie sind mit dir weggefahren, und Eva, deine Frau, hat nie vergessen, dass in dieser Nacht, in der du für immer verschwunden bist, Vollmond war.

Was für ein Mensch bist du gewesen? Für meine Mutter, die dich liebte, warst du ein leiser, introvertierter Intellektueller, ein freundlicher Mann, ein zärtlicher Vater. Nie seist du Parteimitglied gewesen, Feuilletons habest du geschrieben, im Krieg dann Nachrichten für das Ausland erfunden und ein Buch über irgendeinen U-Boot-Kapitän verfasst. Dein sehnlichster Wunsch sei es gewesen, Schriftsteller zu werden.

In deinem wohlformulierten Heiratsantrag vom April 1941 an deinen zukünftigen Schwiegervater, den sehr verehrten Herrn Oberstudienrat, lässt du eine gewisse vornehme Distanz zum Nationalsozialismus durchblicken: »Verzeihen Sie bitte die etwas brüsk geratene Form dieses brieflichen Überfalls mit der Erwägung, daß aus ihr weniger der unbewußte Widerschein einer in letzter Zeit üblich gewordenen politischen und menschlichen Methodik sprechen soll als die Außergewöhnlichkeit der Tatsache, daß ein Einzelner sich vor der Aufgabe sieht, so einen Brief zu schreiben.«

Kurz nach deiner Heirat mit Eva im August 1941 hat dich ihre Schwester Elisabeth als befremdlich und unzugänglich erlebt: Da habet ihr alle, sie selbst, deine Frau Eva, deine Schwiegereltern, zusammengesessen und geplaudert, und dann seist du erst nachträglich – man habe schon auf dich gewartet – ins Wohnzimmer gekommen, habest dich stumm auf ein Sofa gesetzt, dein Notizbuch gezückt und geschrieben. Kein Wort habest du gesagt.

Dein Kollege Hans H. Henne hat dich in Briefen an seine Frau aus dem Jahr 1944 einen politischen Zyniker genannt und als unsympathischen, kalten Gangster beschrieben, »der aber sehr intelligent ist und Manieren hat«.

Noch zwiespältiger ist das Zeugnis, das dir, dem knapp Zweiundzwanzigjährigen, nach Beendigung des obligatorischen Lehrgangs der Reichspresseschule dein Lehrer Hans Schwarz van Berk im Jahr 1935 ausgestellt hat: »Unter den Teilnehmern des zweiten Kursus sind Sie durch ausserordentlich beachtliche Leistungen aufgefallen, aber diesen Leistungen stehen so viele persönliche Mängel gegenüber […]. Es ist die Frage, ob Sie sich selbst in die Hand bekommen und den geistigen Fähigkeiten die nötige charakterliche Härte zuordnen können.«

Aus diesen Splittern habe ich ein Bild geformt, das mir gefiel, von einem Vater, auf den ich stolz war. Du warst für mich ein begabter Journalist, ein schillernder Charakter und geheimnisvoller Eigenbrötler. Die Nazis waren dir zu ordinär, um ihnen angehören zu wollen, und hättest du überlebt, wärest du nach 1945 ein berühmter Schriftsteller geworden.

Erst 2002, mit sechzig Jahren, habe ich begonnen, ernsthaft deine Biographie zu erforschen. Viele Fragen, die sich aus meinen Recherchen ergaben, konnte ich niemandem mehr stellen. Es war zu spät: Deine Frau war vierundachtzigjährig gestorben; auch deine Freunde und Kollegen lebten nicht mehr. Ich werde dein Leben so erzählen müssen, wie es sich mir durch eine Vielzahl von Akten und sonstigen Dokumenten staatlicher und privater Archive nach und nach erschlossen – und verschlossen – hat. Denn die Quellenlage ist nun einmal so, dass du im willkürlichen Wechsel in den Materialien auftauchst und in ihren Lücken verschwindest. Auch deshalb habe ich mein Buch über dich *Der verschwundene Journalist* genannt. Es wird die Rede sein von einem Mann, der mit meinem Entwurf eines Vaters keine Ähnlichkeit mehr hat: von dem überzeugten Nazi, der du warst, von deiner regimetreuen Arbeit für Zeitungen wie *Dresdner Anzeiger, Das 12 Uhr Blatt, Die HJ, Der Angriff, Das Reich* und für das Goebbels unterstellte geheime Propaganda-Büro Schwarz van Berk, für die Reichsfilmdramaturgie, für die Ufa und den letzten Propagandafilm des Dritten Reiches. Es wird zu sprechen sein von dem Schriftsteller, der du werden wolltest, von Angst und Verrat und dem grausamen Ende einer Freundschaft. Wenn ich dich den »verschwundenen Journalisten« nenne, dann auch als Metapher für ein verschwundenes berufliches Ethos. Als du 1933 angefangen hast, für die Presse zu schreiben, warst du mit der neuen Weltanschauung offenbar schon so verwachsen, dass du den Unterschied zwischen einem freien Journalisten und einem gehorsamen Diener der Diktatur gar nicht mehr bemerkt hast.

Während meiner Recherchen habe ich an dir, dem imaginären Vater, auch dann noch festgehalten, als ich es längst hätte besser wissen müssen. Was du getan und geschrieben hast, habe ich zurechtgebogen, bis das Resultat zu meinem Bild von dir passte. Mehr noch als die Erkenntnis, dass du ein Nazi warst, erschreckt mich der Gedanke an meine fehlgeleitete Wahrnehmung. Die Vorstellung eines solchen Vaters muss für mich so unerträglich gewesen sein, dass ich sie radikal ausgeblendet habe. Aber auch jetzt, beim genauen Hinsehen, finde ich in den Papierbergen der Archive den wirklichen Menschen nicht. Antworten sind unvollständig, Schlussfolgerungen vielleicht irreführend, Spuren laufen ins Leere. Dein Bild zerfällt in Fragmente und verschwindet in ihnen.

Dieses Buch ist ein Abschied von dem Vater, der du für mich warst, und die Suche nach dem Menschen, der du gewesen sein könntest.

START IN MEISSEN

Rebell und Nazischüler

Als Gerhart Weise am 15. Juni 1913, einem Sonntag, in Dresden geboren und drei Monate später in der Dresdner Apostelkirche evangelisch-lutherisch getauft wird, können seine Eltern nicht ahnen, dass ihre bürgerliche Welt bald aus den Fugen geraten wird. Seit einem Jahr sind sie verheiratet: Bruno Weise, Lehrer von Beruf, Jahrgang 1883, und Margarethe Hoffmann, Jahrgang 1891, Tochter eines Schuldirektors. Dass sie ihren Sohn auf den Namen Gerhart mit »t« taufen lassen, hat anscheinend keine familiären Gründe; jedenfalls taucht dieser Vorname im »Ahnen-Paß. Amtlich beglaubigte Urkundensammlung über die Abstammung« des späteren Journalisten nicht auf. Mir gefällt der Gedanke, dass die Namensgebung ein Zeichen der Verehrung für Gerhart Hauptmann gewesen sein könnte, der 1912 für seine sozialrevolutionären Dramen den Nobelpreis bekommen hat. Gerhart hat seinen Vater – 1914 eingezogen, 1917 »im Felde vermißt«, 1918 für tot erklärt – ebenso wenig kennengelernt wie ich den meinen.

Gleich nach Kriegsende zieht Margarethe, die achtundzwanzigjährige Witwe, mit ihrem kleinen Sohn in das nahegelegene Meißen; sie bekommt eine Anstellung als Bezirkspflegerin, er wird im Herbst 1919 eingeschult. Gerhart ist natürlich zu jung, um sich unter Krieg, Tod und Versailler Vertrag etwas Konkretes vorstellen zu können, aber alt genug, um sich den unaufhörlichen Hunger, die ungeheizten Zimmer, die häufige Abwesenheit der berufstätigen Mutter als eine Zeit der äußeren und inneren Kälte einzuprägen.

1924 wechselt er von der Meißener Volksschule auf das Realgymnasium, wo er jedoch nur drei Schuljahre bleibt. Seine Mutter, so scheint es, will aus ihrem Sohn »etwas Besseres« machen, denn es gelingt ihr, ihn 1927 in der traditionsreichen Fürstenschule St. Afra unterzubringen, die zwei Jahre später ihr vierhundertjähriges Jubiläum feiern wird. Erstaunlich, dass Margarethe es geschafft hat, ihrem Gerhart eine, wie ich annehme, Freistelle in diesem elitären humanistischen Internat zu erkämpfen, in dem die Söhne adliger und großbürgerlicher Familien erzogen werden. Vielleicht hat ihr der Status einer Kriegerwitwe, ihre Anstellung bei der Stadt Meißen und die Tatsache, dass sie im Aufnahmeantrag ihren Mann, den Lehrer, zum »Schuldirektor« befördert hat, dabei geholfen.

Gerhart besteht die strenge Aufnahmeprüfung, bleibt aber nur bis 1929, um anschließend wieder aufs Realgymnasium zu wechseln. Warum? Dazu konsultiere ich die Festschrift *Die Fürsten- und Landesschule St. Afra* aus demselben Jahr. Wegen schlechter Zensuren? Vielleicht: »Uns ist es besonders schmerzlich, wenn Afraner, die für unsere Gemeinschaft in Gesinnung und Haltung besonders geeignet sind, wegen mangelhafter Leistungen uns verlassen müssen.« Oder fehlt ihm damals schon die »nötige charakterliche Härte«? Möglich: »Nicht für jeden ist St. Afra der Boden, wo er wachsen und sich entfalten kann. Der Knabe und Jüngling muß hier auf manches verzichten, was ihm auf anderen Schulen gegönnt ist. Wer sich nicht einzufügen versteht, dem ist Verpflanzung in ein anderes Land anzuraten.« Oder weil er »dem afranischen Geiste« schadet, indem er mit nationalsozialistischen Parolen um sich wirft? Eher nicht: »Ich bin überzeugt, daß ein Junge mit undeutscher Gesinnung sich in unserem Alumnate nicht halten könnte.« Die Schülerbücherei zählt 1929 einschlägig Ideologisches zu ihren Neuerwerbungen. Neben Hans Grimms Roman *Volk ohne Raum* werden im *Boten von St. Afra* auch Autoren wie Houston Stewart Chamberlain, Hanns Johst und Will Vesper genannt.

Jahre später wird der ehemalige Afraner in einem Zeitungsartikel den wahren Grund für seinen Rausschmiss aufdecken.
Recht amüsant und biographisch wohl einigermaßen stimmig
erzählt er dort von seiner Flucht aus dem Internat, die sich sogar
auf den 3. oder 4. Oktober 1929 datieren lässt, denn im Leipziger
Hauptbahnhof angelangt, kauft er sich eine Zeitung mit der
Schlagzeile »Stresemann gestorben«. Der Sechzehnjährige will
als blinder Passagier nach Amerika: »Ein Satz von der Kaimauer,
nachts, an dem Tau hoch, in die Luke, hinter einen nahrhaften
Stapel Apfelsinenkisten – das war die Straße in die Welt. Zu India-
nern, Tellerwäschern, […] Millionären, Kulis und Piraten.« Aber
letztlich ergeht es dem jungen Abenteurer nur wenig besser als
den von Ringelnatz bedichteten Hamburger Ameisen, die nach
Australien wollen, aber nur bis Altona kommen. Zwar schafft der
Schwarzfahrer immerhin die Strecke Meißen-Dresden-Leipzig-
Stendal-Hamburg, doch da – Achtung: Kalauer – »verzichtete
Weise auf den letzten Teil der Reise«, denn im »Dresdener Polizeipräsidium hämmerten die Morseapparate meinen Steckbrief […].
Der Steckbrief war vor mir in Hamburg.« Darum also ist der
Sekundaner von der Fürstenschule geflogen! Dort hat er sich anscheinend gefühlt wie ein Häftling im Knast: »Auch im Sommer
ist es in unseren Internatsstuben dunkel gewesen. Dicke Kastanien
standen vor den Fenstern. Wir wurden im Schulpark bewacht. Wir
wurden in den Stuben bewacht.« Für »den griechischen Aorist«
hat er nichts übrig, aber immerhin verdankt er »den Gelehrten die
zur Virtuosität gesteigerte Begabung, ein Buch heimlich auf den
Knien zu lesen, das prall von Tramps, Bremsern und Blizzards,
von Millionenjachten und Verhungernden, von Verbrecherschif-
fen und von den Dünsten der Frisco-Kneipen strotzte«. Diese
Jack-London-Welt bleibt für Gerhart unerreichbar, und nach
seiner Relegation wird er zum zweiten Mal ins Realgymnasium
verfrachtet. Doch wieder reißt er aus, selbst wenn er »seither brav
und gesetzespflichtig mit gelochten Fahrkarten über die Kilo-

meter gekommen« ist. »Das hat wenig zu sagen …« So ist es: Der Gymnasiast flüchtet aus dem bürgerlich-humanistischen Mief in das Abenteuer der nationalsozialistischen »Bewegung«, denn dort dreht sich für ihn die Welt.

Gerhart Weise ist noch keine siebzehn, als er für den National-sozialismus entflammt. Am 1. Mai 1930 wird der Obersekundaner am Realgymnasium Meißen Mitglied des NS-Schülerbundes. Im Jahr zuvor als reichsweite Organisation gegründet, ist der noch relativ neue NS-Schülerbund »feiner« und elitärer als die bereits seit 1926 existierende Hitler-Jugend, denn er ist ausschließlich Gymnasiasten der Oberstufe vorbehalten: einer der propagandis-tischen Tricks, um die »Bewegung« in der Mittel- und Oberschicht salonfähig zu machen. Im Hause Weise hat der Trick offenbar nicht funktioniert: Gerharts Abschied vom NS-Schülerbund, in dem er »aktiv mitgearbeitet hat«, erfolgt im Januar 1932 »auf Grund elterlichen [sic!] Zwanges«, so der Wortlaut einer Be-scheinigung, die ein »Führer des NS-Schülerbundes Meißen« aus-gestellt hat. Hier gestatte ich mir die durch keinerlei Faktenwissen gestützte Überlegung, dass die Witwe Margarethe eine aufrechte Sozialdemokratin gewesen sein könnte. Denn zweifellos ist es ein mutiges Unterfangen, ihren nach einem sozialrevolutionären Dramatiker benannten Sohn den Meißener Nazis zu entziehen.

Gerhart dilettiert bereits als Journalist und schreibt, wie Jahre später in seiner Personalakte vermerkt, für den *Freiheitskampf*, die »Amtliche Tageszeitung der N. S. D. A. P. Gau Sachsen«. Hierbei handelt es sich nicht etwa um ein nachrangiges Provinzblätt-chen, sondern um eine der auflagenstärksten Zeitungen Dresdens. Ihr Herausgeber, Gauleiter Martin Mutschmann, wird 1933 mit seiner Ernennung zum Reichsstatthalter und zwei Jahre später zum Ministerpräsidenten Sachsens mächtigster Politiker. Eine Durchsicht der Jahrgänge 1930 bis 1933 des *Freiheitskampfs* hat keinen mit dem Namen oder den Initialen des Gymnasiasten

Der Oberschüler schreibt seit 1930 für den *Freiheitskampf*

gezeichneten Artikel zu Tage gefördert, so dass ich nicht weiß, ob er seine ersten veröffentlichten Texte tatsächlich in dem dumpfen, geradezu pöbelhaften antisemitischen Jargon dieses »Kampfblatts« geschrieben hat. Aber ich vermute, dass dem jungen Gerhart ein Artikel wie »Die rote Polizeiverwaltung von Meißen im Dienste des jüdischen Großkapitals« vom 13. Oktober 1930 oder gar der Vorfall selbst nicht entgangen sein kann: NSDAP-Ortsgruppenleiter Zitzmann, zugleich Inhaber der Deutschen Buchhandlung in Meißen, hat in seinen beiden Schaufenstern und oberhalb der Ladentür einige »Beklebungen« angebracht, die im *Freiheitskampf* genüsslich zitiert werden. Beispiel: »Warum duldest Du, daß Deine Frau beim Juden einkauft?« Zielscheibe der Injurien ist die Meißener Filiale des Kaufhauses Tietz. Noch existiert allerdings die Weimarer Republik, die in Gestalt eines stellvertretenden Polizeidezernenten und SPD-Mitglieds namens Frick reagiert, die Entfernung der Schilder anordnet und, da ergebnislos, nach vier Tagen von einem Angestellten des Rathauses unter Polizeischutz entfernen lässt. Weil Herr Frick nichts gegen »die kommunistischen Horden« unternimmt, aber »den jüdischen Großkapitalisten Tietz zu schützen« weiß, wird ihm in sein SPD-»Parteistammbuch« die Drohung geschrieben: »Balde, balde ruhest auch du – aber im kommenden Deutschland ohne Pension.«

Hat der inzwischen Siebzehnjährige auch so gedacht? Hat er sich mit seiner Mutter über den Vorfall gestritten? Was fasziniert ihn so sehr am »kommenden Deutschland«? Ein weiterer, »Die ›Nazischüler‹« betitelter Artikel eines ungenannten Mitglieds des NS-Schülerbundes Dresden, der am 15. Oktober 1930 im *Freiheitskampf* veröffentlicht wird, lässt das Selbstbild des Obersekundaners erahnen. Ein junger Revolutionär zerbricht die Ketten der Sklaverei, in die das deutsche Volk durch die Schmach von Versailles geraten ist, und tritt an zum Kampf gegen ein marodes und korruptes Erfüllungssystem: »Man will den Schüler mit der spießerhaften Phrase: ›Politik gehört nicht in die Schule‹ besänftigen. Hat man im Youngplan nicht auch die junge Generation, ja sogar deren Nachkommen noch, versklavt? Und wir Schüler sollen uns so versklaven lassen? Nein! Kampf diesem System, das uns verkauft hat! [...] Man wollte den Nationalsozialistischen Schülerbund in Sachsen verbieten – aber es ging nicht. So mußte man ihn offiziell genehmigen. Die Herren Lehrer und Rektoren [...] wissen nicht, daß die Mehrzahl der Schüler nationalsozialistisch denkt. Wenn man uns noch so unterdrücken will, der Nationalsozialismus bricht sich Bahn!«

In der Tat sieht der Youngplan derart aberwitzige Reparationszahlungen vor, dass seine Annahme durch den Reichstag im März 1930 durchaus zu Gerharts Mitgliedschaft im NS-Schülerbund beigetragen haben könnte. Auch der romantische Reiz, einer illegalen, staatlich verfolgten Gruppierung anzugehören, wird eine Rolle gespielt haben: Nach dem Verbot des NS-Schülerbundes im sächsischen Annaberg wird am 22. September 1930 im *Freiheitskampf* zur Solidarität mit den Kameraden aufgerufen, »die aus Idealismus für Deutschlands soziale und nationale Befreiung kämpfen«. Ganz gewiss nicht will der Gymnasiast zu jenen »Jämmerlingen« und »Feiglingen« gehören, »die sich ducken unter der Sklavenpeitsche«, wie es in einem Aufruf der Hitler-Jugend heißt, den er am 29. September 1930 im *Freiheitskampf* gelesen haben wird. Auch der biographische Hintergrund für diese Heldenallüren – und kein wirklicher Held hört auf seine Mutter! – will bedacht sein: Nach einer unruhigen, vaterlosen Kindheit muss ihm der Führer der neuen »Bewegung« als ein strahlender, machtvoller Ersatzvater erschienen sein, der ihn beschützt, sein Selbstvertrauen stärkt und ihn stets wissen lässt, was zu tun ist. Ein 1931 aufgenommenes Foto zeigt den nun Achtzehnjährigen, einen langbeinigen, schlaksigen jungen Mann mit weichen Gesichtszügen, der ernst, suchend vielleicht, über die Kamera hinwegblickt.

Auf dem Realgymnasium bleibt Gerhart »bis einschließlich

Der Achtzehnjährige im Sommer 1931

Oberprima«. So steht es in seinen späteren Bewerbungsunterlagen. Die Wortwahl schlängelt sich an dem Faktum vorbei, dass er das Gymnasium kurz vor dem Abitur verlassen hat. Zu gern wüsste ich, was seine Mutter zu diesem »Abstieg« gesagt haben mag: von der vornehmen Fürstenschule St. Afra zum staatlichen Realgymnasium, und dann noch nicht mal Abitur! Was ihn dazu bewogen hat, weiß ich von meiner Mutter: Er will zur Zeitung. Und zwar sofort.

Am 30. Januar 1933 sitzt der Oberprimaner allerdings noch auf der Schulbank in Meißen. Dass er sich über die Ernennung Hitlers zum Reichskanzler freut, setze ich ebenso voraus wie seine Genugtuung über den Wahlsieg der NSDAP am 5. März. Als eine Woche später Joseph Goebbels zum Chef des neu geschaffenen Reichsministeriums für Volksaufklärung und Propaganda ernannt wird, deutet nichts darauf hin, dass der Schulabbrecher sieben Jahre später im unmittelbaren Umkreis des Ministers arbeiten wird.

VOLONTARIAT IN DRESDEN

*Operette, »Entartete« Kunst, Clowns und Lokales
beim* Dresdner Anzeiger

Am 24. April 1933 beginnt Gerhart Weises Ausbildung zum
Schriftleiter bei der regionalen Tageszeitung *Dresdner Anzeiger*. 1730 gegründet, ist sie die älteste in Dresden erscheinende
Zeitung überhaupt. Vor zwei Jahren im *Freiheitskampf* noch als
»gutbürgerlich« geschmäht, ist sie nun, unter der Regie des neuen
Hauptschriftleiters Curt Weithas, von makelloser Linientreue.
In der Ausgabe vom 24. April sind »Die Aufgaben der Presse«
nachzulesen, die Reichspressechef Otto Dietrich am Tag zuvor
im Preußischen Landtag in Berlin verkündet hat: »Wir deutschen
Journalisten [...] empfinden es dankbar und mit Genugtuung, daß
die Regierung der nationalen Revolution die große Bedeutung
der Presse und ihre Macht nicht nur anerkennt, sondern auch ihre
Mitarbeit an dem großen Wiederaufbauwerk der Nation hoch ein-
schätzt. Wir wollen uns der Ehre, in vorderster Front des Lebens-
kampfes der Nation stehen zu dürfen, würdig erweisen und die
deutsche Presse in Zukunft zu einer scharfgeschliffenen Waffe
deutscher Politik und damit des deutschen Volkes werden lassen.«
Auch Hans Hinkel – der ebenfalls, und zwar 1944, auf dem Zenit
seiner Macht, Gerhart Weises Vorgesetzter sein wird – hat im
Preußischen Landtag das Wort ergriffen: »Wir sind der Überzeugung, daß auch der Neuaufbau des deutschen Theaters sich nur
durchführen läßt, wenn die Kunst in Deutschland wieder Volks-
kunst ist. Daran muß die deutsche Presse im Sinne der Bluts-, Art-

21

München rüstet zum Tag der Kunst

Grundsteinlegung für das Haus der deutschen Kunst am 15. Oktober

Der Führer als Wegbereiter
Wertung künstlerischen Schaffens im Dritten Reich

Deutsches Recht — Rassenrecht
Feierliche Proklamation der Akademie für deutsches Recht

Volontariat beim *Dresdner Anzeiger*, April 1933 bis Juni 1934 und Wesensgemeinschaft wieder lebendigsten Anteil nehmen. Daraus ergibt sich, daß insbesondere die kulturpolitischen Journalisten Menschen unserer Art und unseres Blutes sein müssen.« Hier spricht der Parteijournalist und Reichsorganisationsleiter des Kampfbundes für deutsche Kultur. Dieser Verein, vom Chefideologen Alfred Rosenberg Ende der zwanziger Jahre gegründet, hat sich die Bekämpfung des »Kulturbolschewismus« und die Förderung einer »artbewussten« Kultur aufs Panier geschrieben. Ab Juli 1933 wird Hinkel zusätzlich als Staatskommissar und Reichskulturwalter den Kulturbund Deutscher Juden überwachen und ab 1935 als Leiter des »Sonderreferats Judenfragen« die »Entjudung« des deutschen Kunst- und Kulturlebens vorantreiben.

Noch bevor der junge Gerhart sein Volontariat antritt, ist das neue »Kunst- und Kulturleben« in Dresden schon weit gediehen. Im März 1933 wird Fritz Busch, der international hoch angesehene Generalmusikdirektor des Dresdner Opernhauses, aus dem Amt gejagt, ernennt die neue Stadtverwaltung den neuen Reichskanzler zum Ehrenbürger der Stadt und beschließt die Umbenennung des Theaterplatzes in Adolf-Hitler-Platz. Ich muss mich zudem mit dem Gedanken vertraut machen, dass auch die erste Bücherverbrennung, die im neuen Deutschen Reich stattfindet, den Beifall des damaligen Oberprimaners gefunden hat: durchgeführt von SA-Trupps am 8. März 1933 auf dem Wettiner Platz, sozusagen als Generalprobe für die am 10. Mai reichsweit durchgeführte Aktion »wider den undeutschen Geist«. Ob der junge Gerhart jemals die Dresdner Museen von innen gesehen hat, bevor sie 1933 Reichsstatthalter Mutschmann unterstellt werden, steht dahin. Hat er dort die Werke moderner Kunst – der Brücke- und Bauhaus-Maler oder die von Dix, Grosz, Felixmüller, Schwitters – zu Gesicht bekommen, bevor sie als jüdisch-bolschewistischer Dreck der allgemeinen Ächtung anheimgefallen sind? Dass die Kunstakademie ihren Professor Otto Dix Anfang April 1933 fristlos entlässt, hat ihn vermutlich kaum interessiert, aber sicherlich hat er einen

Monat zuvor, gleich nach dem Wahlsieg »seiner« Partei, die Hakenkreuzfahnen bewundert, die von SA und SS auf dem Dach der Kunstakademie an der Brühlschen Terrasse aufgepflanzt worden sind. So gut wie alle politischen und kulturellen Schaltstellen der sächsischen Landeshauptstadt sind nach der »Machtergreifung« in kürzester Zeit von Parteigenossen besetzt worden. Es ist anzunehmen, dass der Zwanzigjährige den rasanten ideologischen Umbau des weltberühmten »Elbflorenz« zur Hochburg des Nationalsozialismus als triumphalen Sieg der »Bewegung« erlebt hat.

An seinem ersten Arbeitstag wird Gerhart Weise den *Dresdner Anzeiger* von A bis Z gelesen und sich die Maximen der neuen Presse- und Kulturpolitik eifrig zu eigen gemacht haben, weit davon entfernt, seine Verblendung auch nur zu erahnen. In den Ausgaben der Monate April bis August finde ich in der Zeitung keine Spur des Auszubildenden. Vermutlich wird der neue Volontär erst einmal als Beobachter durch alle Ressorts geschleust und darf seine ersten kleinen Artikel noch nicht namentlich kennzeichnen. Im September dann bekommt er die Initialen »G. W.« zugewiesen und wird zunächst ins Residenz- und Zentral-Theater geschickt, um über Operetten-Premieren zu berichten. Ein ironischer Hauch liegt über seinen stets positiven Kritiken und verrät, dass diese Gattung etwas unterhalb seiner neuen Journalistenwürde liegt. Über *Hoheit tanzt Walzer*: »Lachen und Weinen im Publikum, Höchstmaß an Beifall, Blumen, Blumen und eine so zwingende Donauwellenstimmung, daß wir risikolos auf Serienerfolg tippen.« Über *Die Zirkusprinzessin*: »Eine Kalman-Operette wird immer und immer alle Volkskreise in ihrer wundersamen Vollendung, Durchgeschliffenheit und melodiösen Gediegenheit anziehen, ein sehr starker magnetischer Bühnenzauberberg [hat G. W. etwa Thomas Mann gelesen?], auf dessen Höhe man gewissermaßen schwerelos mit einer komfortablen Schwebebahn hinaufgefahren wird.«

Für die Ausgabe vom 3. November 1933 darf G. W. über die »Wahlversammlung der Dresdner Theatermitglieder« und damit zum ersten Mal über ein kulturpolitisches Thema schreiben. Er skizziert, diesmal ohne jedweden ironischen Anflug, die Hauptrede der Versammlung: »Wir [!] können nur feststellen, daß diese ungeheuer gedankenreiche, fast künstlerisch gegliederte, leidenschaftliche Rede weit über die Grenzen der Wahlpropaganda hinaus zu einem geistigen Erlebnis wurde. Der Grundton: Wir Menschen führen einen ewigen Kampf um das Gute gegen die Mächte der Finsternis. Wir Deutschen haben jetzt lange Jahre der Flachheit im Kaiserreich und des kampfunlustigen, pazifistischen und materiellen Geistes in der Republik durch Hitlers messianische Sendung überwinden dürfen. [...] Die geistige und sittliche Vereinigung des Volkes in sich aber dauernd zu fördern und zu stärken, ist nicht zuletzt die hohe Aufgabe der deutschen Bühnen.« Der Volontär darf endlich die schwärmerischen Empfindungen des Oberschülers für eine größere Öffentlichkeit in Worte fassen.

Doch G. W. muss noch einige Male zurück in die Niederungen der Operettenwelt. Den populären Komponisten Walter Kollo mag er gern, und so schreibt er über *Marietta*: »Wenn Kollo Dialoge untermalt, wenn er mit hingespritzten Variatiönchen auf die nächste Gelegenheit wartet, so einen Schlager anzubringen, [...] dann ist das nicht, wie bei Lehar zum Beispiel, eine scheinopernhafte Zwischenmusik voll flötenblasender und geigengähnender Schwammigkeit, sondern eine raffiniert sich verdichtende Anlaufbahn auf den nächsten zwingenden Foxtrott oder Walzer.« In seiner Besprechung vom *Land des Lächelns*, das »wir mit tränenfeuchtem Schnupftuch verlassen«, wird Lehárs Musik die zweifelhafte Ehre zuteil, als »Schlagrahm auf Sodbrennen« bezeichnet zu werden. Auch das im Residenztheater aufgeführte Weihnachtsmärchen *Waldmännleins Reich* bleibt G. W. nicht erspart.

Während G. W. seinen Operetten-Verpflichtungen nachkommt, nimmt im Lichthof des Neuen Rathauses ein Ereignis Gestalt an, über das sich der Volontär drei Monate später ausführlich äußern wird. Am 23. September 1933 findet die Eröffnung der Ausstellung *Entartete Kunst* statt, in der über zweihundert aus dem Stadtmuseum, der Staatlichen Gemäldegalerie und dem Staatlichen Kupferstichkabinett konfiszierte Werke zu sehen sind. Am selben Tag erscheint im *Dresdner Anzeiger* ein Bericht, dessen Autor Richard Müller, Rektor der Staatlichen Kunstakademie in Dresden, ausführlich die Widerwärtigkeit der undeutschen Machwerke eines Dix, Grosz, Kirchner, Schmidt-Rottluff, Schwitters und anderer begründet. Unmissverständlich bringt er zum Ausdruck, aus welchem Geist diese Pionierleistung entsprungen ist: »Die Ausstellung ist ein treues Bekenntnis der Kunststadt Dresden zu den Richtung weisenden Worten des Führers in Nürnberg.« Da es sich bei wahrer Kunst um »eine erhabene und zum Fanatismus verpflichtende Mission« handle, so Hitler am 1. September im Rahmen des Nürnberger Parteitages, wüssten wir, »daß unter keinen Umständen die Repräsentanten des Verfalls, der hinter uns liegt, plötzlich die Fahnenträger der Zukunft sein dürfen«. Schneller geht's kaum: Schon drei Wochen später hat Dresden die »Richtung weisenden« Worte in die Tat umgesetzt, so dass alle kunstinteressierten Dresdner über die »Ausgeburten« der »Repräsentanten des Verfalls« im Neuen Rathaus den Kopf schütteln können. Richard Müller profitiert auch persönlich von dieser Aktion: In der leer geräumten Gemäldegalerie ist nun Platz für die dem 19. Jahrhundert verhafteten Werke der Dresdner Akademieprofessoren.

Die Laufzeit der Ausstellung, die ursprünglich am 18. Oktober enden soll, wird verlängert, vermutlich bis zum Jahresende. Dies berichtet der *Dresdner Anzeiger* am 9. Dezember: »Wir können nur jedem Dresdner empfehlen, diese Gelegenheit noch wahrzunehmen, denn wer ›Entartete Kunst‹ gesehen, der wird erst verstehen, wie nahe das deutsche Volk am Abgrund stand.« Der unsignierte Artikel trägt die Überschrift »Schultze-Naumburg besichtigt ›Entartete Kunst‹ / Das Urteil eines hervorragenden Kulturkenners«. Der hohe Besucher versichert, »er könne sich keine treffendere Charakterisierung […] der Entwertung aller Werte vorstellen« und hielte es »im Interesse einer vollkommenen Gesundung deutschen Kulturempfindens für begrüßenswert, daß die Ausstellung als Wanderschau in allen Großstädten Deutschlands gezeigt würde«. In der Tat wandert die Dresdner Ausstellung durch etwa zwölf weitere Städte, um sodann im Juli 1937 in die noch umfangreichere Münchner Ausstellung *Entartete Kunst* integriert zu werden. Der Architekt Paul Schultze-Naumburg, Gründungsmitglied des Kampfbundes für deutsche Kultur und Direktor der Staatlichen Hochschule für Baukunst in Weimar, hat sich bereits in der »Systemzeit« als völkischer Fahnenträger hervorgetan. In seinem 1928 veröffentlichten Buch *Kunst und Rasse* stehen Abbildungen moderner Kunstwerke und Patientenfotos aus der Psychiatrie nebeneinander. Der infame Propagandatrick, mit der Gleichsetzung von künstlerischer und menschlicher »Entartung« einen doppelten Zweck zu verfolgen, wird 1937 zum Gestaltungsprinzip der Ausstellung in München.

Die vom NSDAP-Hausverlag Franz Eher Nachf. in München herausgegebene Zeitschrift *Illustrierter Beobachter* veröffentlicht im Dezember 1933 einen vierseitigen Bildbericht über die Dresdner Ausstellung. Er zeigt insgesamt elf Abbildungen, mit denen neben Werken von Dix, Campendonk, Kandinsky, Fritz Maskos und Eugen Hoffmann vor allem das *Ringbild* und *Das Merzbild* von Kurt Schwitters, Letzteres durch zusätzliche Detailaufnahmen, als besonders »entartet« hervorgehoben werden. Dieser Bildbericht wird G. W. in die Hand gedrückt, woraufhin am 19. Dezember sein Zweispalter mit dem Titel »Folterkammer des Kunstgeschmacks« erscheint. Der Zwanzigjährige behauptet nun allen Ernstes, »daß wir [!] 14 Jahre lang kaum einen Fuß breit vom Abgrund der Selbstzerstörung, der Formlosigkeit entfernt gestanden haben«, und erklärt »die Dresdner Ausstellung zu einer kulturpolitischen Tat«. Der *Illustrierte Beobachter* habe »durch diesen Bildbericht die Ausstellung ›Entartete Kunst‹ über ihre rein Dresdner Bedeutung hinausgehoben«, habe »sie zu einer deutschen Sache gemacht, zu einer Absage an die Vergangenheit«. Die Sprache des Volontärs hätte auch in den *Freiheitskampf* gepasst. G. W. lässt nicht unerwähnt, wie die Ausstellung auf ihn selbst gewirkt habe: »Vor allzu kurzer Zeit sind noch rund um uns die Stinkbomben der Kandinsky, Schwitters, Grosz usw. geplatzt, als daß wir in diese Ausstellung schon wie in ein Museum hätten gehen können. Im Gegenteil – wir sind recht bedrückten Sinnes, einen kalten Schauer im Nacken, hindurchgeschlichen.« Dieser bisherige Tiefpunkt meiner Recherchen mag für G. W. der Höhepunkt seines gesamten Volontariats gewesen sein, denn nach diesem Ausflug in die Kulturpolitik wird er in das Ressort Lokales versetzt.

In der Lokalredaktion verhilft dem Volontär seine, wie später im Zeugnis attestiert, »ausgezeichnete Kenntnis der englischen Sprache« zu einem Interview mit Subhas Chandra Bose, dem Oberbürgermeister von Kalkutta. Der exotische Besuch im April 1934 veranlasst G. W., sich im Foyer des Hotels Europahof mit zwei Whiskys und einem Cocktail auf die englische Unterhaltung vorzubereiten. Mr. Bose, »dunkelhäutig, mandeläugig, einen zitronengelben Fez mit schwarzer Quaste auf dem Kopf«, ist ein »Inder vom Scheitel bis zur Kinnlade und von da an ein eleganter, smarter englischer Gentleman bis zur Fußsohle«. Die aufschlussreicheren Passagen des Interviews behandeln die politische Lage in Indien und die dortige Freiheitsbewegung (»Fort mit England!«), die laut Bose viele Gemeinsamkeiten »mit den Prinzipien der Hitlerpolitik« aufweise. Subhas Chandra Bose sucht Verbündete im Dritten Reich. Anlass für seinen Dresdenaufenthalt ist der Antrittsbesuch bei seinem Kollegen, dem im August 1933 von Statthalter Mutschmann zum Oberbürgermeister ernannten Ernst Zörner. Eine der ersten Amtshandlungen Zörners ist die »Reinigung der städtischen Kunstsammlungen« gewesen. Nach 1939 wird Subhas Chandra Bose vergeblich versuchen, für die Befreiung Indiens von der britischen Besatzung militärische Unterstützung aus Deutschland und Japan zu gewinnen.

Der Bericht »21 Rivels – mit und ohne Maske« in der Ausgabe vom 3. Juni 1934 hat mich zu dem Wunsch verleitet, hinter der ideologisch erstarrten Außenseite des Zwanzigjährigen möge sich ein Junge verbergen, der im Grunde nur spielt. Der Titel bezieht sich auf die »aus aller Welt zusammengewürfelte« einundzwanzigköpfige Großfamilie des weltberühmten Artisten Charlie Rivel, und der Artikel selbst ist der Auftakt für eine Vielzahl kenntnisreicher Feuilletons über Clowns und Akrobaten, die der spätere Journalist in Berlin schreiben wird. Seine Sympathie für das Artistenmilieu ist nicht zu überhören: »Zunächst: Charlie in seiner Solonummer als Chaplin. Er kopiert ihn nicht, er parodiert ihn eigentlich auch nicht – er ist selber Chaplin. Mensch, der von allen Leitern fällt, mit gebogenen Schuhkähnen irgendwohin ins Nichts tritt, der nachahmen will, was er sieht, und stundenlang in den Himmel oder auf eine Blume dösen kann, ohne sich merkbar zu rühren. Hätte er nur, der Charlie Rivel, den Anzug, den Hut, das Fliegenbärtchen, die Figur Chaplins, es wäre eine blöde Harlekinade. Aber Charlie hat den ganzen Chaplin. In jeder Regung, in jedem Blick, im Aufbau der Nummer. [...] Die Rivels [...] entpuppen sich als die geplagtesten Objekte der Tücke, die die Menschheit je sah. Wenn einer die Sache ernst nähme, er würde durchschauen, wie hinterlistig unser Leben eigentlich sein kann. Vielleicht ist es nicht einmal das Leben, sondern wir sind es. [...] Clowns werden nie alt. Sie sind geniale Kinder. Wenn sie wüßten, was sie tagtäglich (philosophisch) verulken, würden sie verrückt. Aber sie spielen.« Hier schreibt ein Wahlverwandter.

In seinem Zeugnis wird Gerhart Weise als »gewandter Reporter mit eigenen Ideen für die verschiedensten Sparten« bezeichnet. Die vierteilige Serie über »Helden des Alltags« könnte eine dieser Ideen gewesen sein. G. W. besucht für »Hallo! Hier 64 001!« das Telefonfräulein einer Taxizentrale, für »Schrippen – früh um fünf« einen Bäckermeister, beschreibt in »Morgen kehren!« das Schornsteinfegen als einen »der schwersten Alltagsberufe« und beobachtet für »Das gähnende Lastauto« die Arbeit der Dresdner Müllabfuhr. Eine smarte Idee, um neue Leser zu ködern.

Das Fräulein, »blond, geweckt, von Geburt liebenswürdig«, herrscht souverän über die Telefonanlage; die Taxifahrer rasen durch die Stadt: »Tempo von 30 Stundenkilometer aufwärts ist gerade richtig«. Ihnen gebührt ein Hohelied: »Männer, die keinen Dank verlangen, die nur haben wollen, was ihnen zusteht, um schließlich am nächsten Standplatz – zu warten, wiederum Stunden, in Hitze, Regen, Schnee oder Sturm. Die wackren Taxichauffeure.« Die Bäckerei besucht G. W. an einem Morgen zwischen vier und fünf, um jedes Detail über die Herstellung von Schrippen zu erfahren. Für die Schornsteinfeger wirft er sich in die völkische Brust. Witze dürfen nicht gerissen werden: »Immerhin zeugt es wenig von ehrlichem Sozialismus, wenn heute immer noch einer der gefährlichsten und härtesten Berufe im Handwerk auf so läppische und kindliche Weise verhöhnt wird.« Denn der Schornsteinfeger sei ein »ebenso unentbehrlicher wie unbekannter Held des Alltags«.

In dem Bericht über die Müllabfuhr stolpere ich über das Wort »Aschengrube«. Das habe ich doch schon einmal gelesen? Und tatsächlich, auch in »Folterkammer des Kunstgeschmacks« verwendet G. W. diese Vokabel, wenn er die »entarteten« Werke als »Stammelei mit den Mitteln der Aschengrube und des Abfalleimers« bepöbelt. Jetzt schreibt G. W., was sich der Leser unter einer Aschengrube vorzustellen hat: »Aschengruben züchten nicht nur Bazillen. Bekanntlich gedeihen auch fette, eklige Rattenherden in dieser Sphäre sehr gut. Das Metall alter Büchsen und Kästen, die in der Grube landen, oxydiert. Speisereste verfaulen. In einem halben Jahr stinkt alles erbärmlich zum Himmel.« Ist es unfair, diese Beschreibung aus ihrem harmlosen Kontext herauszureißen und der sechs Monate alten Verunglimpfung überzustülpen? Nein. Dem Autor wird schon im Dezember klar gewesen sein, wie eine Aschengrube aussieht; er hat gewusst, was er schreibt. Im Nachhinein verkehrt sich die Aschengrube zur Metapher für den vom Autor beschworenen »Abgrund der Selbstzerstörung« – für mich freilich nicht der Kunst, sondern des deutschen Journalismus.

»Das gähnende Lastauto« erscheint am 24. Juni 1934 und ist der letzte Beitrag des Volontärs für den *Dresdner Anzeiger*. Aus dem Zeugnis, das ihm Hauptschriftleiter Weithas am 25. Juni ausstellt und das wohlwollender nicht sein könnte, geht hervor, dass seine Ausbildung mit diesem Tag beendet gewesen ist.

SPRUNG NACH BERLIN

Reichspresseschüler und Hörspielautor

Ein knappes Jahr lang ist Gerhart Weise für mich unauffindbar. In seinem Personalfragebogen wird er später angeben, bis zum 15. Oktober 1934 beim *Dresdner Anzeiger* und danach, in Berlin, als freier Mitarbeiter beim *12 Uhr Blatt* und beim *Angriff* gewesen zu sein. Nichts davon lässt sich belegen. Er ist einfach verschwunden. Erst im Mai 1935 taucht er wieder auf, als sein Kursus in der Reichspresseschule beginnt.

Die Gründung der Reichspresseschule ist eine logische Folge der neuen Pressepolitik. Bereits am 5. Oktober 1933 hat sich der Volontär Weise im *Dresdner Anzeiger* über das am Tag zuvor verabschiedete Schriftleitergesetz informieren können, das die »Eingliederung« der Presse »in den neuen Staat« befiehlt. Dem Journalisten in spe wird es durchaus eingeleuchtet haben, dass sein Berufsstand ab sofort eine »durchgreifende Säuberung« erfahren und »in straffer Organisation [...] der nationalsozialistischen Bewegung unterstellt« werden muss. Ihm droht keine Gefahr, denn er erfüllt alle Voraussetzungen für seinen künftigen Beruf: Er ist deutscher Reichsangehöriger, von »arischer Abstammung« und nationalsozialistischer Gesinnung, er wird nach Beendigung seiner Ausbildung das einundzwanzigste Lebensjahr vollendet haben und somit in die »Berufsliste« eingetragen werden können, die von dem gleichgeschalteten und dem Propagandaministerium unterstellten Reichsverband der deutschen Presse geführt wird. Der »Säuberung« fallen auch die »welschen« Berufsbezeichnungen »Journalist« und »Redakteur« zum Opfer. Zwar hat es den Begriff »Schriftleiter« schon vor 1933 gegeben, doch nun steht die verdeutschte Wortprägung für die Abschaffung der Pressefreiheit: Der Schriftleiter ist in seiner »Mitwirkung an der Gestaltung des geistigen Inhalts deutscher Zeitungen« nicht mehr einem Verleger, sondern allein dem »Volkskörper«, also dem Staat verpflichtet.

Die »geistige Freiheit des neu geschaffenen Schriftleiterstandes« definiert Goebbels in seiner Rede zur Verabschiedung des Gesetzes in aller Deutlichkeit: »Die Freiheit des Individuums richtet sich immer nach der Freiheit, die ein Volkskörper an sich zu genießen in der Lage ist [...]. Diese Begrenzung der Geistes- und Meinungsfreiheit kann eine freiwillige, sie kann aber auch eine erzwungene sein. Sie wird sich immer dann zum Segen des ganzen Staatswesens auswirken, wenn die Mehrheit der Wohlmeinenden sie sich freiwillig auferlegt.« Gerhart Weise gehört zur Mehrheit der Wohlmeinenden, und seine Presseartikel werden auch in Zukunft freiwillig der ministeriellen Vorgabe folgen, »monoform im Willen und polyform in der Ausgestaltung des Willens« zu sein.

Die mehrmonatigen Kurse in der Reichspresseschule sind für alle »Schriftleiter in Ausbildung«, so die neue Bezeichnung für Volontäre, obligatorisch. Wer keinen erfolgreichen Abschluss vorweisen kann, wird nicht in die Berufsliste aufgenommen. Nicht nur Fachwissen soll hier vermittelt werden: Im Vordergrund steht die politische und charakterliche Formung der Berufsanwärter zu strammen Volksgenossen. Im Januar 1935 wird die Schule eröffnet; der letzte Lehrgang findet kurz vor Kriegsbeginn im Juli 1939 statt. Die Jahrgänge 1934 und 1935 der Zeitschrift *Deutsche Presse* haben mir grundlegende Informationen über den Charakter der Schule und die Besonderheiten des zweiten Lehrgangs geliefert, an dem Gerhart Weise von Mai bis Juli 1935 teilgenommen hat. Dieses Fachorgan des Reichsverbands der Deutschen Presse untersteht SA-Gruppenführer Wilhelm Weiß, der gleichzeitig als

Hauptschriftleiter, vulgo Chefredakteur, für den *Völkischen Beobachter* verantwortlich zeichnet.

In ihrer Ausgabe vom 20. April 1935 veröffentlicht die *Deutsche Presse* die »Anordnung betreffs Meldung zum zweiten Kursus«. Zur Meldung »verpflichtet« sind alle »Schriftleiter i. A. und Schriftleiterinnen i. A., die mindestens neun Monate Ausbildung hinter sich haben und volljährig sind«. Der Anordnung folgend, wird sich der künftige Presseschüler demnach »unverzüglich« beim Leiter der Reichspresseschule schriftlich gemeldet haben. Nach erfolgter »Einberufung« sind mitzubringen: dunkler Anzug, »Sportzeug (Sporthose, Schwimmhose, Handtuch, Turnschuhe) sowie ›Räuberzivil‹ (Stiefel oder Schnürschuhe und Gamaschen, entsprechende Hose und alter Rock)«, außerdem Passbild, Essbesteck und nach Möglichkeit eine Schreibmaschine. Das monatliche Schulgeld beträgt 50 Reichsmark – bezahlt es Margarethe von ihrem Bezirkspflegerinnen-Gehalt und der Witwenrente? Stipendien gibt es nicht. Eine Aufnahmeprüfung ist zu bestehen, hunderteinundzwanzig gedruckte Fragen sind »stichwortartig im Telegrammstil« zu beantworten, über Welt-, Innen- und Kulturpolitik, Wirtschaft, Volkstum, Rassenlehre, Judenfrage, Sozialismus, Allgemeines.

Nach dem ersten Lehrgang ist die Schule zum Internat umgewidmet und behelfsmäßig in der ersten Etage eines Mietshauses in Berlin-Tiergarten, Klopstockstraße 52, untergebracht worden. Zum Auftakt haben sich die insgesamt fünfundachtzig Kursteilnehmer des neuen Lehrgangs im Schulungslager Gütergotz, südöstlich von Berlin, einzufinden, wo sie zwei Wochen lang, wie es launig im »Sonderheft: Reichspresseschule« der *Deutschen Presse* vom 10. August 1935 heißt, »kein schmissiges, sondern ein kommissiges Leben« führen sollen. Hat Gerhart gewusst, welch paramilitärischer Drill den »Jungschriftleiter« erwartet, der nach Auskunft seiner späteren Frau auffallend unsportlich gewesen ist? Theoretisch ja: Der neu ernannte Reichsschulungsleiter für die deutsche Presse, Hans Schwarz van Berk, nach dessen Konzept die Schule aufgebaut wird, kündigt im Winter 1934 an: »Jetzt stehen wir am Beginn einer Standesbildung, die derjenigen des preußischen Offizierskorps entspricht. Wir sind in unserem Dienst dem Staat verbunden. Darum hat auch die Erziehung des Nachwuchses an die besten Traditionen der preußischen Armee anzuknüpfen und seine Ausbildung der des Kadettenkorps zu entsprechen«. In der *Deutschen Presse* vom 1. Dezember 1934 hat Gerhart dieses Grundsatzreferat über »Nachwuchs und Standesbildung« nachlesen können.

Wie diese Erziehung in der Praxis aussieht, geht aus einem Brief hervor, den der aus Duisburg kommende Kursteilnehmer Hans H. Henne am 3. Juni 1935 an seine Schwester in die Schreibmaschine tippt. »Im Schloss Gütergotz (kleines Lustschloss, das dem Kriegsminister Roon zum Geschenk gemacht wurde, später Erholungsheim f. Lungenkranke, heute SA-Hilfswerklager, d. h. arbeitslose SA-Leute der Gruppe Brandenburg werden hier untergebracht) wurden wir in einem Nebengebäude untergebracht, in Drillich (die meistens zu klein waren) eingekleidet. [...] Was hat uns das schöne Schloss genutzt, was der schöne Park. Morgens um ¼ 6 aufstehen, Frühsport, auf dem ›Gottesacker‹ üben und üben. [...] Es ist ganz klar, dass die Sache (obwohl sie nicht einmal so furchtbar betrieben wurde) uns furchtbar ermüdete, dass wir nach 25 km-Märschen todmüde in die dreistöckigen Eisenbetten sanken mit Blutblasen an den Füssen. [...] Ich will nicht schreiben, wie schwer mir diese vierzehn Tage waren. Schlafe einmal auf drei Holzbrettern und einer fingerdünnen Matratze, marschiere von morgens bis abends und höre dazwischen noch Vorträge.« Gerhart Weise freundet sich mit Henne, ebenfalls Jahrgang 1913, an und wird mit ihm bis zu seinem Verschwinden 1945 in Verbindung bleiben.

In der Klopstockstraße geht es, wie im Sonderheft nachzulesen, nicht wesentlich ziviler zu als in Gütergotz: Um sechs Uhr fünf-

Der beste Freund: Hans H. Henne

undvierzig donnert der Weckruf von Meister Pundt, »die Zucht-
rute genannt«, durch die Flure. Sieben Uhr Frühsport, sieben Uhr
fünfzehn Waschen, selbstverständlich mit kaltem Wasser, sieben
Uhr dreißig Frühstück, Brot und Marmelade, acht bis neun Uhr
Freizeit, die mit der Lektüre in- und ausländischer Zeitungen
verbracht wird. Um neun Uhr beginnt das Kolleg. Die Jungschriftleiter hören Vorlesungen über Gesetzeskunde, Sport und
Lokales in der Tagespresse, die Herstellung von Druckplatten, die
politischen Voraussetzungen für Theater- und Kunstkritik und
über den Schriftleiter im neuen Deutschland. Reichsschulungsleiter Schwarz van Berk, seit 1930 Parteimitglied, kommt gut
an: »Mit ungeheurem Getrampel begrüßt«, spricht er über Welt-
politik. »Sprühend, lebendig, ein Angriff.« Apropos: Seit Anfang
April 1934 ist Schwarz van Berk, laut Impressum, Hauptschriftleiter der Tageszeitung *Der Angriff,* gegründet 1927 vom damaligen
Berliner Gauleiter Goebbels als antisemitisches »Kampfblatt der
Berliner Bewegung«. Schulleiter ist der Jurist Wolf Meyer-Christian, Parteimitglied seit 1927. Den Gastdozenten Kurt Kränzlein

und Otto Kühbacher wird Jungschriftleiter Weise wenige Jahre später als Kollegen wiederbegegnen. Nach dem Unterricht geht es ins Schwimmbad, zum Filmgelände Neubabelsberg, ins Kino, Theater, Konzert.

Wie am 29. Juni 1935 in der *Deutschen Presse* verlautet, hat Reichsminister Goebbels kurz zuvor die Teilnehmer des zweiten Lehrgangs empfangen, um ihnen, angestiftet von Schwarz van Berk und Meyer-Christian, eine geharnischte Strafpredigt zu halten: Ihre Bildungs- und Wissensverhältnisse befänden sich »auf einem wenig erfreulichen Niveau«, einige schienen den »Aufenthalt in Berlin als eine Art Erholungsurlaub anzusehen«. Zum ersten Mal steht nun der zweiundzwanzigjährige Gerhart seinem späteren Chef leibhaftig gegenüber, um die Drohung zu vernehmen, »daß ein Journalist, der nicht über ein gewisses Maß von Wissen und Charakter verfügt, in die Presseliste einfach nicht aufgenommen wird«. Auch im Sonderheft wird gemäkelt, »daß erschreckend wenig Nationalsozialisten unter dem Schriftleiternachwuchs zu finden« sind, dass der Nachwuchs zu wenig wisse und dass manch einer fälschlicherweise »im Schriftleiterberuf eine Art Künstlertum« sehe. Fazit: »Es ist nicht viel los mit diesem Nachwuchs.« Am Ende sind von den fünfundachtzig Kollegiaten nur noch neunundfünfzig übrig, darunter fünf Frauen, die den Kursus einigermaßen erfolgreich beenden. Eine von Schulleiter Meyer-Christian unterzeichnete Bescheinigung besagt, dass Gerhart Weise vom 10. Mai bis 20. Juli 1935 am Pflichtkursus teilgenommen hat.

Eigentlicher Abschluss und Höhepunkt des Lehrgangs ist eine Studienfahrt, »auf der vor allen Dingen die Kunst der Berichterstattung praktisch geübt wird« – so der Reichsschulungsleiter in seinem bereits zitierten Referat über »Nachwuchs und Standesbildung«. Diese Studienfahrt soll in kleinen Gruppen vonstatten gehen, so dass die neunundfünfzig Jungschriftleiter aufgeteilt und verschiedenen Reiseleitern zugeordnet werden. Wohin die Reise gegangen ist, lässt sich nicht mehr eruieren. (Eine Gruppe des ersten Lehrgangs hat »Schwarz van Berk nach Danzig geführt, um bestimmte Ostfragen zu studieren«, siehe *Deutsche Presse* vom 20. April 1935.) Jedenfalls gehört Gerhart zur Gruppe Schwarz van Berk, und dieser schreibt nach Ende der Reise am 30. Juli einen Brief an seinen Schüler, der nun endlich eine Berliner Adresse hat: Pankow, Borkumstraße 6, bei Pape. »Lieber Herr Weise! Was ich im Beisein Ihrer Kameraden nicht erörtern wollte, aber mit Ihnen noch einmal zu besprechen beabsichtigte, ist dies: Unter den Teilnehmern des zweiten Kursus sind Sie durch ausserordentlich beachtliche Leistungen aufgefallen, aber diesen Leistungen stehen so viele persönliche Mängel gegenüber, die ja leider auch auf der Reise wieder zum Vorschein gekommen sind. Es tut einem leid um jede Begabung, die nicht zum Schuss kommt. Ich möchte immer noch versuchen, Sie für den Journalismus zu retten. Das ist nicht eine persönliche Liebhaberei, sondern schliesslich eine Pflicht für Sie, wie für mich. Es ist die Frage, ob Sie sich selbst in die Hand bekommen und den geistigen Fähigkeiten die nötige charakterliche Härte zuordnen können. – Morgen fahre ich in Urlaub, aber ich würde Sie gern Ende August noch einmal sprechen. Vielleicht, dass ich Ihnen dann schon bestimmte Aufgaben stellen könnte, wenn Sie sie von mir annehmen wollen. Ich bitte Sie also, mich nach dem 22. August anzurufen oder mir Mitteilung zu machen, wo Sie erreichbar sind. Heil Hitler!«

Diesen Brief wird der Pankower Untermieter natürlich beantworten, aber erst einmal will die fehlende »charakterliche Härte« analysiert sein. Derartig oft wird in der *Deutschen Presse* der »Charakter« beschworen, dass er das A und O des Schriftleiterberufs zu sein scheint. Wolf Meyer-Christian, »Die Erziehung des Schriftleiter-Nachwuchses« (29. September 1934): »In erster Linie kommt es auf den Charakter an.« Der Kursus müsse »die Möglichkeit geben, die charakterliche Härte und Festigkeit der Anwärter zu erproben«. Oder Hans Schwarz van Berk, »Der Nachwuchs wird gesiebt!« (6. Oktober 1934): »Es ist eine Konduite, es ist eine Beurteilung, die den Charakterwert eines Mannes zuerst betont, danach seine Haltung und zum Dritten sein Geschick zu schreiben. Die Wertordnung ist grundsätzlich und in der Reihenfolge unumstößlich, denn anders kann die Literarisierung unseres Standes überhaupt nicht behoben werden.« Ohne Charakter, so Goebbels in seiner oben zitierten Philippika, keine Aufnahme in die Presseliste, also Berufsverbot. Die »rechte Gesinnung«, die der Minister als selbstverständlich voraussetzt, ist damit nicht identisch, denn »Wissen und Können, Fleiß und Beständigkeit, Charakter und Aufrichtigkeit« müssen hinzukommen. Bei Wilhelm Weiß finde ich die unmissverständliche Antwort: Die Tugenden des Soldaten – »Disziplin, Unterordnung, Treue, Gehorsam, Tapferkeit« – sind auch »die Tugenden des neuen deutschen Journalisten«. Den »bewährten Grundsätzen« folgend, »nach denen das alte deutsche Offizierskorps großgeworden ist [...], soll die Reichspresseschule die Charakterschule des deutschen Journalisten werden« (19. Januar 1935).

Seine »rechte Gesinnung« hat Gerhart Weise beim *Dresdner Anzeiger* zur Genüge bewiesen. Mangelt es ihm also an Disziplin, Unterordnung, Gehorsam? Ist er einer von den »Meckerern«, die zu »den intelligentesten der Jungschriftleiter« gehören, wie es im Sonderheft heißt? In seinem Brief an die Schwester schreibt Hans H. Henne über sich selbst, er wirke wohl »kalt und wenig persönlich« aus Unsicherheit gegenüber den gebildeten Mitschülern, die nicht »durch Halbwissen zu bluffen sind«. Verschwindet auch Jungschriftleiter Weise wie sein Freund hinter einem Schutzpanzer aus »Reserviertheit« und »ironisch-sarkastischer Haltung«? So könnte es gewesen sein. Auf einer der grobkörnigen Abbildungen im Sonderheft meine ich ihn zu erkennen; es ist der mit dem spöttisch verzogenen Mundwinkel.

In seiner Antwort an Schwarz van Berk vom 22. August 1935 geht der Gerügte auf die ihm attestierte Charakterschwäche mit

Zweiter von rechts beim Aufmarsch der Reichspresseschüler im Mai 1935

keinem Wort ein. Kühl und reserviert schreibt er: »Ihren Brief möchte ich allgemein dahin beantworten, daß ich sehr gern bereit bin, Sonderaufgaben von Ihnen anzunehmen. Heil Hitler!« Er schreibt mit der Hand; hat der ausgebildete Schriftleiter keine eigene Schreibmaschine? Auch seine beiden folgenden Briefe an Schwarz van Berk sind, in einer Mischung aus Sütterlin- und lateinischen Buchstaben, mit Füllfederhalter geschrieben. Er präsentiert dem Hauptschriftleiter des *Angriff* allerhand Ideen: Er habe, zum Beispiel, »eine Art Leitartikel« über den »Internationalen Kongreß für Bevölkerungswissenschaft« geschrieben. Dabei handelt es sich um den dritten Kongress zu diesem Thema, der unter der Präsidentschaft des Kaiser-Wilhelm-Instituts für Anthropologie, menschliche Erblehre und Eugenik Ende August 1935 in Berlin stattfindet. Knapp sieben Wochen später wird das »Gesetz zum Schutze der Erbgesundheit des deutschen Volkes« verabschiedet, um die Fortpflanzung »erbuntüchtiger« Individuen zu unterbinden. Der Text mit dem ebenso ungeschickten wie beunruhigenden Titel »Babies, die uns nicht erreichen« wird dem Autor von der

Sekretärin zurückgeschickt. Auch ein Interview mit Heinz Steinacher, Reichsführer des Volksbundes für das Deutschtum im Ausland, bleibt ungedruckt. Weitere Themenvorschläge landen in der Ablage: Vorbereitung der in Berlin stationierten »Formationen« auf den Nürnberger Parteitag; Analyse der »festumrissenen Drehbuchaufträge«, die Goebbels einigen Schriftstellern erteilt hat; Serie über Entwicklung und Regiestil deutscher Filmregisseure; tägliche »flott geschriebene Buchbesprechung«; Umfrage über die Gefährlichkeit von Kriminalromanen (»In Essen sind in den Leihbibliotheken alle Kriminalromane ausgemerzt worden, zu Gunsten der reinen Phantasie der Leser«); und – von unfassbarer Naivität – eine Serie über die Arbeit der Gestapo (»Man stellt sich da noch immer zu viel Tscheka [sowjetische Geheimpolizei, Vorläuferin der GPU] vor. Ein dunkler Weltteil für alle Leser«). Was stellt *er* sich vor? Etwa investigative Interviews mit Himmler und Heydrich? Jedenfalls scheint der Aspirant mit keiner seiner Ideen den Hauptschriftleiter des *Angriff* überzeugt zu haben.

Nur zwei Artikel, über wesentlich bescheidenere Themen, darf der Bewerber 1935 im *Angriff* publizieren: Für die Serie »Wer ist mal ausgerissen? Unbekannte vortreten!« trägt »Gerhard Weise, Berlin-Pankow«, im Oktober den Fortsetzungsbericht »Seit Hamburg immer wieder« bei, wobei ihn das falsche »d« im Vornamen geschmerzt haben dürfte. Dabei handelt es sich um den Bericht seiner Flucht aus dem Internat St. Afra. Anfang November darf er in einem bebilderten Fünfspalter den Lesern des *Angriff* die für eine »Tageszeitung der Deutschen Arbeitsfront« naheliegende Frage »Was liest der Arbeiter?« beantworten. Ob in der Stadtbibliothek von Neukölln oder in einer privaten Leihbücherei in Wedding: Der Arbeiter will vor allem Alfred Rosenberg lesen, seine *Einführung in den Nationalsozialismus* und den *Mythus des XX. Jahrhunderts.* Der *Mythus* ist ständig ausgeliehen und muss vorbestellt werden. Überhaupt sind Bücher über den »Staatsaufbau« besonders beliebt, und selbstverständlich erfreuen sich auch die achtundzwanzig Neuköllner Exemplare von Hitlers *Mein Kampf* regen Zuspruchs. Der Arbeiter will »die geistigen Grundlagen, Gesetze, Ziele« des neuen Staates kennenlernen. »Die schwersten Bücher sind [ihm] gerade gut genug. [Seine] Aufnahmebereitschaft geht bis zu Carl Schmitt [...]. Die Arbeiter spüren mit Leidenschaft die tieferen Zusammenhänge, den Strömungen nach, die durch die Jahrhunderte in unsere Zeit hinüberfließen. Gustav Freytag ist der meistgelesene historische Autor in Neukölln.« Am Tag zuvor, dem 1. November, ist im *Angriff* ein ganzseitiger Spendenaufruf von SA, SS und NSKK für das Winterhilfswerk abgedruckt, den folgendes Motto des Führers einleitet: »Wir sind im größten Eroberungsfeldzug der Weltgeschichte begriffen, nämlich, wir erobern uns unser deutsches Volk.« Mit seinen Literaturempfehlungen reiht sich Gerhart Weise anstandslos in den Feldzug der Eroberer ein.

Mehr Erfolg als beim *Angriff* hat Gerhart Weise mit einem Hörspiel, das er wohl im Sommer/Herbst 1935 zusammen mit Hans H. Henne für den Rundfunk schreibt. Schon der Titel *Mensch und Motor – Freunde fürs Leben* zielt treffsicher auf die seit 1933 propagierte neue Einheit von Volksgemeinschaft und Kraftfahrsport. In geschickt strukturierten Variationen feiert das Hörspiel Auto und Technik, Rennfahrer, Reichsautobahn und Kameradschaft der Landstraße. Der hymnische Prolog ist aus jenem Stoff gemacht, den Goebbels in seiner Rede zur Eröffnung der Reichskulturkammer im November 1933 als »stählerne Romantik« bezeichnet hat. Ein Auszug aus dem Manuskript: »Blank spiegeln die schlanken Flanken des Wagens – die Flügel! Hell singen die sausenden Stimmen des Motors – schwingende Kraft! Bereit zu besiegen endlose Strassen, verzehrende Weiten, hemmende Hügel. Bereit zu siegen mit hämmernden Pulsen, voll brüllender Stärke – stählerne Leidenschaft!« Der germanisierende Stabreim wird in der ersten Szene vom Berliner Dialekt dreier halbwüchsiger Jungs abgelöst, die mit Begeisterung und Sachverstand eine »olle Mühle« in ein »furchtbar ratterndes« Auto verwandeln, mit dem sie, ohne Bremsen und mit gefälschtem Nummernschild, einem gutmütigen Wachtmeister in die Arme fahren. Alle Klassenunterschiede der »Systemzeit« sind dahin: Der Vater von Max und Emil ist Schlosser, der Vater von Fritz heißt Direktor Pape, und alle sind gute Freunde.

Als geborene Berlinerin kann ich versichern, dass die drei Jungs recht ordentlich berlinern und nicht vermuten lassen, dass ihre Autoren erst kürzlich aus Sachsen und dem Ruhrgebiet in die Reichshauptstadt gekommen sind. Wie die beiden Jungautoren die insgesamt vier Szenen und drei »Zwischenstücke« unter sich aufgeteilt haben, bleibt unklar und soll es wohl bleiben: Mit dem Namen Pape wird die Pankower Adresse Gerhart Weises, mit dem Rennfahrer Henne der andere Autor in die erste Szene des Gemeinschaftswerks geschmuggelt.

Nachdem im ersten Zwischenstück ein Romantiker und ein Pragmatiker ihren dialektischen Diskurs über Mensch und Motor absolviert haben, geht es in der zweiten Szene um Naturromantik. Die nächtliche Autofahrt eines Liebespaars über Land dient dazu, den Liedern, Lauten und Blockflöten einer im Wald zeltenden Jugendgruppe zu lauschen und die Meilensteine im Scheinwerferlicht als »kleine bleiche Altäre vor schwarzem Schweigen« wahrzunehmen, in dem der Motor »wie eine Orgel« klingt. Der Autofahrer singt seinem Mädchen leise einen Schlager ins Ohr: »Am Morgen mit dem ersten Tau / Fährt mein Auto vor / Der Himmel lacht, so weit und blau / Steig ein zu mir, du kleine Frau / Ich flüstre dir ins Ohr«. Es folgen drei weitere Strophen, während das Auto sich einem Dorf nähert und, schließlich in einem Stall geparkt, sich – hup – mit einer Kuh – muh – unterhält.

Im extremen Kontrast zum ländlichen Idyll ist als zweites Zwischenstück ein Autorennen einmontiert, dessen rhythmisch dahinrasende Betextung darauf schließen lässt, dass nicht nur für Filippo Tommaso Marinetti, den Begründer des italienischen Futurismus, ein Rennwagen weit schöner gewesen ist als die Nike von Samothrake. Über den Start: »Aufschrei berstender Motoren! / Kompressoren / Sirenen – singen – verbrüllen – / Gas aus dem Auspuff – / Staubqualm der Strasse / Verhüllen / Die jähe Bahn! / Pfeifend vorbei / An Kojen – Menschen – Tribünen / Ein fiebernder Schrei!« Über die erste Runde: »Kalter Befehl im rasenden Wahn! / Gesteigertes Heulen stürzt in die Bahn. / Die Zeit ist vergessen / Tempobesessen / Stossen die Wagen aus dem Gewühl: / Kaltes Berechnen! Stahlgefühl!«

Die Rennwagen-Metaphern Kälte, Stahl, Geschwindigkeit, Gefahr sind, zumal in ihrer Kombination mit den aufbrüllenden Geräuschexplosionen des Hörspiels, deutlich futuristisch eingefärbt. Im Frühjahr 1934 haben Weise und Henne als Zeitungsvolontäre in Dresden und Duisburg mit ziemlicher Sicherheit den *Völkischen Beobachter* und dessen ausführliche Berichterstattung über die italienische Ausstellung *Luft- und Flugmalerei* in Berlin sowie die Auftritte Marinettis zur Kenntnis genommen. Die Ausstellung hat am Lützowufer 13 stattgefunden, in den ehemaligen Galerieräumen des 1933 nach Paris emigrierten jüdischen Kunsthändlers Alfred Flechtheim. In seinem »Gruß an Deutschland« hat Marinetti »den gewaltigen Erneuerungsgeist des Hitler-Deutschland« mit seiner Sympathie beehrt.

Der »gewaltige Erneuerungsgeist« ist, was die »stählerne Romantik« anlangt, so neu nicht. Er bedient sich nicht nur aus dem über fünfundzwanzig Jahre alten Vokabular der Futuristen. Auch die in der Weimarer Republik formulierten sprachlichen und visuellen Bilder des Expressionismus und der Neuen Sachlichkeit werden beibehalten – allerdings mit einer grundlegenden Veränderung: Kälte ist kein Synonym mehr für Vereinzelung in einem dekadenten Zeitalter. »Kalter Befehl«, »kaltes Berechnen«, »Stahlgefühl« stehen als heroische Metaphern im Dienst der Volksgemeinschaft. Im Hörspiel wird die elitäre Aura des Rennsports beschworen, um den Rennfahrer als guten Kameraden zu besingen: Der Sturm heult und der Motor brüllt in einer alpinen Winternacht, als »ein deutscher Rennfahrer, der mit seinem Wagen auf dem Wege zu einem grossen italienischen Rennen war«, dem todkranken Kind einer Bäuerin das Leben rettet, indem er es »in tollkühner Fahrt über die total vereisten und verwehten Pässe« ins Krankenhaus bringt. Jedermann ahnt natürlich, dass es sich bei diesem Helden um keinen anderen handeln kann als den legendären »Bergkönig« Hans Stuck, der 1934 den Großen Preis von Deutschland und den Großen Preis der Schweiz gewonnen hat.

Während sodann im dritten Zwischenstück ein Arbeiterchor hochgemut den Bau der Reichsautobahn besingt: »Wir legen Bänder durch das Land / Vom Brenner bis zur Waterkant!«, wird in der vierten und letzten Szene wieder berlinert. Der Lastwagenfahrer zu seinem Kumpel: »Ick muss hier durch die Löcher asten und du jibst nachher Jas in die Reichsautobahn.« Und: »Weesste, det is janz nett, so Landstrassenkameradschaft ...« Die Lastwagenfahrer dürfen sich 1936 noch unzensiert, ob politisch rot oder braun, als eine große Familie verstehen, es sei denn, die folgende Passage ist für die Ausstrahlung im Rundfunk gekappt worden: Unser Fahrer erzählt von seiner »schweren Panne, irjendwo hinter Hameln« vor zwei Jahren. »Keen Aas war uff de Strasse!« Aber – da kommt ein Fahrer aus dem Rheinland: »der rote Willi ... Wenn der wohin haut, da wächst keen Jras mehr. Un damals wussten se alle, det ick Nazi war, SA und so!« Und doch hat der rote Willi dem braunen Kameraden damals geholfen. Nach einer etwas unsanften Diskussion mit einem philosophisch gestimmten Vagabunden, der lieber in Ruhe über die Landstraße tippelt, »immer so Baum für Baum und een hübschen klaren Himmel übern Kopp«, singen alle drei in herzlicher Verbundenheit das Schlusslied: »Ja, wir sind die Lastzugführer / Ritter der Strasse in unserer Zeit / Kerle sind wir – Lastzugfahrer! Tage und Nächte immer bereit! / Motorgedröhn ist unser Lied / Das unser ganzes Leben durchzieht!«

Das Manuskript des Hörspiels hat sich im Nachlass von Hans H. Henne erhalten. Die einstündige Rundfunkaufzeichnung existiert nicht mehr – schade auch deshalb, da es sich den Regieanweisungen zufolge um eine experimentelle Montage von Musikfetzen, Stimmen und Motorengeheul gehandelt haben muss. Für die Musik zeichnet Herbert Windt verantwortlich, in den Jahren 1933 bis 1945 einer der berühmtesten deutschen Filmkomponisten. Von ihm stammt die Musik zu Leni Riefenstahls Filmen über die Nürnberger Parteitage 1933 und 1934, *Der Sieg des Glaubens* und *Triumph des Willens*, und über die Olympischen Sommerspiele 1936, *Olympia – Fest der Völker* und *Olympia – Fest der Schönheit*. Als Spielleiter des Hörspiels fungiert der Schauspieler Max Bing, dem 1938/39 diese Erfahrung zugute kommen wird, wenn er in dem Film *Stimme aus dem Äther* die Rolle eines Rundfunkregisseurs übernimmt. Die Berliner Jungs Fritz und Max werden von Hans Joachim Schaufuß und Hans Richter gesprochen, die 1931 in der Kästner-Verfilmung *Emil und die Detektive* als »Gustav mit der Hupe« und »Fliegender Hirsch« bekannt geworden sind. 1933 hat Hans Richter eine Nebenrolle in *Hitlerjunge Quex* gespielt; Hans Joachim Schaufuß wird 1936 zusammen mit Heinrich George für den Film *Stjenka Rasin* von Alexander Wolkoff vor der Kamera stehen. Emil, den kleinen Bruder von Max, spricht der zwölfjährige Wolfgang Kieling. Unter den Mitwirkenden des Hörspiels ist auch Paul Klinger, jugendlicher Held und Liebhaber in zahlreichen Ufa-Filmen; er spricht den Prolog und die Rolle von Rennfahrer Stuck.

Das Hörspiel *Mensch und Motor – Freunde fürs Leben* wird 1936 dreimal im Rundfunk ausgestrahlt: am 16. Februar und noch einmal am 19. April vom Reichssender Berlin und am 27. Juni vom Reichssender Königsberg. Ich stelle mir vor, wie stolz die beiden Jungautoren ihr Honorar von je 325 Reichsmark in Empfang genommen und wie sie, natürlich dreimal, hingerissen vor dem Volksempfänger gehockt haben.

REPORTER BEIM *12 UHR BLATT*

Filmkritik, Filmpolitik, Clowns und Vermischtes

Da er nach dem Schriftleitergesetz sämtliche Voraussetzungen erfüllt, einschließlich der »arischen Abstammung«, darf sich Gerhart Weise nach Volontariat und Reichspresseschule seit August 1935 ganz offiziell Schriftleiter nennen. Doch darf er das wirklich? Allem Anschein nach fehlt ihm die gesetzlich geforderte Eintragung in die Berufsliste des Reichsverbandes der Deutschen Presse: Noch im März 1937, also fast zwei Jahre später, vermerkt er im »Fragebogen für schriftstellerisch Tätige« der Reichsschrifttumskammer, er sei beim Reichsverband der Deutschen Presse »angemeldet«, sein Aufnahmeantrag sei aber »einstweilen« von der Reichspressekammer abgelehnt worden. Dennoch arbeitet er von Mitte August 1935 bis Ende November 1936 als freier Mitarbeiter für *Das 12 Uhr Blatt*. Laut Schriftleitergesetz müsste er für diese unautorisierte Tätigkeit mindestens mit einer Geldbuße oder sogar mit Gefängnis bis zu einem Jahr bestraft werden. Es sieht aber so aus, als klaffe zwischen Theorie und Praxis eine erhebliche Lücke. Auch die im Schriftleitergesetz festgelegte Sprachregelung setzt sich nur mühsam durch. In den Folgejahren ist in der Presse und sogar noch in der 1942 herausgegebenen Broschüre *Wie schreibe ich einen Zeitungsartikel?* immer noch von Volontären, Journalisten, Redakteuren und Chefredakteuren die Rede statt von Schriftleitern in Ausbildung, Schriftleitern und Hauptschriftleitern.

Noch 1938 wirbt das als Mittagszeitung konzipierte *12 Uhr Blatt* mit dem Slogan »Immer frisch, witzig, unterhaltsam«, hat

Freier Mitarbeiter beim *12 Uhr Blatt*, Oktober 1935 bis November 1936

aber seinen liberalen Boulevardcharakter längst verloren und ist zum völkischen Revolverblatt mutiert, das sich unter anderem auf die Kirchen einschießt. Sexuelle Missetaten von Priestern und Mönchen an Kindern werden in großer Aufmachung auf den Titelseiten breitgetreten; auch der Bericht über die 1937 erfolgte Verhaftung von Pastor Martin Niemöller ist von hämischer Ausführlichkeit. Im Feuilleton hingegen wird ab und zu das Kunststück vollbracht, die gleichgeschalteten Beiträge lesenswert aufzuputzen. Hauptschriftleiter ist Wilhelm Fanderl, Nationalsozialist der ersten Stunde und 1933 mit zwei Buchpublikationen über die »Bewegung« hervorgetreten: *Von sieben Mann zum Volk. Illustrierte Geschichte der NSDAP und der SA* sowie *HJ marschiert! Das neue Hitler-Jugend-Buch.* Fanderl hat viel zu tun: Laut Impressum zeichnet er verantwortlich für die Ressorts Politik, Wirtschaft, Kulturpolitik und Unterhaltung. Als überzeugter Nationalsozialist auch der letzten Stunde wird er vom 22. bis 29. April 1945 den *Panzerbär,* das »Kampfblatt für die Verteidiger Groß-Berlins«, herausgeben. Die Redaktionsräume des *12 Uhr Blatts* sind in der Wilhelmstraße 18, Ecke Hedemannstraße, untergebracht. Das Haus existiert nicht mehr. An seiner Stelle ist heute der Vorgarten eines Neubaus zu besichtigen.

Offenbar hat Gerhart Weise von vornherein die Absicht, sich beim *12 Uhr Blatt* als Filmjournalist zu profilieren. Als Vorpremiere hierzu erscheint in der *Deutschen Presse* vom 17. August 1935 sein kämpferischer Vierspalter »Presse und Film«, der »die Krise der Filmkritik« als »eine Krise des filmjournalistischen Könnens« attackiert: Die bisherige Filmkritik beschränke sich auf geplauderte Inhaltsangaben, entzückende Atelierschmonzetten und auf immer dieselben stereotypen Klischees. »Als habe es nie einen Propagandaminister gegeben, der vom Film mehr erwartet als von einem Varieté oder einem Zirkus, und infolgedessen auch vom Journalisten, der die Angelegenheiten des Films bearbeitet.« Vor

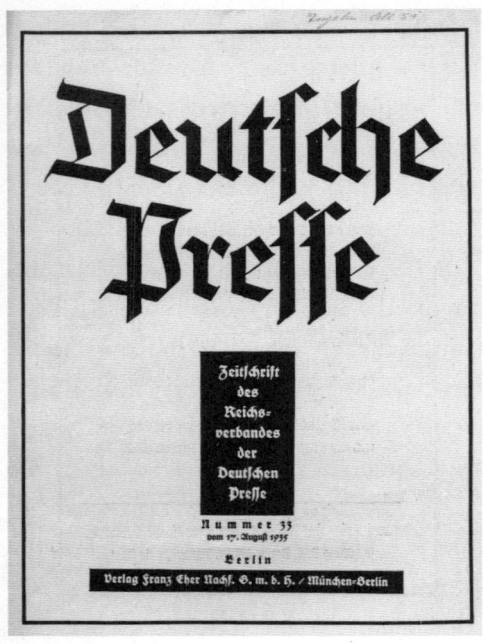

Erster Filmartikel am
17. August 1935 im Fachorgan des Reichsverbands
der Deutschen Presse

gut zwei Jahren, am 28. März 1933, hat der neu ernannte Minister
Goebbels vor Filmschaffenden im Berliner Hotel Kaiserhof erstmals die »geistige Filmkrise« gegeißelt und am 18. November 1934
auf dem ersten Reichspressetag den Pressevertretern einen selbstbewussten Umgang mit Filmfirmen empfohlen, die den Zeitungen
angesichts negativer Kritiken mit Anzeigenboykott drohen. Der
Filmjournalist in spe geißelt nun seinerseits das Versagen einer
Filmkritik, »deren Lebenssinn die geistige Prostitution um der
Anzeigengelder willen ist«.

Als »gw.«, seltener als »we.« oder »Gerhart Weise« schreibt
der freie Mitarbeiter während seiner fünfzehn Monate beim
12 Uhr Blatt insgesamt über hundertdreißig Artikel, davon
dreißig zum Thema Film. Darin bemüht er sich durchaus, zur
Bewältigung der »geistigen Filmkrise« beizutragen. Er besitzt
nicht nur genügend filmästhetische Intelligenz, um die Forderung
des Ministers nach künstlerischer Qualität zu teilen, sondern

auch genügend ideologische Standfestigkeit, um die propagierte Notwendigkeit eines neuen deutschen Tendenzfilms zu unterstützen. Reine Filmkritiken sind in der Minderheit: »gw.« bespricht fünf österreichische Komödien, einen amerikanischen Wildwest- und einen italienischen Propagandafilm. Über *Knox und die lustigen Vagabunden* heißt es am 30. November 1935: »Man sieht die alten Kino-Sentimentalitäten um den tragischen Pierrot. Lache, Bajazzo! Mit gutem Ende. Das macht allein Moser erträglich.« Hans Moser sei »der größte Schauspieler in diesem Film, oft ein ernsthafter Schauspieler, der weit über den Sinn eines solchen Filmlustspielchens hinaus auf den Zuschauer zutrat«. Nach einem Seitenhieb gegen »das unabwendbare Augenrollen Adele Sandrocks« wird das dänische Komiker-Duo Pat und Patachon in den überfälligen Ruhestand geschickt: Man könne »nicht übersehen, daß die begrenzte Situationskomik ihrer Typen ihre Wirkung mit dem stummen Film beschlossen hat und heute sehr primitiv anmutet«. Eher lustlos geht der Kritiker im Mai 1936 in den Titania-Palast, um sich den Propagandafilm *Italien marschiert – Querschnitt durch Italiens Konflikt mit Abessinien* anzusehen: »Die Gefahr eines Eindrucks aneinandergekoppelter Wochenschauen hängt wie eine Langeweilgasbombe am heißen Himmel.« In diesem Film nun hänge »die Gefahr deshalb so dick, weil der Regisseur [...], vermutlich auf höheren Befehl, den Gang des Geschehens mit Chronistentreue chronologisch aneinandergekoppelt hat. Daraus erklären sich viele ermüdende Längen. Viele Meter lang laufen Bilder vorüber, die ebensogut aus einem beliebigen italienischen Manövergelände stammen könnten.« Wer dahinter eine vorsichtige Kritik am Medium Propagandafilm vermutet, geht fehl: »Dromedare, die an Kränen in der Luft hängen, Lazarettbilder, [...] vor Kampfwut komisch daherhüpfende Abessinier – dies alles [...] ist fesselnd und spannend.«

Auch die Feuilletons über Atelierbesuche und Dreharbeiten, die Porträts von Regisseuren und Schauspielern sind mehr als nur nett geplauderte Schmonzetten. Werner Hochbaum wird kurz nach der Dresdner Premiere seines Spielfilms *Die ewige Maske* als »einer der mutigsten und durchgeistigsten Pioniere der großen Filmregie« charakterisiert. Der »Avantgardist« experimentiere mit völlig neuen optischen Möglichkeiten des psychologischen Films und mit einer Dramaturgie, die sich erkühne, eine »reine Zustandsschilderung« mit den optischen Möglichkeiten des psychologischen Films zu verschränken und damit die Handlungsebene von den äußeren auf innere Abläufe zu verschieben. In einem Kurzfilm von 1930 (*Zwei Welten?*) zeige der Regisseur einen Mann, der einfach vor sich hinsieht. Hinter ihm kleben Aufnahmen von einer Schüssel mit dampfendem Essen, von einem nackten Frauenbein, von einem kleinen Bach. Der Mann weiß davon nichts. »Er glotzte einfach ein paar Dielenbohlen an und dachte gar nichts.« Für den Zuschauer aber entwickle sich das Bild eines zunächst hungrig, dann lüstern und schließlich versonnen dreinschauenden Mannes. Hochbaums »Privatphilosophie« zeige also, dass die Filmmontage »auf ewige Zeit Grundgesetz aller filmkünstlerischen Arbeit sein wird«. Dies ist nun allerdings eine Stellungnahme, die den ministeriellen Vorgaben nicht unbedingt entspricht: Der Filmjournalist muss gewusst haben, dass Werner Hochbaum den neuen Machthabern nicht nur wegen seiner Homosexualität verdächtig ist. Nachdem er 1929 den proletarischen Film *Brüder* über den Streik der Hamburger Hafenarbeiter 1896/ 97 und zwei Wahlpropagandafilme für die SPD gedreht hat, wird sein Spielfilm *Razzia in St. Pauli* von 1932 ein Jahr später von der deutschen Filmzensur verboten. Erst als *Die Ewige Maske,* eine österreichisch-schweizerische Produktion, 1935 auf der Film-Biennale in Venedig als beste psychologische Studie prämiert und in Wien und Zürich mit großem Erfolg aufgeführt worden ist, darf der Film 1936 auch in Deutschland gezeigt werden, im Januar in Dresden und zwei Monate später in Berlin.

Der Artikel vom 9. Mai 1936 über den Werbegraphiker Peter

Pewas und sein dokumentarisches Filmprojekt *Alexanderplatz – überrumpelt* passt nun schon gar nicht in die völkische Ideologie. In den mir zugänglichen Filmlexika heißt es übereinstimmend, der Plakatmaler Pewas habe den Film 1932 begonnen, sei während der Dreharbeiten 1934 von der Gestapo verhaftet und das Filmmaterial konfisziert worden; zweimal habe Pewas 1935 wegen des Verdachts auf Hochverrat ins Gefängnis gemusst. Nun trifft aber gw. ebendiesen Peter Pewas im Mai 1936 im Reklamebüro einer Filmfirma in der Friedrichstraße und besieht sich, zu meiner Verblüffung, ein halbes Dutzend Standfotos für das doch angeblich vor zwei Jahren verbotene Filmprojekt. Zwei davon – ein blinder Schnürsenkelverkäufer und ein grinsender »Hinterhofrabauke« – sind abgebildet. Das Projekt des »Filmaußenseiters« begeistert gw.: »Als eines Tages das Geld gerade ausreichte, kaufte er [Pewas] sich eine alte Kamera und begann, stundenlang im Alexanderplatzviertel herumzustehen […] und seine Schnappschüsse zu landen. So entsteht der Film. Das Gesicht eines europaberühmten Platzes, das innere Gesicht, erstehend aus tausenden kleinen Formen, Falten, Fältchen, Mienen. Eine tolle Reportage. Den Standphotos nach.« Der Artikel endet mit dem Appell: »Man hält in den Filmbüros Menschen vom Schlage Pewas' für wildgewordene Utopisten und bekommt eine Kalkulationsgänsehaut. Wir glauben nicht, dass Menschen, die ein solches Leben [als Schuhputzer, Metallarbeiter, Obdachloser] durchgestanden haben, Utopisten sind. Denn dies Leben war dafür zu real, zu hart, zu vielseitig. Gerade dieses Leben aber ist allernächstes Erlebnis aus unserer Zeit, die ihren Filmmeister sucht. Nach wie vor!« Irren die Lexika? Ist Pewas erst später verhaftet worden? Oder hat er einfach wieder von vorn angefangen? Und ist sich der Filmjournalist im Klaren darüber, dass Pewas 1920 einige Monate am Bauhaus Weimar gewesen, als Graphiker für die linksproletarische Organisation Rote Hilfe und als Statist an der Piscatorbühne, dem Inbegriff des linken Avantgardetheaters, gearbeitet haben soll?

Die amerikanische
Lieblingskomödie
des Filmkritikers

Ein Gespräch mit Lucie Höflich, die bald die Hauptrolle in
Werner Hochbaums Film *Schatten der Vergangenheit* spielen
wird, dreht sich um die »noch immer unausgeschliffenen Schar-
niere der Dialog-Frage des Tonfilms«. Schauspielerin und Journalist ärgern sich einträchtig über die »vermanschte Reichlichkeit«
der Filmdialoge und plädieren für mehr »Mut zur künstlerischen
Pause im Filmablauf«. Als positives Beispiel wird der Hollywood-
Film *Es geschah in einer Nacht* hervorgehoben, »wo Clark Gable
etwa dreißig Filmmeter lang nur Heu auf den Boden herunter-
reißt, um zwei Nachtlager zu bereiten«.

Das Porträt des Regisseurs Hans H. Zerlett und seines jüngsten
Films *Arzt aus Leidenschaft* gerät zu einer Liebeserklärung an das
amerikanische Kino: »Man bewundert an den Hollywood-Ame-
rikanern jene kinobegeisternde leichte ›Handgelenkrealistik‹, die
Selbstverständlichkeit noch bei drehbuchmäßig recht unwahr-
scheinlichen Ereignissen. Die können das eben, sagt man. Ist es

nicht vielleicht das – daß das ungemein Entzückende an Clark-Gable-Lustspielen deshalb so entzückend auf uns einwirkt, weil tausend kleine Dinge in diesen Filmen gezeigt werden, die durchaus handlungsunwichtig sind, die aber allem Geschehen – wir denken an den Fernbus in ›Es geschah in einer Nacht‹ – eine so unmittelbare, so wirkliche, so echte Gesichtsfarbe geben, daß uns allein ihre Sonnenbräune und ihre Wetterfestigkeit im Innersten, nämlich im eigensten Erfahrungssafe jedes Menschen, trifft?« Es spricht für seinen Filmverstand, dass gw. die stilprägende Qualität von *Es geschah in einer Nacht* erkannt hat. Die Dialoge dieser 1934 von Frank Capra gedrehten Screwball Comedy sind mit ihren einkalkulierten Pausen so witzig und pointiert, dass sie keine Gefahr laufen, in »unausgeschliffenen Scharnieren« hängenzubleiben oder in »vermanschter Reichlichkeit« zu ertrinken. Zur Begeisterung des Rezensenten wird beigetragen haben, dass Clark Gable in diesem Film einen skrupellosen Reporter spielt, mit schräg aufgesetztem Hut und wahlweise Pfeife oder Zigarette im Mundwinkel, hinter dessen zynischer Attitüde ein romantisches Herz schlägt – ein unwiderstehliches Vorbild für den zehn Jahre jüngeren »Kollegen«.

Da auch der Propagandaminister die Professionalität amerikanischer Spielfilme zu schätzen weiß, eine Professionalität, die er von seinen deutschen Regisseuren zumeist vergeblich einfordert, ist die von gw. zur Schau getragene Sympathie für Hollywood völlig ungefährlich. So darf er sich auch ganz ungeniert über den letzten Film von Tom Mix, *Der Held von Texas*, amüsieren: »Dieser Tom Mix unter dem weißen, schweifkrempigen Cowboyhut, der allein genügen würde, ihn als Helden comme il faut à la prairie zu erkennen: mit blitzendem Raubtiergebiß, mit daumendicken Augenbrauen, mit dem stählern geschlossenen Mund und den energieblitzenden Siegeraugen […]. Auf der Straße, nach dem Beifall lachte man sich vergnügt und jung zu, zwinkerte cowboykühn mit den Augen und setzte den Sombrero schiefer.«

Leichte, amüsante Unterhaltung gehört durchaus zum pädagogischen Konzept des Propagandaministers: »Man soll nicht von früh bis spät in Gesinnung machen«, so in seiner schon zitierten Kaiserhof-Rede.

Von der demonstrierten Regimetreue mancher Regisseure lässt sich der Filmjournalist nicht beeindrucken. Obwohl Carl Junghans fast schon unterwegs nach Garmisch-Partenkirchen ist, um dort im Auftrag des Propagandaministeriums *Jugend der Welt*, den Film über die Olympischen Winterspiele 1936, zu drehen, wird sein Vortrag »Laokoon und der Film« an der Lessing-Hochschule von gw. ohne Umschweife niedergemacht. Junghans habe sich teils »in den Partizipienkaskaden einer nervösen Rede«, teils »in einer bis zur Peinlichkeit kühnen Art von Vergleichen mit Lessingschen Kunsterkenntnissen« verloren. Auch im Porträt von Toni Huppertz anlässlich der Uraufführung seines ersten Films *Soldaten, Kameraden* heuchelt gw. keine Begeisterung für den »lustigen Soldatenfilm«. Huppertz sei »gewiß kein Genie, kein besessener Avantgardist und wird es auch nicht werden«. Trotzdem oder gerade deswegen wird Huppertz ein gefragter Drehbuchautor und Regisseur: Achtzehn Filme gehen zwischen 1934 und 1944 auf sein Konto.

Wer im Huppertz-Porträt einen abweichlerischen Unterton herauszulesen meint, der irrt. Denn gw. benutzt den Artikel als Aufhänger für eine filmpolitische Aussage, die an völkischer Eindeutigkeit nichts zu wünschen übrig lässt: Huppertz gehöre zu einem »Kreis«, dessen »Mitglieder sich im Kampfbund für deutsche Kultur unter Hans Hinkels Führung vereinigten. [...] Wir hoffen, daß die Entwicklung dahin geht: daß die Regisseure aus den ›Kreisen‹ kommen. (Bisher kamen sie oft aus ›Cliquen‹.) Wir glauben, daß ›Kreise‹ und ›Schulen‹ die gesündesten Zellen jeder kulturellen Entwicklung sind. Binsenweisheit für Malerei, Dichtung und Musik. Und selbst der Film würde damit nur eine Tradition aufnehmen, die mit [Wsewolod M.] Pudowkin in einem

Moskauer Keller anfing und später von der Industriebetriebsamkeit verschüttet wurde. Wir freuen uns, daß der Aufstieg von Toni Huppertz aus dem Kreise Hans Hinkels Gelegenheit gegeben hat, darauf zu sprechen zu kommen. Es ist an der Zeit. Angesichts unserer Filmproduktion.« Der immanente Widerspruch, dass aus den »gesündesten Zellen jeder kulturellen Entwicklung« dürftiges Mittelmaß à la Huppertz erwächst, scheint gw. nicht aufzufallen. Übrigens muss der »Kreis« sich gleich 1933 gebildet haben, denn Hinkel ist bereits im Mai 1934 nach allerlei internen Machtkämpfen von Alfred Rosenberg seiner Ämter im Kampfbund für deutsche Kultur enthoben worden.

In einer späteren, mit »Warum geht Schmidt nicht ins Kino?« betitelten Grundsatzkritik deutscher Filmproduktionen wird gw. auf Pudowkin zurückkommen und einen Film, dessen Titel ungenannt bleibt und bei dem es sich um *Das Ende von St. Petersburg* von 1927 handelt, als einzigartiges Meisterwerk preisen: »Eine alte, nie mehr erreichte Paradeszene genialer Montage: Ein großer Platz in Petersburg mit einem Zarendenkmal – tausende Menschen toben auf dem Platz – es ist Winter – es ist Krieg – Extrablätter […] Großaufnahme: Das steinerne Gesicht der Zarenstatue, es hat geregnet, ein paar Tropfen sind gefroren, der Zar weint, so sieht es sich an – später bricht die rote Revolte los. Das kann kein Roman, kein Theater, keine Sinfonie geben. Das ist Filmkunst. […] Das ist Filmkultur: Montage.« Der Filmjournalist denkt da nicht anders als Goebbels, der in seiner Kaiserhof-Rede Eisensteins *Panzerkreuzer Potemkin* als bisher unerreichtes Vorbild für den deutschen Propagandafilm hingestellt hat: »Er ist fabelhaft gemacht, er bedeutet eine filmische Kunst ohnegleichen. Das entscheidende ›Warum‹ ist die Gesinnung. Wer weltanschaulich nicht fest ist, könnte durch diesen Film zum Bolschewisten werden. Dies beweist, daß Tendenz sehr wohl in einem Kunstwerk enthalten sein kann, und auch die schlechteste Tendenz ist zu propagieren, wenn es eben mit den Mitteln eines hervorragenden Kunstwerks geschieht.« Den nationalsozialistischen Filmregisseuren ist es, bis auf Leni Riefenstahl, trotzdem nicht gelungen, die schlechteste Tendenz mit den Mitteln eines hervorragenden Kunstwerks zu propagieren.

Gerhart Weise wird beim *12 Uhr Blatt* zum Filmspezialisten. Er blickt hinter die Kulissen des Filmgeschäfts, interviewt Regisseure, Schauspieler, Produktionsleiter, spricht mit Filmverleihern und Kinobesitzern. Seine Plädoyers für eine Umstrukturierung der Filmwirtschaft und die Konzentration des Produktions- und Verleihsektors unterstützen vorbehaltlos die offizielle Linie des Propagandaministers. Der Journalist befürwortet die Einrichtung einer Filmschule nach dem Muster der Reichspresseschule und gerät beim Thema Filmkammer ins Schwärmen: »Das national-sozialistische Deutschland ist das erste Land der Welt, das durch die Einsetzung einer politisch, kulturell und wirtschaftlich die Industrie führenden Institution, durch die Reichsfilmkammer, dem bisher von hunderten atemlosen, gehetzten, kaum zur Besinnung kommenden Direktoren achtlos in die Ecke gestellten filmkünstlerischen Wollen eine feste, ruhige, geordnete Basis gegeben hat, auf der es sich entfalten kann.« Voraussetzung für die Lobes-hymne ist das stillschweigende Einverständnis des Journalisten mit allen Maßnahmen, die diese »geordnete Basis« geschaffen haben: die Vertreibung von etwa achttausend Filmschaffenden ohne Ariernachweis und die erzwungene Kammer-Mitgliedschaft aller anderen beim Film tätigen Berufsgruppen.

Neben seinen Filmkritiken schreibt Gerhart Weise über alles. Er berichtet über die berühmte Schule der Tänzerin Gret Palucca in Dresden, den Tänzer Harald Kreutzberg, die Deutsche Oper an der Bismarckstraße, über Dietrich Eckart, den frühen Hitler-Verehrer, Erfinder des Kampfrufs »Deutschland erwache!« und Autor einer völkischen Peer-Gynt-Adaption, über einen Chirurgenkongresss, ein in Oberschlesien entdecktes Frühwerk von Veit Stoß und gefälschte Rembrandts. Seinen Bericht über den Staatsakt am 1. Mai 1936 im Lustgarten, zu dem »zwei Millionen« Volksgenossen anmarschieren, darunter »80 000 Jungmädel, BDM, Jungvolk, HJ und Marine-HJ«, unterlegt er mit angemessenem Pathos: »Nach dem Siegheil des Führers braust das Lied der HJ über das Stadion hinaus«, und »ein Sturm der Begeisterung wühlt das Meer der achtzigtausend Gesichter auf«.

In der »Weihestunde für das Buch«, die in der Krolloper begangen wird, habe, so gw., Staatsrat Hanns Johst mitgeteilt, dass das deutsche Wort Buch »von Buche« komme und somit »aus Wipfelbewusstsein und Wurzelwunder« bestehe. Und: »Wir Deutschen sehen im Buch keinen ästhetischen Anlaß, sondern einen sittlichen Grundsatz.« Der Schauspieler Walter Franck habe aus *Mein Kampf* gelesen und Hans Hinkel dem abwesenden Propagandaminister dafür gedankt, dass er Johst, »den alten Mitkämpfer des Führers«, zum Präsidenten der Reichsschrifttumskammer ernannt habe. Ist das noch Überzeugung oder schon Opportunismus? Ist es möglich, dass ein Journalist, der für den deutschen Film eine vermisste Ästhetik geradezu einklagt, sich bei der Literatur mit nationalsozialistischer Sittlichkeit zufriedengibt? Ja, er kann, und der Widerspruch bleibt bestehen: Die Frage »Warum geht Schmidt nicht ins Kino?« wird der Journalist dahingehend beantworten, dass Schmidt keine seichten Massen-Filme wolle, sondern Filmkunst von Pudowkin'schem Format. Darum bleibe Schmidt lieber zu Hause, wo er sein »Bedürfnis nach guter, nachdenklicher, großer Literatur« mit der Lektüre von Hitlers *Mein Kampf*, Rosenbergs *Mythus des XX. Jahrhunderts* und Goebbels' *Vom Kaiserhof zur Reichskanzlei* erfüllen könne.

Mit Hans Hinkel führt gw. zwei Gespräche, die er zu Monologen des Reichskulturwalters aufbereitet. Am 15. August 1936 ist im *12 Uhr Blatt* nachzulesen, wie der Sonderbeauftragte für die »Entjudung« mit dem »Kulturleben der Nichtarier« verfährt – »Niemand wird uns einen einzigen Fall von ›Brutalität‹

oder ›Barbarei‹ nachweisen können« –, und am 26. November 1936 erfahren die Leser, wozu sie eine Reichskulturkammer brauchen. Voller Bewunderung schildert der Journalist deren Herkulesarbeit: »Macht man sich einmal klar (als Beispiel), daß die Reichskulturkammer neben dieser Kulturarbeit auch politische Sonderaufgaben zu lösen hat – Entjudung des Kulturschaffens und Überwachung und Beratung der jüdischen Kulturbünde in Deutschland –, so erhält man einen Eindruck von der Riesenarbeit, die alle Männer dort zu leisten haben.« In der Tat: Die etwa zweitausend Mitarbeiter zählende Zwangsorganisation, deren Präsident Goebbels ist, versammelt unter ihrem Dach die Reichskammern für Schrifttum, Presse, Rundfunk, Theater, Musik, Film und bildende Künste, und dennoch nähert sich die »Entjudung« des Kulturschaffens bereits 1936 ihrem erfolgreichen Abschluss.

Hans Hinkel ist ein Freund des Varietés und Initiator des Festtags der deutschen Artisten am 27. Oktober 1936. »Eine sozialistische Aktion« nennt gw. die Einrichtung einer Hilfskasse für kranke, mittellose und alte »Kameraden der Artistik«. Sie funktioniert nach dem gleichen Muster wie das 1933 eingerichtete Winterhilfswerk: Die Betreiber der Varietés und Kabaretts liefern an diesem Tag, »von nun an in jedem Jahr«, ihre Gesamteinnahmen und die Artisten ihre Gagen »aus freiem Willen an die Reichsfachschaft ab«. Die neu eingerichtete Reichsfachschaft Artistik gehört zur Reichstheaterkammer. Die Mitgliedschaft ist Pflicht, aber natürlich haben nur Artisten mit »Ariernachweis« das Recht, dieser Pflicht nachzukommen. Dennoch sind die weltberühmten Akrobaten und Clowns aus Europa und Amerika weiterhin gern gesehene Gäste im Deutschen Reich. Ihre Programme sind unpolitisch und dienen der Erheiterung. Die Anordnung des Propagandaministers – »Man soll nicht von früh bis spät in Gesinnung machen« – kommt daher auch dem Varieté zugute. Mit Kriegsbeginn allerdings wird die proklamierte Internationalität des Artistengewerbes auf neutrale und befreundete Staaten beschränkt. Grock ist Schweizer, mit persönlichen Widmungen versehene Fotos von Hitler und Goebbels schmücken den Salon seiner Villa, im Rahmen der Truppenbetreuung unterhält er die Soldaten der Wehrmacht. Auch der Spanier Charlie Rivel verehrt den Führer; 1943 gratuliert er ihm per Telegramm zum Geburtstag und erheitert die Nürnberger Bevölkerung nach der Bombardierung ihrer Stadt mit einer Sondervorstellung. Im Jahr zuvor hat Wolfgang Staudte mit dem Film *Akrobat Schö-ö-ö-n* Rivel ein Denkmal gesetzt. Hinkel wird in den Kriegsjahren 1942 und 1943, nunmehr SS-Gruppenführer, als Herausgeber eines Internationalen Artistenkalenders firmieren.

Geht es tatsächlich um Varieté statt um Propaganda, scheint Gerhart Weise ein anderer Mensch zu sein, selbst in Anbetracht der Tatsache, dass Artistik zu den geförderten Unterhaltungskünsten gehört. Zahlreiche Texte über Akrobaten und Clowns, die Codonas, Fratellinis und Colleanos, die American Babies, über Grock, Noni, Little Pipifax und Charlie Rivel sind heiter, nachdenklich, philosophisch – als seien sie das Produkt einer geistigen Freiheit, die vom Schriftleitergesetz nichts weiß. Seine Künstler trifft gw. im Plaza, im Wintergarten, in der Scala oder im Hotelzimmer. Immer noch ist Charlie Rivel für ihn der größte aller Clowns: »Ein schlauer Mensch mit ganz normalem, nicht allzu verschminktem Gesicht und mit listigen und zugleich philosophischen Augen. Charlie kennt seine Zeitgenossen wie Kristallvasen.« Jeder große Clown sei ein Weiser: »Er setzt sich eine überdrehte Maske auf und tut, als spiele er uns aus purer Blödheit etwas vor. In Wahrheit reißt er uns, die nicht weise genug sind, die Maske unseres ewigen Ernstes vom Gesicht, indem er sie lächerlich macht, indem er sich seine Maske aufsetzt. Er verhilft uns dazu, über das sehr geehrte eigene Ich – zu lachen.« Gern würde ich glauben, dass der Autor mit seiner Clown-Philosophie zugleich ein anderes Ich beschreibt. Ich meine es auf einem Foto wiederzufinden, das,

In der Lüneburger Heide,
vermutlich im Winter 1935

wie der Artikel, im Dezember 1935 entstanden sein könnte, denn
der Journalist trägt Gamaschen und einen langen Wintermantel,
die Bäume im Hintergrund sind kahl. Es ist ein heiteres Bild, so
fröhlich und unbeschwert, als habe der Zweiundzwanzigjährige
seine völkische Maske in der Redaktion zurückgelassen.

Der Text »Geheimnis um ein Stück Gesicht« hat für mich
eine schwindelerregende Sogwirkung. Er trägt keine Signatur, so
dass die Autorschaft nicht belegt werden kann, doch halte ich es
für wenig wahrscheinlich, dass er als Einziger der über zwanzig
Varieté-Artikel im *12 Uhr Blatt* nicht von Gerhart Weise stammen
sollte. Der im April 1936 gedruckte Essay kreist um eine Ab-
bildung: den auf das Vielfache vergrößerten Bildausschnitt eines
Bühnenfotos, entstanden beim Auftritt des Clowns Grock in der
Scala. Handelte es sich hierbei um ein als »entartet« diffamiertes
Gemälde, so würde der Autor es ohne zu zögern der »Folterkammer des Kunstgeschmacks« zuordnen. Bei dieser Bildbetrachtung
aber ist der Autor von seiner Aufgabe entbunden, Hüter einer

völkischen Kunstanschauung zu sein. Ein ausführliches Zitat aus dem »Geheimnis um ein Stück Gesicht« möge zeigen, dass aus Gerhart Weise in einer anderen Zeit ein guter Feuilletonist, vielleicht sogar ein Schriftsteller hätte werden können.

Das Bild, das hier dem Beschauer auf den Leib zu rücken, ja ihn schier zu bedrohen scheint, ist ein photographisches Unikum. Wäre nicht oben links das ellipsenhafte, in muskulöse Runzeln eingebettete Gebilde als ein Auge zu erkennen – das Ganze könnte der vergrößerte Ausschnitt einer Mondlandschaft sein. Die Falte links wäre als Kraterrand aus dem Lehrbuch der Astronomie nicht besser zu photographieren. Das Auge aber ist Leben, es widerlegt mit seiner Kraft und Dämonie sofort, daß dieses Antlitz das einer Landschaft ist. Es ist das Antlitz eines Wesens. Der Ausdruck nicht nur eines, sondern mancher Wesen ist darin. [Der Clown] hat das Kinn mächtig vorgeschoben, der ganze Unterkiefer ist vorgedrückt und erscheint kahl und glatt wie ein riesiger Anbau am Fuße des Gesichts; die Lippe zieht sich nach oben über die blutigrot geschminkten Mundränder hinaus und hinauf, zugleich wird die Nase platter und länger, bis sie sich mit der Lippe vereint; wie eine tiefe Pflugfurche streckt sich bizarr die Falte von Nasenflügel über Mundwinkel bis ins Kinn, und erschreckend, grausig, rätselvoll und höllenhaft durchbohrt das Auge die Luft und das Gegenüber. Was ist geschehen? Es ist der Augenblick, wo sich zwei der gewaltigsten Gefühle begegnen und gerade ablösen: Schmerz und Zorn, Leiden und Rache, Erdulden und Angriffswut. [...] Es ist [...] jener tragi-komisch erschütternde, grandiose Augenblick, wo der klavierspielende Grock von seinem Partner geschlagen worden ist, eben den Klavierdeckel ergreift und diabolisch langsam auf den Angreifer zuschreitet, um ihn zu zermalmen. [...] Seit die Schauspieler des antiken Theaters, verborgen unter starren, undurchdringlichen Holzköpfen, ihre Worte und Verse in das Rund warfen, ist der Komödiant der ewige Mahner an die verborgenen Mächte in uns geblieben. Der Clown hat Gestalt und Namen gewechselt, aber er hat die Jahrhunderte überdauert. Überdauert als jener unheimliche Gesell, der jäh und unerbittlich die Triebe der Urzeit in und vor uns in Erinnerung bringt. Der elementarsten und phantasievollsten einer ist heute dieser Grock. Er spielt mit uns. Er nähert sich uns wie ein guter Freund mit idyllischer Musik. Aber wie bald und unerwartet kann sein Scherz Ernst werden. Und in diesem Augenblick wird er zugleich das, was wir alle

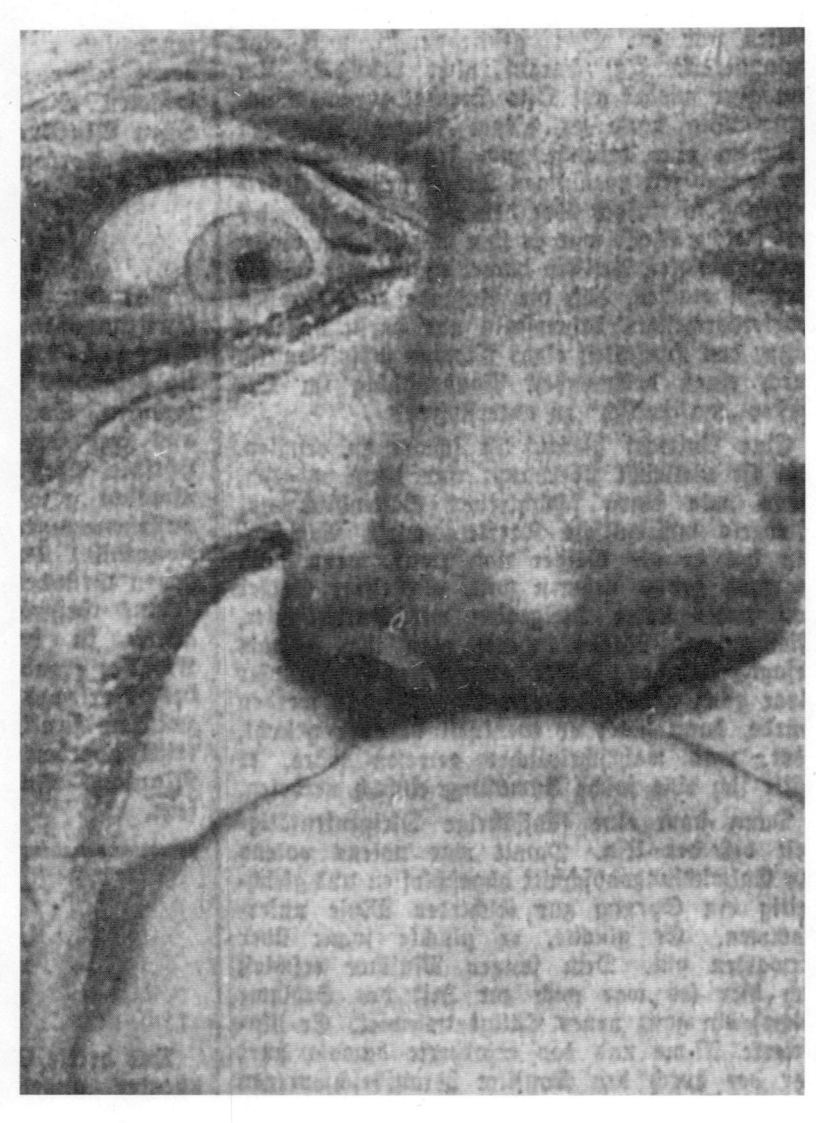

Grock in der Scala:
»Ein Photo, erst geviertelt, dann vergrößert.
Geheimnis um ein Stück Gesicht« im *12 Uhr Blatt*, 7. April 1936

sind. Wie schnell ist unsere Liebenswürdigkeit Hohn, wie bald unser Lächeln eine Fratze. Ja, vielleicht ist beides immer dasselbe. [...] Und wir erkennen den Dämonen in ihm und in uns. Sein Spiel ist in diesem Moment größte Menschenkritik.

Das Unheimliche an dem »Geheimnis um ein Stück Gesicht« ist für mich die verlockende Illusion eines doppelten Bodens. Der Essay suggeriert, er wolle zwischen den Zeilen auf die menschliche Verführbarkeit durch eine barbarische Gegenwart verweisen. Doch sein Autor weiß davon nichts, da bin ich sicher; er ist ganz und gar auf seinen Gegenstand, das in der Dunkelkammer erst gevierteilte und dann vergrößerte Gesicht eines Clowns konzentriert. Umso gespenstischer erscheint mir die unbewusste Hellsicht, mit der ein Ahnungsloser dem Verdrängten Gestalt gibt.

Am 27. November 1936 erscheint der letzte Artikel Gerhart Weises im *12 Uhr Blatt*, in dem er ankündigt, dass der Reichsminister heute »die großen Parolen« für die kulturelle Entwicklung »ausgeben« und morgen »im Thronsaal« des Reichspropagandaministeriums »weiter ausführen, näher beschreiben und heller beleuchten« werde. Am selben Tag gibt Goebbels auf der Jahrestagung der Reichskulturkammer, es ist die dritte seit ihrer Gründung im November 1933, seinen Erlass zum Verbot der Kunstkritik bekannt, die ab sofort durch eine neutrale Kunstbetrachtung zu ersetzen sei, da ausschließlich Staat und Partei das Recht hätten, zu werten und zu richten. Mit diesem Erlass, der die letzten Reste geistiger Freiheit des Schriftleiterstandes beseitigen soll, ist die Karriere des Filmkritikers kurz nach ihrem Start beendet.

KARRIEREKNICK

Reichsschrifttumskammer. Kurzgeschichte.
Gruppenreise nach Tripolis. Gastspiel bei der HJ

Von Januar bis Juni 1937 habe ich in keiner Zeitung oder Zeitschrift einen Text Gerhart Weises gefunden. Ob dieser vorübergehende Rückzug vom Journalismus freiwillig oder unfreiwillig zustande gekommen ist, weiß ich nicht. Wohl aber, dass Margarethe Weise Anfang des Jahres von Meißen nach Berlin umzieht. Der Sohn wohnt nicht länger als Untermieter bei Pape im Arbeiterviertel Pankow, sondern zusammen mit seiner Mutter in einer komfortablen Vierzimmerwohnung im bürgerlichen Friedenau, Saarstraße 13.

Vielleicht hat das ministerielle Verbot jeglicher Kunstkritik dazu beigetragen, dass Gerhart Weise sich nun als Schriftsteller versuchen will. Jedenfalls meldet er sich im März 1937 in der Reichsschrifttumskammer an. Kein Schriftsteller, der seine Bücher veröffentlicht sehen möchte, kommt an der kostenpflichtigen Mitgliedschaft in dieser Zensurbehörde vorbei. Hier aber habe ich den Eindruck, dass ein arbeitsloser Journalist freiwillig seine Mitgliedschaft beantragt. Aus dem »Fragebogen für schriftstellerisch Tätige« geht ja hervor, dass Gerhart Weise beim Reichsverband der deutschen Presse »angemeldet« und sein Aufnahmeantrag »einstweilen« von der Reichspressekammer abgelehnt worden ist – der Grund bleibt unklar. Er gibt an, hauptberuflich als Schriftsteller tätig zu sein, kann aber außer dem Hörspiel *Mensch und Motor* keinerlei Buch-, Bühnenstück-, Film- oder sonstige Veröffentlichungen nachweisen. Die Frage »Auf welchem Gebiet liegt Ihre Haupttätigkeit?« beantwortet er mit »Novelle, Kurzgeschichte, Essays, Tatsachenberichte, voraussichtlich Filmschrifttum«, muss aber einschränkend hinzufügen, dass er »bisher hauptsächlich journalistisch« tätig gewesen sei. Als »Auskunftspersonen, die bezügl. pol. Einstellung und bezügl. schriftst. Tätigk. erschöpfende Auskunft geben können«, nennt er Wilhelm Fanderl, den Hauptschriftleiter vom *12 Uhr Blatt,* und Hans H. Henne als stellvertretenden Hauptschriftleiter der *HJ.* Diese Referenzen verschleiern, dass Fanderl nicht mehr und Henne noch nicht der Chef des Anwärters ist.

Hans H. Henne hat bisher mit seiner Karriereplanung entschieden mehr Erfolg gehabt als sein gleichaltriger Freund. Hans Schwarz van Berk holt ihn gleich nach Abschluss der Reichspresseschule Anfang August 1935 zum *Angriff* und kürt ihn zum Berichterstatter seiner am 1. Oktober gegründeten »Fliegenden Redaktion«. In der Ausgabe vom 28. September wird angekündigt, dass inzwischen »aus dem kleinen Wochenblatt von 1927 […] eine große vielseitige Tageszeitung geworden« sei, die daher »stets etwas anderes als andere Blätter zu bieten« haben müsse. »Die Fliegende Redaktion […], mit Flugzeug und Wagen ständig unterwegs, […] ist unser Nachrichtenstoßtrupp.« Selbiger startet am 3. Oktober vom Zentralflughafen Tempelhof zum Unternehmen »Spähtrupp ins Volk«, und Henne ist dabei. In Bremerhaven abgesetzt, tippelt er als Hausierer durchs Oldenburgische, um festzustellen, »wieweit Ahnenbewußtsein, Familienkunde, Wissen von der eigenen Sippe verbreitet ist«. Aber auch nach Wien und Budapest darf er fliegen, 1936 sogar nach Athen, um den zwölftägigen Fackellauf von Olympia nach Berlin zu begleiten. Im März 1937 wird Henne zum stellvertretenden Hauptschriftleiter des »Kampfblatts der Hitler-Jugend«, *Die HJ,* ernannt, schreibt aber weiterhin für den *Angriff,* im Frühjahr 1937 beispielsweise eine Serie »Ich war Prolet in Sowjet-Rußland«, die auch als Broschüre erscheint. Nebenbei arbeitet er regelmäßig für den Jugendfunk. Schon seit 1933 ist Henne Mitglied der NSDAP.

Als frühere politische Zugehörigkeit nennt Gerhart Weise im Fragebogen der Schrifttumskammer den NS-Schülerbund, die Frage nach einer Mitgliedschaft in der NSDAP, SA oder SS verneint er. »Arier« kreuzt er an, streicht »Mischling« und »Jude« durch und besiegelt mit seiner Unterschrift die Bereitschaft, »an der Kulturaufgabe des Deutschen Schrifttums mitzuarbeiten«. Abstammungsnachweis und Auszug aus dem Strafregister – beides tadellos – liegen bei. Nach fünfmonatiger Bearbeitungszeit geht ihm im August 1937 das wenig überraschende Prüfungsergebnis der Kammer zu: Wegen des geringfügigen Umfangs seiner Veröffentlichungen sei Gerhart Weise von der Mitgliedschaft »befreit«.

Über die Merkwürdigkeit, dass auch Gerhart Weises Aufnahmeantrag in den Reichsverband der deutschen Presse »einstweilen« abgelehnt worden ist, kann ich nur Mutmaßungen anstellen. Die Lektüre seiner Artikel für *Das 12 Uhr Blatt* belegt, dass er gegen keinerlei Paragraphen des Schriftleitergesetzes verstoßen und sich somit nicht als »Schädling an Staat und Volk erwiesen« hat. Lediglich meiner Phantasie entspringt das Szenario, dass Hans Schwarz van Berk in seiner Eigenschaft als Angehöriger des Kleinen Führerrats des Reichsverbands der Deutschen Presse und des Präsidialrats der Reichspressekammer ein Veto eingelegt haben könnte. Wegen mangelnder charakterlicher Härte? Wegen mangelnder Einsicht in die Vorhaltungen des Reichsschulungsleiters? Wegen fehlender Parteizugehörigkeit? Gerhart Weise wird nie in die NSDAP eintreten – im Widerspruch zu seiner »rechten Gesinnung«.

Irgendwann im Jahr 1937 schreibt Gerhart Weise eine Kurzgeschichte und nennt sie *Leichte Nikotinvergiftung*. Viel passiert nicht auf den zwei getippten Seiten. In einer warmen Sommernacht sitzt der Ich-Erzähler unter Kirschbäumen im Garten, bespricht mit Freunden »die Weltläufte«, trinkt »etwas Kognak«, raucht zu viele Zigaretten, fängt an zu schwitzen, ihm wird schwindlig, er kollabiert und kommt wieder auf die Beine. Die Geschichte lebt von einer luftigen Metaphorik und ironischen Sprachverknappung, die eher an Feuilletons der Weimarer Republik erinnern als an die Literatur der Volksgemeinschaft. *Leichte Nikotinvergiftung* ist, wenn auch unabsichtlich, der absolute Gegenpol zum Diktum »Deutsch sein heißt klar sein« des Nichtrauchers Hitler in seiner Eröffnungsrede zur *Großen Deutschen Kunstausstellung* im Juli 1937 in München. Denn: »Der Reiz der Sache selbst«, so der Ich-Erzähler, »liegt in ihrer Ungenauigkeit, mit der allein ich sie erzählen kann.« Da drängt sich die Frage auf, ob nicht eine derart betonte Subjektivität die verordnete deutsche Wirklichkeit zersetzen könnte. Für den Erzähler jedenfalls beginnt die Wirklichkeit zu verschwimmen: »Meine Beine fingen plötzlich auf der Treppe zu tanzen an. Ich wollte mich hinunterbeugen, um ihnen zuzusehen. Es war sicher ein komischer Anblick. […] Dann tat sich die Erde auf. Keiner hat es bemerkt.« Zwei Realitäten kollidieren miteinander: »Als die Erde sich auftat, war ich ein Grashalm, ein Stück Wind, ein Mondstrahl gewesen. Aber dann spritzte man mir Kölnisch Wasser ins Gesicht.« Plötzlich wird auch, ganz nebenbei, die Eindeutigkeit des Titels in Frage gestellt, denn »man kam überein«, dass der Erzähler einem leichten Anfall von Nikotinvergiftung zum Opfer gefallen sein müsse, während er selbst das Wegbrechen der Normalität als einen magischen Augenblick erlebt. Die behauptete Ungenauigkeit ist der reizvolle Freiraum, aus dem heraus mit erzählerischer Genauigkeit eine andere Wirklichkeit entworfen wird.

Es wäre verlockend, nun einen widerständigen Eskapismus zwischen die Zeilen der Kurzgeschichte zu schieben, zumal die nächtliche Unterhaltung um »die Weltläufte« an signifikanter Stelle abbricht. Bei der Französischen Revolution, den Schrecken der Jakobinerherrschaft und Napoleon ist der Ich-Erzähler noch dabei. Bei Wilhelm II. angelangt, also kurz bevor es gefährlich wird, hat er plötzlich an Stelle der Ohren »das Gefühl lärmschützender Watte«. Die anderen reden ohne ihn weiter, und kurz danach tut sich die Erde auf.

Aber es ist viel einfacher. Der Ich-Erzähler ist verliebt. Das erst unverbindlich hingetupfte erotische Fluidum dieser Sommernacht – »Es war natürlich nichts Ernsthaftes« – verdichtet sich unversehens zum prachtvollen Sexualsymbol: »Auf den Tisch hatten wir ein Riesenlicht gestellt. Ein Licht, so dick wie der Oberarm eines Ringkämpfers und so rot wie von zehntausend Mücken zerstochen.« Eine junge Frau »mit kohlschwarzen Augen«, deren »Rehbeine« es dem Erzähler derart angetan haben, dass er sie im Text dreimal erwähnt, sieht ihn »länger an, als es sich gehört«, und sagt später »heiser auf Wiedersehen«. Er malt sich dieses Wiedersehen aus: »Ich würde sie […] zunächst einmal mit der Hand hoch in die Luft heben und wieder auf die Erde setzen. Das würde ich tun. Und sehr viel später erst würde ich ihr erzählen, wie es zuging, als ich ein Mondstrahl, ein Windstoss und ein Mückenstich war und als sich die Erde auftat.« Dies der offene Schluss der Kurzgeschichte – eine Liebeserklärung im Konjunktiv.

Nichts weiß ich über das Liebesleben des jungen Mannes. Eva, seine spätere Frau, lernt er erst 1940 kennen. Im November 1936 hat er in einer Reportage über den Journalistenfilm *Togger* kategorisch erklärt: »Journalisten führen, solange sie gut sind, kein Privatleben.« Der Quellenlage nach hätte der arbeitslose Journalist nun, im ersten Halbjahr 1937, für ein Privatleben alle Zeit der Welt. So hoffe ich, dass er, ungestört durch seine Mutter, mit der einen oder anderen rehbeinigen jungen Frau glücklich gewesen ist. Sollte *Leichte Nikotinvergiftung* jemals veröffentlicht worden sein, habe ich es übersehen.

Überfahrt von Palermo nach Tripolis Ende Mai 1937. Von links nach rechts:
Hans H. Henne, Unbekannt, Gerhart Weise, Unbekannt

Seit Mussolinis Verkündigung der »Achse Berlin–Rom« im Oktober 1936 ist Libyen, seit 1934 italienische Kolonie, ein beliebtes Reiseziel deutscher Journalisten. In einem Freundschaftsvertrag haben beide Regierungen die gegenseitige Hilfestellung bei ihrer Expansionspolitik, das gemeinsame Vorgehen gegen den Kommunismus sowie die Unterstützung General Francos im Spanischen Krieg vereinbart. Ende Mai machen sich fünf Journalisten auf den Weg nach Tripolis.

Im Nachlass von Hans H. Henne haben sich Negative seiner Libyen-Fotos erhalten. Auf zwei der Aufnahmen erkenne ich Gerhart Weise und bin erschrocken, wie krank, klapperdürr und dünnhaarig der noch nicht einmal Vierundzwanzigjährige aussieht. Ein Foto zeigt vier der fünf Journalisten während der Überfahrt mit dem Passagierschiff *Città di Genova* von Palermo nach Tripolis. Weise ist der zweite von rechts, Henne sitzt links und raucht Pfeife. Zwei der Abgebildeten kann ich nicht identifizieren: den älteren Herrn ganz rechts mit Hitlerbärtchen und

Zigarette und die junge Frau, deren Konterfei mich vage an eine im »Sonderheft: Reichspresseschule« abgebildete Teilnehmerin des zweiten Lehrgangs erinnert. Der Fotograf wird Karlheinz Dahlfeld gewesen sein, der, mit Henne aus Duisburg kommend, ebenfalls am zweiten Lehrgang teilgenommen hat und auf der Reise dabei ist.

Am 3. Juni 1937 landen die fünf Journalisten in Tripolis und steigen im renommierten Hotel Mehari ab. Am nächsten Tag werden sie von Marschall Italo Balbo, dem italienischen General-gouverneur Libyens, zu einer Audienz empfangen. Nach der Audienz versammeln sich die Beteiligten zum Gruppenfoto. Der Gouverneur wird von der deutschen Journalistin und seiner schönen Frau gerahmt, an deren Seite sich Henne postiert hat. Untergehakt steht Weise zwischen dem elegant gekleideten Kollegen mit Hitlerbärtchen und einem Libyer im Freizeitdress. Im rechten Vordergrund ist ein Scheinwerfer des Autos zu erkennen, mit dem die fünf Journalisten am nächsten Tag zu einer Exkursion durch die Wüste zu den antiken Sehenswürdigkeiten Libyens auf-brechen werden.

In der *HJ* erscheint im Juli und August 1937 eine groß auf-gemachte vierteilige Fotoreportage von Hans H. Henne über die »Libysche Reise«. Aus dem flott geschriebenen Reisebericht macht Henne später ein Buch: *Urlaub in Afrika* erscheint 1939 im Stuttgarter Loewes Verlag als Band 8 der Reihe »Bücher der Jun-gen«. Die Reihe wird von dem damals dreiundzwanzigjährigen Alfred Weidenmann herausgegeben, Autor mehrerer Bücher über die Hitler-Jugend, späterer Leiter der Hauptabteilung Film in der Reichsjugendführung und nach 1945 ein bekannter Regisseur, dessen Widerstandsdrama *Canaris* 1955 mit dem Filmband in Gold ausgezeichnet wird.

Dahlfeld und Weise haben sich allem Anschein nach nirgendwo über die Libyen-Reise geäußert. Hat Henne seine beiden Freunde

Gebiet Hochland
Einzelpreis 15 Pfennig

Amtliche Zeitung der
Reichsjugendführung
der NSDAP.

die HJ

Berlin, 24. Juli 1937
3. Jahrgang / Folge 30

In dieser Folge:
„Nördlicher Friede"
Bei Marschall Balbo
Einheitsfront Jungbolschewisten
mit christlicher Jugend?
Mit schwedischen Jungen im Lager

das Kampfblatt der Hitler-Jugend

Probleme am laufenden Band

Wieder Adolf-Hitler-Marsch

Am 20. Juli begann wiederum der Sternmarsch der 400 Bannfahnen der Hitlerjugend nach Nürnberg. Im Jahre 1929 war es die Berliner HJ, 1934 die schlesische Jugend, die einen Marsch quer durch Deutschland in die Stadt der Reichsparteitage durchführten. Im Jahre 1936 sehen wir den Erfolg dieses Bekanntmachungsmarsches groß, der auf die gesamte Jugend ausgedehnt, fortan den stolzen Namen „Adolf-Hitler-Marsch" führen wird

„Beschäftigung" für Juden

Sie versagten immer

Freier Mitarbeiter beim Kampfblatt für die Hitler-Jugend *Die HJ*,
Juli bis Oktober 1937

73

auf Verlagskosten einfach mitgenommen? Seit der gemeinsam durchlebten »Charakterschule« sind die Freunde ganz militärisch per du und per Nachname. Henne kümmert sich um Dahlfeld und Weise und bringt beide als freie Mitarbeiter bei der *HJ* unter. Hauptschriftleiter der Amtlichen Wochenzeitung der Reichsjugendführung ist Wilhelm Utermann, Jahrgang 1912, Mitglied der NSDAP und der SA seit 1931, der HJ-Reichsjugendführung seit 1933. Ab 1938 gibt er *Jungen – eure Welt!*, das Jahrbuch der Hitler-Jugend, heraus. Dahlfeld schreibt eine Serie »Kolonien für Deutschland« und noch eine über »Berühmte Ärzte«. Weise ist von Juli 1937 bis Januar 1938 mit spärlichen zehn Beiträgen vertreten, fast alle auf der Feuilleton-Seite 5, die in der *HJ* »Deutsches Kulturleben« heißt. Er signiert als »Gerhart Weise«, »G. Weise« oder mit den Kürzeln »eis.« und »gw.«. Sechs der Artikel behandeln das Thema Film. Kritisiert wird nicht, höchstens die Wochenschau, die in jeder sommerlichen »Sauregurkenzeit« in dieselbe »Mottenkiste« greife und die Zuschauer mit Eisbären, Fidschimädchen, mit amerikanischen Fliegergeschwadern und Cowboys, Modenschauen aus Florida und Motorradakrobatik aus Südfrankreich langweile. Obwohl längst über das Alter hinaus, maskiert sich Weise als Hitlerjunge, spricht von »uns« und »unseren« Zeltlagern und schlägt vor, »daß eine Wochenschau sich einmal den Platz zwischen Eisbär und Südfrankreich freihält und eine ausführliche Reportage über unser Lagerleben in die freie Stelle einbaut«. Die amerikafreundliche Phase des Journalisten ist offenbar vorbei.

Mit Hans Steinhoff, »Hauptreferent für Film in der Reichsjugendführung« sowie »Schöpfer« des Films *Hitlerjunge Quex* aus dem Jahr 1933, erörtert Weise die Frage des Filmnachwuchses. Beide betrachten es als entscheidende Aufgabe, eine Filmschule der HJ aufzubauen, damit eine »Generation, die von Kind auf nationalsozialistisch erzogen worden ist«, den Film »in eine neue künstlerische Richtung hinüberlenkt«.

In einer Vorschau auf das Filmprogramm 1937/38 hebt Weise als »besonders bemerkenswert« einige Propagandafilme hervor, darunter *Kameraden auf See* von Toni Huppertz, dem noch anderthalb Jahre zuvor der damalige Filmkritiker jedwede Begabung abgesprochen hat. Auf Karl Ritters Film *Urlaub auf Ehrenwort* mit René Deltgen, Berta Drews und Carl Raddatz stimmt er einen Lobgesang an: »Folgendes Geschehen: Ein junger Leutnant fährt mit seiner Gruppe im Oktober 1918 – kurz vor dem letzten Druck des Dolchstoßes [!] – durch Berlin und hat einen mehrstündigen Aufenthalt auf dem Potsdamer Bahnhof. [...] Trotz eines ausdrücklichen Verbots beurlaubt der Leutnant seine Männer für die paar Stunden und nimmt ihnen das Ehrenwort ab, daß sie wiederkommen. [...] Zum Schluß kommen sie alle zurück. Der Film packt den Zuschauer in allen Fasern. Es ist sicher der beste gegenwartsnahe [!] Film, der in Deutschland geschaffen wurde.« Da sind sie wieder, die »Tugenden des Soldaten«, die der Leiter des Reichsverbandes der Deutschen Presse, Wilhelm Weiß, im Januar 1935 für den »neuen Journalisten« gefordert hat: Disziplin, Unterordnung, Treue, Gehorsam, Tapferkeit. Auf jeden Fall spricht aus dem ehemaligen Presseschüler trotz fehlender »charakterlicher Härte« die »rechte Gesinnung«, wenn er in aller Selbstverständlichkeit die zählebige Propagandalüge des im Felde unbesiegten und politisch von hinten erdolchten deutschen Heeres wiederkäut. Dass er einen Kriegsfilm, dessen Handlung zwanzig Jahre zurückliegt, als gegenwartsnah bezeichnet, mag sich aus einer gedachten Gleichsetzung der soldatischen mit den nationalsozialistischen Tugenden erklären.

Weise empfiehlt der Hitler-Jugend auch die rechte Lektüre: »Wenn man des Führers Buch ›Mein Kampf‹ liest, findet man, daß Bücher es waren, die dem Leben des jungen Arbeiters Adolf Hitler die erste entscheidende Wendung zum Großen hin gaben. Woraus sich ergibt, warum jeder junge Deutsche ›Mein Kampf‹ lesen muß und warum er dieses Buch, in dem das Wesen des größten

Deutschen unserer Zeit eingefangen ist, in der Folgezeit immer wieder lesen wird.« Hat Gerhart Weise es gelesen? Beide Bände? Achthundert Seiten? Bis Seite 35 ist er jedenfalls gekommen, auf der Hitler sich über »die Kunst des richtigen Lesens« auslässt.

Trotz alledem scheint Weises literarisches Interesse über Propagandistisches und Völkisches hinauszugehen. In einem zum dreißigsten Todestag von Wilhelm Busch verfassten Essay geht er überraschenderweise – schließlich schreibt er für die Hitler-Jugend – überhaupt nicht auf den Antisemiten und nur kurz auf die berühmten Bildergeschichten à la *Max und Moritz* ein. Etwas ausführlicher würdigt er den gescheiterten Maler, und die Prosa und Lyrik Wilhelm Buschs scheint Weise nicht nur zu kennen, sondern zu lieben. »Tiefe Gedanken in endgültiger Form« attestiert er den Erzählungen und Gedichtsammlungen *Schmetterling, Eduards Traum, Die Kritik des Herzens* und *Zu guter Letzt*, von denen nur wenige wüssten: »Und die wenigen sprechen selten und nur mit sehr guten Freunden darüber, denn der sie besitzt, hat das Gefühl, daß er sie wie Schätze vor dem Lärm der Oberflächlichkeit und all den billigen Dingen hüten muß, die das Leben häßlicher machen.«

Dass Weise beim »Lärm der Oberflächlichkeit und all den billigen Dingen« an die Hässlichkeiten der sogenannten Systemzeit denkt, die noch immer nicht ganz überwunden sind, geht aus einer Reflexion über die Unterschiede von »Kunsthonig – Kunststück – Kunst« hervor. Weise belehrt die Hitler-Jugend darüber, dass ein Seiltänzer nicht mit Dürer oder Wagner gleichzusetzen sei. Artistik sei zwar eine hohe Fertigkeit, aber keine Kunst, denn »die Kunst – aus einer beinahe überirdisch zu nennenden Begabung begnadeter Menschen stammend – entzieht sich zuletzt dem grübelnden Verstand«. Der unkritische Vergleich stamme »aus dem Sprachgebrauch einer Zeit, die die Begriffe verwusch und vermengte«. Dieser Missbrauch werde nun nach und nach ausgeschaltet: »Unser Volk bemüht sich augenblicklich um eine

Steigerung seiner in den letzten hundert Jahren von der Zivilisation und der Dekadenz gestörten kulturellen Kraft.« An die unflätige Suada über die »Folterkammer des Kunstgeschmacks« des ehemaligen Volontärs reicht der Tenor dieser »Kunstbetrachtung« nicht heran, aber die kunstpolitisch stramme Haltung ist unverändert geblieben. Gut möglich, dass Weise nach seiner Rückkehr aus Tripolis in München die *Große Deutsche Kunstausstellung* und das infam inszenierte Panoptikum *Entartete Kunst* besucht und dort sein Urteil über das »Gesunde« und das »Kranke« aufgefrischt hat.

AUFSTIEG BEIM *ANGRIFF*

*Schriftleiter für die Ressorts Film, Varieté,
KdF und Kriegspropaganda*

Als seine letzten Artikel in der *HJ* veröffentlicht werden, hat
Gerhart Weise endlich ein Ziel erreicht, vor dem er 1935 noch
gescheitert ist. Am 1. September 1937 wird er unter der Mit-
gliedsnummer 13 485 in die Berufsliste A des Reichsverbands der
deutschen Presse eingetragen, und seit dem 1. November arbeitet
er ganz legal beim *Angriff*. Für seinen neuen Schriftleiter-Ausweis
hat der Vierundzwanzigjährige ein Passfoto anfertigen lassen, auf
dem er unsicher und verlegen halb an der Kamera vorbeilächelt.
Weises Ausweis ist nicht erhalten, wohl aber ein Blankoexemplar,
das sich mit vierundzwanzig Seiten zwischen zwei Pappdeckeln
als sperrige Broschüre im Buchformat präsentiert. Eingedruckt
ist der Hinweis, dass sein Inhaber zugleich automatisch »Mitglied
der Deutschen Arbeitsfront« geworden ist. Dies bedeutet also,
dass sämtliche Schriftleiter mit ihren Zwangsbeiträgen die größte
Massenorganisation im Deutschen Reich mitfinanzieren. Über
die Gründe für Weises Karrieresprung kann ich nur spekulieren:
Seit dem 15. Oktober 1937 ist nicht mehr Hans Schwarz van Berk,
sondern Kurt Kränzlein Hauptschriftleiter der auflagenstarken
Tageszeitung. Der Vorgänger hat sich mit seiner Familie zu einer
vierjährigen Weltreise verabschiedet. Hat Kränzlein als Dozent
der Reichspresseschule seinen ehemaligen Schüler in guter Erinnerung behalten? Hat Freund Henne, noch immer beim *Angriff*,
ein gutes Wort für ihn eingelegt? Oder hat Schwarz van Berk

Passfoto für den Schriftleiter-Ausweis,
Herbst 1937

ihn vor seinem Abschied empfohlen, weil er die dem einstigen
Zögling attestierten »ausserordentlich beachtlichen Leistungen«
in dessen Zeitungsartikeln wiedergefunden hat?

Beim *Angriff* lernt der neue Schriftleiter Kurt Frowein kennen,
der dort schon seit April 1935 in der Lokal- und Sportredaktion
arbeitet, zur Fliegenden Redaktion gehört und in der Rubrik »Das
neue Buch« militaristische und antisemitische Neuerscheinungen
empfiehlt. Als Volontär kommt Wolf Schirrmacher hinzu. Beiden
wird Weise Jahre später im Büro Schwarz van Berk respektive in
der Reichsfilmdramaturgie wiederbegegnen. Frowein und Schirrmacher sind dreiundzwanzig, Henne und Weise vierundzwanzig, und sogar der Hauptschriftleiter ist erst dreiunddreißig Jahre
alt. Eine Partei, die sich den Aufbruch der Jugend in eine neue
Zeit auf die Propagandafahne geschrieben hat, setzt auf junge
Schriftleiter.

Die Adresse des *Angriff* ist dieselbe wie die des *Völkischen
Beobachters,* der *Deutschen Presse* und des »Organs der Reichs-
führung SS« *Das Schwarze Korps:* Zimmerstraße 88–91; gleich
nebenan, Zimmerstraße 87, liegen die Redaktionsräume der *HJ.*
Die Zeitungsredaktionen und -druckereien sind im Vorderhaus
untergebracht. Im Hinterhaus befindet sich das Konzerthaus
Clou, seit 1927 mit seinen viertausend Plätzen ein beliebter Ort
für NS-Massenveranstaltungen und später ein Sammellager für jü-

Schriftleiter bei der Tageszeitung der Deutschen Arbeitsfront *Der Angriff*,
November 1937 bis Juli 1939

dische Zwangsarbeiter, die Ende Februar 1943 deportiert werden. Eine Gedenktafel erinnert daran, ebenso an die Berliner Mauer, die von 1961 bis 1990 direkt an dem Gebäude vorbeigeführt hat. Heute sind in dem Haus, unweit des Checkpoint Charlie gelegen, mehrere Kunstgalerien untergebracht.

Von November 1937 bis Juli 1939, also in zwanzig Monaten, schreibt Gerhart Weise für den *Angriff* fünfundsiebzig Artikel; das sind weit weniger als die hundertdreißig Beiträge in fünfzehn Monaten für *Das 12 Uhr Blatt*. Andererseits hat er nun einen Namen. Oft wird »Gerhart Weise« in großen Lettern gleich über oder unter den Titeln seiner »Tatsachenberichte« genannt. Seine sonstigen Texte, die meisten über Filmthemen, sind ebenfalls mit »Gerhart Weise« und »G. Weise« oder mit »G. W.«, »gw.«, »wei.« und »eis.« signiert. Ab und zu wird er als »unser GW-Mitarbeiter« auf Reisen geschickt. Auf einem am 24. November 1938 im *Angriff* abgedruckten Foto sieht Gerhart Weise aus wie ein Schauspieler, der, à la Clark Gable, einen Journalisten spielt: Zigarette im Mundwinkel, schräg aufgesetzter Hut. Die Aura dieser Inszenierung – lässig, salopp und »interessant« – spiegelt sich in dem dazugehörigen Text: »Ab Untersekunda warf ich mich auf die Politik, wir gründeten in Dresden eine Ortsgruppe der HJ. Als Unterprimaner schrieb ich die ersten Theaterkritiken. Sie waren nicht gut, aber das Theater war auch nicht gut. Das glich sich aus. 1934 nach Berlin, kannte keinen Menschen. Ich lebte ein halbes Jahr von Marmeladenbroten und lief einmal drei Stunden hin und zurück von Pankow nach Dahlem, um einen Filmstar zu interviewen. Mangels Heizung schrieb ich meine Manuskripte im Wartezimmer oder im Bett. Dann kam ich zum ›Angriff‹. Zwei Jahre lang rasender Reporter, im ständigen Kontakt mit der Filmindustrie. Meine Lieblingsbeschäftigung ist es, in den Himmel, ins Wasser oder in kochenden Asphalt zu starren. Verblödend ist es, stelle ich fest, sich selbst anzustarren.«

81

Gerhart Weise

Ab Untersekunda warf ich mich auf die Politik, wir gründeten in Dresden eine Ortsgruppe der HJ. Als Unterprimaner schrieb ich die ersten Theaterkritiken. Sie waren nicht gut, aber das Theater war auch nicht gut. Das glich sich aus. 1934 nach Berlin, kannte keinen Menschen. Ich lebte ein halbes Jahr lang von Marmeladenbroten und lief einmal drei Stunden hin und zurück von Pankow nach Dahlem, um einen Filmstar zu interviewen. Mangels Heizung schrieb ich meine Manuskripte im Wartezimmer oder im Bett. Dann kam ich zum „Angriff". Zwei Jahre lang rasender Reporter, im ständigen Kontakt mit der Filmindustrie. Meine Lieblingsbeschäftigung ist es, in den Himmel, ins Wasser oder in kochenden Asphalt zu starren. Verblödend ist es, stelle ich fest, sich selbst anzustarren.

Porträt des »rasenden Reporters« im *Angriff*, 24. November 1938

Dies alles ist recht ungenau, liest sich aber hübsch. Dresden klingt großstädtischer als Meißen und Ortsgruppe der HJ volksnäher als NS-Schülerbund, der auch gar nicht mehr existiert. Beim *Angriff* arbeitet Gerhart Weise erst seit einem Jahr, und »rasender Reporter« ist er, wenn überhaupt, beim *12 Uhr Blatt* gewesen, wobei mich wundert, dass kein Zensor dieses anmaßende Plagiat gestrichen hat. Hat man schon vergessen, dass die Bücher des »rasenden Reporters« Egon Erwin Kisch, jüdischer Herkunft und marxistischer Gesinnung, am 10. Mai 1933 verbrannt worden sind? Zu lesen, dass Gerhart Weise am liebsten in den Himmel, ins Wasser oder in kochenden Teer starrt, erinnert mich an seine im *Dresdner Anzeiger* artikulierte Sympathie für die philosophische Gelassenheit, mit der Charlie Rivel 1934 »stundenlang in den Himmel oder auf eine Blume dösen kann«. Doch die Ähnlichkeit trügt. Im *Angriff* kann ich Weises radikale Abkehr von jeglicher Romantisierung des Artistenberufs verfolgen, die seit der Einrichtung von Hinkels Reichsfachschaft Artistik nicht mehr zeitgemäß ist. Von der ehemals – von Weise? von mir? – erträumten Wahlverwandtschaft ist 1938 nichts mehr übrig geblieben.

Dabei schreibt der neue Schriftleiter über das Varieté so viele

Artikel wie nie zuvor. Ein »Tatsachenbericht über Artisten und Attraktionen von Gerhart Weise« in neun Folgen wird im *Angriff* groß angekündigt. In einem Vorspann vom 28. Juli 1938 stellt sich der Autor als intimer Kenner des Gewerbes vor: Mit allen namhaften Artisten habe er an einem Tisch gesessen; eine Winternacht lang habe er mit Grock geredet: »Er sitzt, wenn er nicht auftritt, als friedlicher Rentner zwischen den bizarren Gipszwergen im Garten seiner Schweizer Villa. Den beflissenen Feuilletonisten zum Hohn, die ihm den melancholischen Mantel des Philosophen umhängen wollten, der auf den Grund des Lebens gesehen hat.« Der Clown Noni sehe im Privatleben aus »wie ein mittlerer Fabrikbesitzer«. Die Rivels hätten sich »aus finanziellen Gründen« verkracht. In den letzten dreißig Jahren habe das Ansehen des Clowns auch dadurch gelitten, dass die Manege durch die Revue, den Film, das »geistreichelnde Kabarett« ausgehungert worden sei. »Wie sind Artisten wirklich?«, fragt der Autor und gibt sogleich die sachlich-kühle Antwort: »das Gegenteil eines Opern- oder Panoptikum-Bajazzos«.

Die neun »Tatsachenberichte«, die im Juli und August 1938 täglich auf Seite 3 erscheinen, beginnen mit Einblicken in die Entwicklung des Varietés, des dummen August und des klassischen Pierrot seit dem 19. Jahrhundert. Mord und Selbstmord, der Tod der Trapezkünstlerin Frascoya, die Tragödie der Codonas und der Todessturz der schönen Liane werden mit der gebotenen Melodramatik ausgebreitet, die Geschichte des legendären Zirkus Sarrasani wird unterhaltsam erzählt und ein Drama im Löwenkäfig in letzter Minute abgewendet durch »Kameraden, die sich aufeinander verlassen können«. Die Artikelserie will dazu beitragen, Vorurteile auszuräumen: »Die Vorstellung ›Artisten‹ weckt bei einigen leider immer noch gewisse verruchte Reflexionen.« Artisten seien jedoch nüchterne Pragmatiker, die seelische Konflikte als Luxus betrachten. Sie seien »Abenteurer mit Kontrakten«, die trotz ihres Reichtums, ihrer Kühnheit und Welterfahrenheit »niemals ihre eigenartige und fast kleinbürgerliche Solidität aufgeben«. Als solche sind die Fahrensleute als Gäste im Deutschen Reich und als Mitglieder der Fachschaft Artistik natürlich willkommen.

Als der Varieté-Spezialist ein halbes Jahr früher auf zwei Zeitungsseiten »Die Geschichte der Martha Schwanebeck« erzählt hat, scheint das Thema noch durch einen Schuss Romantik veredelt. »Unser Mitarbeiter Gerhart Weise«, heißt es im Vorspann, »hat einen seiner Besuche in der bekanntesten Artistenkneipe von Berlin dazu benutzt, um die Besitzerin, Mutter Schwanebeck, mal so richtig auszuholen über ihr Leben selbst sowie die Geschichte des Lokals und die seltsamen Stammgäste, die aus allen Erdteilen sich immer wieder hier zusammenfinden.« Der mit Anekdoten gespickte Bericht über die Artistenkneipe, gegenüber der Scala in der Lutherstraße gelegen, liest sich amüsant, spannend und atmosphärisch dicht. Das Publikum in dieser Kneipe ist international. Es sind »Deutsche, Amerikaner, Engländer, Franzosen, Italiener, Chinesen, Neger, Chilenen«, und Mutter Schwanebeck, »die wie eine Mammy aus einem Abenteuerbuch breit und lachend und unverwüstlich von den Göttern des Varietés hinter ihre Theke gepflanzt wurde«, kennt sie alle. Gegen Mitternacht ist der Laden »knüppelvoll«. Da sitzen die »Abenteuerlichen [...] in Fräcken und großen Abendkleidern oder in Gummikragen oder wie es sich trifft. Es sind Filmstars da und Bühnenarbeiter, Artisten und Kaufleute und Schriftsteller, Künstler und Girls und Leute, von denen man sich überhaupt nicht denken kann, womit sie sich beschäftigen. Es sind die Heimatlosen, von denen es viele in den großen Städten gibt«. Und »später in der Nacht«, schreibt der Autor, »wenn du die Augen zusammenkneifst und alles rundum zu schwimmen und zu schaukeln anfängt, sitzt du hier wie in der Focksel eines wilden Dreimasters, der schlingernd vorm Wind liegt, und das Leben ist romantisch«. Ein letztes Mal so romantisch wie die verschwimmende Wirklichkeit und die »reizvolle Ungenauigkeit« der *Leichten Nikotinvergiftung*.

Damit könnte es genug sein. Aber der Autor blendet noch die republikanische Vergangenheit der Artistenkneipe ein, seit 1921 »die wüsteste Kaschemme im Berliner Westen«, »Umschlagplatz für Morphium und Kokain und Stammsitz frisch rasierter Nebbichgalizier, die noch nicht so weit waren, in dicken Autos fahren zu können«. Und weiter: »In der Ecke neben dem hohen Spiegel saßen mit feuerroten Flecken im Gesicht und gläsernen Glanzaugen die Rauschgiftsüchtigen. Und die aus dem Ghetto Zugezogenen bestellten Knoblauch.« Immer noch nicht genug: »Isidor Weiß, Theodor Wolff, Böß, Viktor Hahn, Döblin und ihre Leute feierten in Wort und Tat, was sie Nachtleben nannten.«

Weises Dresdner »Folterkammer des Kunstgeschmacks« aus dem Jahr 1933 ist von vergleichbarer Häme, doch hätte es sich dabei noch um die der offiziellen Propaganda nachgeplapperten Gehässigkeiten eines unreifen Provinzjünglings handeln können. Diesen Kredit hat der Journalist jetzt, vier Jahre später, nicht mehr. Als Mitglied des »stets einsatzbereiten Armeekorps des Geistigen« steht er – wie von Goebbels auf einem Empfang für die Presse gefordert – auch in Berlin ohne Wenn und Aber »der politischen Führung zur Verfügung«.

Bernhard Weiß, von 1927 bis 1932 stellvertretender Polizeipräsident in Berlin, seit seinem Amtsantritt von Goebbels im *Angriff* und im *Völkischen Beobachter* als »Isidor« verhöhnt und in einer publizistischen Hetzjagd ohnegleichen verfolgt, flieht 1933 über Prag nach London. Theodor Wolff, 1918 Mitbegründer der Deutschen Demokratischen Partei und Chefredakteur des linksliberalen *Berliner Tageblatts*, flüchtet nach der Verbrennung seiner Bücher 1933 nach Tirol und 1938 weiter nach Nizza. Gustav Böß, von 1921 bis 1929 mit den Stimmen der SPD gewählter Oberbürgermeister von Berlin, wird 1933 zu neun Monaten Haft verurteilt. Über das Schicksal des Publizisten Victor (nicht Viktor) Hahn, bei dem es sich auch um den gleichnamigen Dramatiker oder Kunstsammler handeln könnte, habe ich nichts herausgefunden. Hingegen ist bekannt, dass Alfred Döblin am 28. Februar 1933, einen Tag nach dem Reichstagsbrand und zwölf Wochen vor der Verbrennung seiner Bücher, über Zürich nach Paris emigriert.

Eine Woche nach der »Reichskristallnacht« kann Weise in der Ausgabe vom 16./17. November 1938 auf der Wirtschaftsseite seiner Zeitung die triumphierende Schlagzeile lesen: »Die Wirtschaft ist judenfrei«. Am 8. Februar 1939 bringt *Der Angriff* die groß aufgemachte Anzeige der Bekleidungs-Aktiengesellschaft BEGE: »Mit dem heutigen Tag übernehmen wir das Haus N. Israel Ecke Spandauer- und König-Strasse. Wir schließen die Verkaufsräume vom 8.–13. Februar einschließlich zur Durchführung der Übernahme. [...] Berlin wird mit uns zufrieden sein. Wir melden uns zur Eröffnung wieder.« Ich muss wohl voraussetzen, dass auch Weise mit der »Übernahme« zufrieden ist. An das 1815 von Nathan Israel gegründete älteste Kaufhaus Berlins und an den enteigneten Erben Wilfried Israel erinnern heute zwei »Stolpersteine« des Bildhauers Gunter Demnig gegenüber vom Roten Rathaus.

Im November 1938 startet *Der Angriff* eine groß angelegte Werbekampagne für den neuen Volkswagen, auch KdF-Wagen genannt: »Besser können wir den fünften Jahrestag von Kraft durch Freude nicht begehen als mit bisher unveröffentlichten Bildern des Wagens, dem der Führer den Namen gab.« Gemeinsam mit der Filmgesellschaft Tobis lanciert die Zeitung das Preisausschreiben »Gib Gas – und Du gewinnst!«. Der beste Filmstoff aus dem Autoleben wird mit 5000 Reichsmark honoriert. Jeder kann mitmachen, nur »Nichtarier sind von der Teilnahme ausgeschlossen«. Um den potentiellen »Filmautoren« aus dem Volk auf die Sprünge zu helfen, hat *Der Angriff* »in den letzten Tagen fünf Mann und eine Frau durch Deutschland reisen lassen, die Auto-Stoffe gesammelt haben und jetzt fortlaufend im *Angriff* veröffentlichen«. Die sechs Reisenden werden mit Porträtfotos und Kurzbiographien vorgestellt. Weise ist dabei; sein Foto mit

Pressereferent im Stab
Motorgruppe Berlin beim
Nationalsozialistischen
Kraftfahr-Korps (NSKK)

Hut und Zigarette mitsamt dem bereits zitierten Text gehört in diesen Zusammenhang. Weises »Autofilm-Vorschlag«, ein etwas schwerfälliger Lkw-Krimi mit dem sperrigen Titel »Kapitäne über sieben Achsen«, wird am 27. November abgedruckt.

Möglich, dass diese Werbekampagne Weise 1938 den Anstoß gibt, Mitglied im Nationalsozialistischen Kraftfahr-Korps (NSKK) zu werden, derjenigen Gliederung der NSDAP, die, mit wehrpolitischer Zielsetzung, vor allem die »motorische Ertüchtigung« der Jugend betreibt. Er fungiert dort als Pressereferent im »Stab Motorgruppe Berlin«. Immerhin sind seine Kollegen beim *Angriff* entweder, wie Kränzlein, Henne und Frowein, Parteigenossen oder, wie der Volontär Schirrmacher, Mitglied der SS.

Der Angriff veröffentlicht insgesamt zweiunddreißig Artikel Gerhart Weises zum Thema Film. Die meisten sind auf Seite 4 abgedruckt, für die als kulturpolitischer Redakteur Herbert A. Frenzel, Jahrgang 1908, verantwortlich zeichnet. 1938 heiratet

Frenzel Elisabeth Lüttig-Niese, die im selben Jahr über »Die Gestalt des Juden auf der neueren deutschen Bühne« erfolgreich promoviert. Ebenfalls 1938 erscheint Frenzels Biographie über Hitlers Hofdichter Eberhard Wolfgang Möller. 1942 gibt er ein deutsch-norwegisches Wörterbuch für die Besatzer heraus. In der Bundesrepublik hat jeder Germanistikstudent das 1953 erschienene Standardwerk *Daten deutscher Dichtung* von Herbert A. und Elisabeth Frenzel in der Hand gehabt. In meinem Bücherregal steht die dreizehnte Taschenbuch-Auflage (321. bis 345. Tausend) von 1977. Die 2003 in der *Neuen Zürcher Zeitung* und 2005 in der *tageszeitung* veröffentlichten Recherchen zur NS-Vergangenheit des Ehepaars Frenzel sind folgenlos geblieben. Erst ein 2009 in der *Frankfurter Allgemeinen Sonntagszeitung* abgedruckter Beitrag hat dazu geführt, dass die fünfunddreißigste Auflage vom Markt genommen worden ist.

Zum großen Teil handelt es sich bei Weises Artikeln um »entzückende Atelierschmonzetten«, die ihr Autor gut zwei Jahre zuvor noch mit beißender Ironie bedacht hätte, über Lil Dagover, Lilian Harvey, Ilse Werner, Emil Jannings, Eduard von Borsody oder Veit Harlan. Er besucht Wolfgang Liebeneiner und seine Frau, die Schauspielerin Ruth Hellberg, in den Filmateliers in Johannisthal, wobei weniger von dem dort gedrehten Film *Yvette* die Rede ist als vielmehr von der Menschenfreundlichkeit des Regisseurs mit dem »offenen Lächeln und der nachgiebigen Stimme«. Er spaziert durch die Bühnentür des Plaza-Varietés, um Heinz Rühmann bei den Dreharbeiten zu *Nanu, Sie kennen Korff noch nicht?* zu interviewen, und parodiert dessen berühmtes Stakkato: »Drehen hier Kriminalfilm. Heiter natürlich, immer heiter. Blaue Brille, sehr geheimnisvoll. Soll in diesem Varieté umgelegt werden, gekillt, ganz übel. Wird aber vermieden. Wäre ja auch. Ein Kerl wie ich.« Er fährt mit dem Fahrstuhl in den dritten Stock eines Wohnhauses am Bayerischen Platz und klingelt beim Schauspieler Rudi Godden. Der spielt gerade die Hauptrolle im

Der Filmjournalist interviewt den Kinderstar Peter Bosse während
der Dreharbeiten zu *Robert und Bertram* im Januar 1939

Zerlett-Film *Robert und Bertram*, einer antisemitischen Posse
mit Musik. Ein Foto zeigt Gerhart Weise im Gespräch mit dem
ebenfalls mitwirkenden Kinderstar Peter Bosse. Wenig später eilt
er zu den Dreharbeiten für den Tschaikowsky-Film *Es war eine
rauschende Ballnacht* zum Tonfilm Studio Carl Froelich in der
Tempelhofer Borussiastraße, interessiert sich aber weniger für
die Stars Aribert Wäscher, Zarah Leander und Marika Rökk als
für die namenlosen Volksgenossen: »Als mittags die Kinder von
Tempelhof aus der Schule kamen, blieben sie großäugig vor dem
Studio stehen und drückten die Nasen durch den Drahtzaun. Das
Ballett hatte Essenspause. Damen in wallenden, bunten Roben
aus der Empirezeit, von artigen Kavalieren in beigefarbenen
Breeches und zierlichen Schnallenschuhen geleitet, tänzelten und
wippten zur Kantine, um Schmorbraten und Gemüse zu bestellen.
Tempelhof ist eine Filmgegend, und die Leute dort sind gegen
die erstaunlichsten Anblicke abgehärtet. Die Auferstehung eines
alten Jahrhunderts nahmen sie als Zugabe hin wie eine Sammlung
lebendig gewordener Zigarettenbilder.«

Karl Ritter ist ein Regisseur nach Weises Herzen. Im *Angriff* vom 9. März 1939 erläutert er gegenüber dem Interviewer, warum der Begriff des »zeitnahen Films« von der soldatischen Haltung nicht zu trennen sei. »Weil wir ein Volk von Soldaten sind, ein diszipliniertes Volk. Dabei kann ein zeitnaher Film in jeder Epoche und unter den fremdesten Kostümen spielen: wichtig ist nur die Haltung, die Sittlichkeit, von der er bestimmt wird.« Ritters neuester Film spielt im Jahr 1760 und heißt *Kadetten*. Dieser Film werde, so der Regisseur, sein »Pimpfenfilm«, zu dem er auf dem Umweg über Friedrich den Großen gekommen sei. »Im Grunde ist das gleichgültig. Jungen sind damals nicht anders gewesen als heute.« Die Jungen von heute »sollen vor der Leinwand sitzen und sollen das Gefühl haben: die sind genau so wie wir. Der Film soll zeigen, wie ein Pimpf zu sein hat«. Wichtig sei »die innere Haltung, der wir das verpflichtende Attribut preußisch zugeteilt haben«. Kurzum: »Heldentum muß frisch und fröhlich sein.« Die Propaganda schmückt sich gern mit preußischen Federn, und die »Sittlichkeit« wird, wie schon in der Literatur, nun auch im Film – und von Weise – über die Ästhetik gestellt.

Weise ist auch bei der Uraufführung von Ritters »Dokumentarfilm« *Im Kampf gegen den Weltfeind* im Ufa-Palast am Zoo dabei. Karl Ritter habe die Entwicklung des Spanischen Krieges aus einem besonderen Blickwinkel betrachtet: »Es ist der Film der heldenhaften Legion Condor.« Der umjubelten Uraufführung wohnen neben Generalfeldmarschall Göring samt Gattin, Reichsminister Frick und Generaloberst Keitel zahlreiche spanische, italienische und deutsche Ehrengäste bei. Der Rezensent ist hingerissen: »Unsere Flak und Bomber schießen für die Navarra-Brigaden Francos Bilbao sturmreif (artilleristisches Furioso), rote Martinbomber und Kampfwagen gehen in Trümmer, die Flieger der Legion sind über den Steilküsten von Santander, über den brennenden Öltanks von Gijon, über den Trümmern von Teruel, über aufspritzenden Erdfontänen und melancholisch schwankenden Lazarettbahren bei Castellon, über den letzten Zermürbungsschlachten vor den weißen Schneegipfeln der Pyrenäen, über der Universitätsstadt von Madrid.« Von der Vernichtung Guernicas schweigt der Betrachter, betont lieber »die gute Kameradschaft zwischen unseren Condormännern, Spaniern und Italienern«, freut sich über »das imposante Finale des Films«, als da wären »die militärische Pracht der Parade zu Madrid, die Fahrt der KdF-Flotte in die Heimat und der Empfang [der Legionäre] durch Generalfeldmarschall Göring in Hamburg und durch den Führer in Berlin«.

Nebenher betreibt Weise Propaganda für die Organisation »Kraft durch Freude«: In dem zweiseitigen Tatsachenbericht »Heimkehr zum Schacht« darf ein Kumpel, weil unter Tage verschüttet gewesen, mit dem berühmtesten aller KdF-Schiffe, der *Wilhelm Gustloff*, zur Erholung nach Norwegen fahren. Ein anderer Artikel blickt »Hinter die Kulissen unseres Fahrplans«: »4612 Sonderzüge fahren im Sommer 1938 für KdF. Ihr Zielbahnhof ist immer das Glück. [...] Seit Bestehen der NS-Gemeinschaft Kraft durch Freude ist Deutschland das Land mit den meisten Sonderzügen der Erde.« Neun Monate später, ein knappes Jahr nach Hitlers Einmarsch in Österreich, fährt der Berichterstatter in einem Sonderzug voller Sachsen nach Tirol: »Kraft durch Freude hat im Jahr des Anschlusses 100 000 Urlauber hier herauf gebracht. In diesem Jahr werden es 150 000 bis 200 000 sein. [...] Tirol soll der KdF-Gau Großdeutschlands werden.« Besonders gern kämen auch amerikanische und englische Touristen nach Innsbruck, Kitzbühel oder Kufstein, der ausländischen Propaganda zum Trotz, nach der sich dieses Paradies in ein »Gestapo-holiday-camp« verwandelt habe.

In der ersten Hälfte des Jahres 1939 ändert sich die außenpolitische Lage radikal und Gerhart Weise mit ihr. Am 6. April 1939 wird der Beistandspakt Großbritannien–Polen abgeschlossen. Am 28. April kündigt Hitler das deutsch-englische Flottenabkommen von 1935 und die deutsch-polnische Gewaltsverzichts-Erklärung von 1934 auf. Weise begreift, worauf es jetzt ankommt, und versucht sich, mit der gebotenen Aggressivität, als politischer Glossenschreiber. Am 12. April zitiert er den amerikanischen Admiral Clark Howell Woodward mit den Worten, dass trotz des gewaltigen Marinerüstungsprogramms die amerikanische Kriegsflotte frühestens 1946 im vollen Umfang kriegsfertig sein werde. »Diese Rede ist in England totgeschwiegen worden. Sie war zu peinlich.« Am 16. Juli 1939 schreibt Weise: »Die Regierung seiner Britischen Majestät« habe plötzlich 250 000 Pfund für die Auslandspropaganda »springen lassen, […] die gewissermaßen das Schmieröl auf die knarrenden Maschinen der Einkreisungspolitik darzustellen hat«. Duff Cooper (aus Protest gegen das Münchner Abkommen im Herbst 1938 zurückgetretener Marineminister) habe in diesem Zusammenhang im *Evening Standard* »einen kleinen Plausch über die Ziele des geplanten britischen Reklamekreuzzugs« veröffentlicht: aus den Deutschen »trotz der Naziwirtschaft doch noch wertvolle und vertrauenswürdige Partner für den Fortschritt der Zivilisation« zu machen. »Die Wahrheit muß den Krieg verhüten«, habe Cooper geschrieben. »Es ist die einzige Hoffnung, und es ist die letzte Hoffnung«. Übermäßig viel, so der hämische Kommentar, sei »dem kleinen Rachitiker Cooper also nicht eingefallen«.

Dieser Artikel ist vorläufig der letzte, den das Mitglied des »stets einsatzbereiten Armeekorps des Geistes« für den *Angriff* schreibt. Am 28. August tritt das »Gesetz über die Besoldung, Verpflegung, Unterbringung, Bekleidung und Heilfürsorge der Angehörigen der Wehrmacht bei besonderem Einsatz« in Kraft. Am selben Tag wird Gerhart Weise zur Wehrmacht eingezogen. Der Überfall auf Polen am 1. September findet allerdings ohne ihn statt.

KRIEG

Ordonnanz im Offizierskasino. Fernmelder in Köln.
Die Kollegen Kriegsberichter

Bisher ist Gerhart Weise der 1935 eingeführten allgemeinen Wehrpflicht entgangen. Sie betrifft ihn nicht, denn rekrutiert werden nur die Jahrgänge ab 1914 aufwärts. 1936 wird sein eigener Jahrgang 1913 zu einer zweimonatigen Kurzausbildung in sogenannten Ergänzungseinheiten einberufen. Damals hat der potentielle Rekrut für *Das 12 Uhr Blatt* geschrieben. Es bleibt offen, ob ihn seine Pressearbeit vom ergänzenden Wehrdienst befreit hat oder ob er wegen eines bürokratischen Versehens durch die Maschen des Gesetzes gerutscht ist. Als einzige wehrdienstähnliche Erfahrung kann der Zivilist folglich nur auf den vierzehntägigen Drill auf Schloss Gütergotz zurückblicken.

Am 28. August 1939 wird der Rekrut in Ausbildung nach Potsdam zum Infanterie-Ersatz-Bataillon 323 beordert, das zwei Tage zuvor aufgestellt worden ist. Ein Ersatz-Bataillon hat in der Etappe auf Abruf bereitzustehen, bis »seine« Division Verstärkung anfordert, um tote Soldaten durch lebendige zu ersetzen. Weise erhält sein Soldbuch und seine Erkennungsmarke mit der Nummer 181. Ich stelle mir seinen soldatischen Alltag vor: Auf einer Stube wird ihm sein Spind zugewiesen, in dem er vom Stahlhelm bis zum Brotbeutel vorschriftsmäßig seine Ausrüstung unterzubringen hat. Auf dem Kasernenhof übt er militärische Umgangsformen wie Strammstehen, Salutieren, Melden und Marschieren. Er lernt die Dienstgrade auswendig, hört Vorträge über

Der Soldat, September 1939

Gelände- und Waffenkunde. Stundenlange Fußmärsche, Biwakieren bei jedem Wetter, das Robben durch schlammige Gräben und das Schießen mit allen möglichen Handfeuerwaffen sollen den Rekruten für den Fronteinsatz stählen. Und, als Höhepunkt der Ausbildung, wird auch er den feierlichen Eid geschworen haben, »rückhaltslos für den Führer und das nationalsozialistische Reich einzutreten«. Ein für sein Soldbuch angefertigtes Passfoto hat sich erhalten, auf dessen Rückseite Mutter Margarethe geschrieben hat: »Gert 1939 als Soldat«. Er trägt den »feldgrauen« Heeresmantel in Normalausführung, doppelreihig geknöpft, mit dunklem, blaugrünem Kragen. Blass sieht er aus, der Soldat, leicht verquollen, wie aus dem Schlaf hochgeschreckt, misstrauisch, abwehrend und sehr jung.

Die militärische Grundausbildung dauert üblicherweise acht bis zwölf Wochen, Zeit genug, um sich die »soldatischen Tugenden« einbleuen zu lassen. Doch es klappt, wie schon in der Reichspresseschule, wieder nicht. Höchstens sieben Wochen sind vergangen, als der Rekrut sich als Ordonnanz im Offizierskasino wiederfindet – was ich nicht wüsste, wenn nicht Kurt Kränzlein am 30. Oktober 1939 an Reichspressechef Otto Dietrich geschrieben hätte, dass er seinen Schriftleiter zurückhaben will. Wegen der Einziehung zum Wehrdienst haben sich die Ressorts im *Angriff* empfindlich gelichtet: »Vor allem leidet die politische Redaktion darunter, weil von den vier Eingezogenen drei Politiker sind. Einer der wichtigsten war für mich unser Verbindungsmann zum Reichspropagandaministerium, der Schriftleiter Gerhart Weise. Weise befindet sich zurzeit in Potsdam und ist als Ordonnanz im Offizierskasino beschäftigt. Ich habe nun den verständlichen Wunsch, ihn aus dieser fruchtbringenden Tätigkeit zu befreien und bitte Sie, […] unseren Schriftleiter Weise freistellen zu lassen. […] Heil Hitler!«

Dieser Brief, mit dem Kränzlein übrigens keinen Erfolg hat, ist mir ein Rätsel. Nichts spricht dafür, dass Weise bereits vor dem 28. August 1939 ein »Verbindungsmann« zum Propagandaministerium gewesen sein könnte. Auch hat er während seiner gesamten Tätigkeit für den *Angriff*, abgesehen von einigen »Glossen« im Jahr 1939, nicht für die politische Redaktion geschrieben, es sei denn anonym. Andererseits bestätigt sich ein früherer Eindruck. Die militaristische Begeisterung des ehemaligen Schriftleiters und jetzigen Wehrdienstlers scheint sich auf die Filme von Karl Ritter beschränkt zu haben. Zwar weiß ich nicht, durch welche Umstände der Rekrut ins Kasino geraten ist, doch wäre es für einen, der nicht in den Krieg will, ein geschickter Schachzug, für Offiziere den Kellner zu spielen. Ich stelle mir vor, wie er, korrekt und unauffällig, das Essen serviert und Wein nachschenkt. Er ist ja kein dummer August, der Teller fallen lässt, sondern, wie Freund Henne 1944 bestätigen wird, ein Mann von »Manieren«.

Gegen den Ehrgeiz des Rekruten, ein Kriegsheld zu werden, spricht auch seine Ausbildung zum Fernmelder. Als solcher muss er, anders als ein Funker, noch nicht einmal das Morsealphabet lernen, sondern lediglich tippen können, für einen Schriftleiter kein Problem. Ein Fernschreibapparat ähnelt 1939 einer unförmigen Schreibmaschine, mit dem Unterschied, dass die zu übermittelnde Nachricht in Stromstöße umgewandelt und auf dem Papier des Empfangsapparates ausgedruckt wird. Am 10. Dezember wird Weise als Fernmelder für den Truppenteil des Bevollmächtigten

Transportoffiziers ins Armee-Ober-Kommando 2 nach Köln versetzt. Der Fernmelder-Status entspricht dem niedrigsten Dienstgrad Schütze (vulgo Landser). Weiter als bis zum Gefreiten, dem drittniedrigsten Dienstgrad, wird es Weise auf der militärischen Karriereleiter nicht bringen, und ich habe den Eindruck, dem Kellner und Fernmelder ist es recht so. Er will keine soldatischen Tugenden entwickeln, sondern am Leben bleiben.

Vier Monate, von Dezember 1939 bis April 1940, dauert der Einsatz des Fernmelders im Kölner Heeres-Fernschreibnetz. Seine zur Führungsabteilung gehörenden Vorgesetzten sind für die Leitung und Koordinierung aller Truppen- und Nachschubtransporte in ihrem rheinländischen Einsatzbereich verantwortlich. Der Fernmelder tippt Rapporte über mehrstündige Verspätungen oder pünktliches Eintreffen von Eisenbahnzügen und über den An- und Abtransport von Kriegsgerät und Ersatzteilen. Eingehende Berichte werden mit ohrenbetäubendem Geratter auf einem schmalen Papierstreifen ausgedruckt, der sich von einer seitlich angebrachten Rolle abwickelt. Aufgabe des Fernmelders ist es, den langen Streifen in Zeilenlänge auseinanderzuschneiden und auf das rosafarbene »Heeres-Fernschreibnetz«-Formular zu kleben.

Da das Armee-Ober-Kommando 2 mit der 8. Armee identisch ist, die nach ihrem Einsatz in Polen im Oktober 1939 an die Westgrenze versetzt und aus Sicherheitsgründen umbenannt wird, nehme ich an, dass der Aufenthalt im Rheinland und die dortige Vorbereitung auf den nächsten »Blitzkrieg« im Vergleich eher ruhig vonstattengeht. Jedenfalls bekommt der Fernmelder schon nach drei Wochen vierzehn Tage Urlaub und ist von Silvester bis Mitte Januar 1940 in Berlin. Gleich am 31. Dezember ruft er Inge Enders, die Verlobte seines Freundes Henne, an und verabredet sich mit ihr, mit Karlheinz Dahlfeld und einem nicht zu identifizierenden Philips für den Abend des 3. Januar im eleganten Café Bristol am Kurfürstendamm. Dort schreiben alle vier auf Bristol-Briefpapier an Freund Henne. Der ist als Unteroffizier ebenfalls an der Westgrenze stationiert, und zwar auf Schloss Berg an der Mosel. Vom Militär scheint keiner begeistert. Dahlfeld: »Wir […] bedauern dich redlich […] lass den Mut nicht sinken und halte die Ohren steif.« Philips: »Ich hoffe, wenn Du alle inneren und äusseren Fährnisse des ›homo militaris‹ entsprechend überstehst […].« Weise: »sei innig gegrüßt von einem, der – für 14 Tage den Generälen und ihrem Anhang entronnen – per FK. [Feldkommandantur] gen Osten eilte und nun in Gamaschen, Schlips, Polsterstuhl und lauter so bequemen Dingen eine merkwürdig nette Art von Zwischenleben verbringt.« Zurück in Köln, verbringt Weise, nun wieder in Uniform, noch drei Monate vor seinem ratternden Ticker.

Im Schutz seiner Nischenexistenz im Potsdamer Offizierskasino und in der Kölner Schreibstube erfährt Weise die Realität des Krieges lediglich aus der Zeitung und aus der Gerüchteküche, wobei die beiden Informationskanäle sich vermutlich meist widersprechen. Ich stelle mir vor, dass der Fernmelder vom Führungsstab der ehemaligen 8. Armee nachträglich das eine oder andere Detail über den polnischen »Feldzug« aufschnappt, das von der Presse verschwiegen worden ist. Wird in seinem Beisein über die systematische Ermordung von jüdischen und polnischen Zivilisten, Frauen und Kindern durch spezielle Einsatzgruppen der SS und Wehrmachtsangehörige gemunkelt? Über Heydrichs Richtlinien zur vorläufigen Konzentrierung der überlebenden Juden in Ghettos? Dringen die Gerüchte über vereinzelte Proteste führender Militärs gegen Hitlers Ausrottungspolitik bis zu ihm durch? Hört der Fernmelder mit den guten Englischkenntnissen heimlich BBC, obwohl das Abhören ausländischer Radiosendungen seit Kriegsbeginn unter Strafe steht?

Was tun seine Kollegen in diesen Monaten? Henne hält sich, wie gesagt, an der Mosel auf. SS-Unterscharführer Schirrmacher, bis August 1939 als Korrespondent für den *Völkischen Beobachter* und den *Angriff* in London, kehrt rechtzeitig nach Deutschland zurück, um während des »Polenfeldzugs« im Rang eines Feldwebels ein Ersatz-Bataillon auszubilden. Nach Beendigung des »Blitzkriegs« wird Schirrmacher zu einem Regiment an den Westwall versetzt.

Kurt Frowein wird am 22. August 1939 zu einer Propagandakompanie eingezogen und ist beim Überfall auf Polen als Kriegsberichter dabei. Danach wird er an der Westgrenze stationiert und schreibt zusammen mit Wilfried von Oven, dem späteren Pressereferenten von Goebbels, ein Kriegsbuch mit dem unmissverständlichen Titel *Schluß mit Polen.*

Eine Propagandakompanie besteht aus mehreren Kriegsberichterzügen, die sich aus Wort- und Bildberichtern, Rundfunk- und Filmberichtern zusammensetzen. Ein Lautsprecher- und Filmvorführer-Trupp, sogenannte Fachführer für Wort, Bild, Film, Rundfunk, ein Bild- und Filmlabor ergänzen die jeweilige Truppeneinheit. Hitler und sein Führungsstab haben beizeiten erkannt, dass der Propagandakrieg im Waffenkrieg nicht vernachlässigt werden darf, so dass jeder Armee des Heeres, später auch den Einheiten der Luftwaffe und Marine, eine Propagandakompanie zugeteilt wird. Das Propagandaministerium und das Oberkommando der Wehrmacht sollen in enger Zusammenarbeit das reibungslose Funktionieren des Propagandakriegs gewährleisten und über die Auswertung des an der Front erarbeiteten Wort-, Bild-, Ton- und Filmmaterials entscheiden. In der Praxis allerdings funktioniert die Zusammenarbeit zwischen Wehrmacht und Propagandaministerium wegen interner Machtkämpfe keineswegs reibungslos.

Am 19. Juli 1939 meldet *Der Angriff,* dass Hans Schwarz van Berk »kürzlich« von seiner Weltreise zurückgekehrt sei. Bevor er sie vorzeitig abbricht, um im Kriegsfall zur Stelle zu sein, hat er für diese und andere Zeitungen, beispielsweise den *Völkischen Beobachter* und den *Freiheitskampf,* aus Australien, Indonesien,

Malaysia und Birma, aus Japan und Indien, dem Irak und dem Libanon berichtet. Gleich nach seiner Rückkehr macht er noch eine Stippvisite in England, um im *Angriff* zwölf Folgen über die Frage zu publizieren, was englische Politiker und das englische Volk von dem bevorstehenden Krieg halten.

Im September und Oktober ist Schwarz van Berk zusammen mit Kurt Kränzlein und drei weiteren Schriftleitern als Kriegsberichter in Polen. Am 19. Oktober schreibt Kränzlein als Wortführer des vierköpfigen Propagandakommandos einen siebenseitigen Erfahrungsbericht: »Am 9. September 1939 wurde ich als Mitglied eines Sondereinsatzes unter Führung des Hauptmanns der Reserve Hauck in Marsch gesetzt nach Tschenstochau [...]. Meine Kameraden [Schwarz van Berk, Ohling, Graf Reischach, Kühl] und ich haben während des Einsatzes bei dieser Kompanie einige Erfahrungen gemacht, welche uns ermutigt haben, uns Gedanken zu machen über den Einsatz der Wortberichter innerhalb einer PK.« Aus Kränzleins Bericht geht hervor, dass er und seine »Kameraden« der PK 637 angehören, die zu Kriegsbeginn in Breslau aufgestellt und der 10. Armee zugeteilt worden ist. Nun sind Propagandakompanien, erstmals 1938 für den Einmarsch ins Sudetenland eingesetzt, eine relativ neue Erfindung, und der Bericht enthält denn auch eine größere Anzahl vorsichtig formulierter Kritikpunkte. Zunächst plädiert Kränzlein für ein getrenntes Vorgehen von Wort- und Bildberichter: »Der Wortberichter kann in der vordersten Linie mitkämpfen und schreiben. Der Bildberichter kann nicht Gewehr und Kamera zugleich bedienen.« Aber das Notwendigste fehlt: Um den »Vormarsch auf Lublin« mitmachen zu können, beschaffen sich die vier Wortberichter »Waffen und Munition aus Beutelagern«, und zwar »nach dem ersten Gefecht bei Krasnik; Benzin tankten wir ohne Ausweis, aber im Tausch gegen einen Sack Speck, den wir requiriert hatten, und Verpflegung hatten wir manche Tage gar nicht oder wurden von der Front verpflegt, die uns von ihren geringen Beständen abgab, wenn sie etwas entbehren konnte.« Kein Wort über Massaker an der Zivilbevölkerung. Der Adressat des Erfahrungsberichts geht aus dem Manuskript nicht hervor. Gut möglich, dass die sieben Seiten an Hasso von Wedel weitergeleitet worden sind, den allerhöchsten Kommandeur der Abteilung Oberkommando des Heeres/Wehrmachtpropaganda. Ob der bald zum Generalmajor beförderte Oberst sich die Verbesserungsvorschläge zu eigen gemacht hat, ist nicht bekannt.

Nach ihrer Rückkehr aus Polen bleiben Kränzlein und Schwarz van Berk vorerst in Berlin. Kränzlein kehrt zum *Angriff* zurück, schreibt den PK-Bericht und tags darauf seinen Brief an den Reichspressechef, in dem er um Gerhart Weises Freistellung bittet. Schwarz van Berk gründet Anfang Dezember auf Anordnung von Goebbels ein eigenes Büro, das der Abteilung Auslandspresse angeschlossen ist. Dieser kriegsbedingten propagandistischen Neuschöpfung ist es zu verdanken, dass Gerhart Weise am 16. April 1940 »Uk gestellt« wird: Ab sofort ist er an der Heimatfront unabkömmlich.

AUSLANDSPROPAGANDA FÜR GOEBBELS

Büro Schwarz van Berk. Reisen nach Polen und Paris

»Mein Pressebüro«, schreibt Hans Schwarz van Berk rückblickend im November 1969, »hatte einen exklusiven Zweck, der
stets beachtet wurde. Es sollte Nachrichten ins Ausland geben.«
Mit dieser blassen Auskunft ist nicht viel anzufangen, schon
eher mit einem auf den 6. Januar 1942 datierten Tagebucheintrag seines Vorgesetzten Goebbels: »Das Büro Schwarz van Berk
gibt mir eine Übersicht über seine bisher geleistete Arbeit. Sie
ist geradezu vorbildlich. Schwarz van Berk arbeitet zum großen
Teil mit getarnten Artikeln, die in ausländischen, zum Teil auch
feindlichen Zeitungen erscheinen. Sie enthalten neben einigem
Negativen, das zur Wahrung des Gesichts geschrieben werden
muß, eine Unmenge von positiven Elementen. Auf diese Weise
haben wir sehr viel Material in die ausländische, zum Teil in die
deutschfeindliche, ja sogar in die englische Presse lanciert, ohne
daß man sich dort darüber klar war, woher das Material kam.
Das Büro wird weiter in diesem Stil arbeiten, und ich werde
ihm eine noch tatkräftigere Unterstützung leihen.« Zweck des
Büros ist demnach die gezielte Desinformation der alliierten
Kriegsgegner. Sie manifestiert sich nicht nur in Zeitungsartikeln,
sondern auch, wie aus den Goebbels-Tagebüchern hervorgeht, in
»neutral« gehaltenen Flugblättern und Propagandabroschüren,
die ebenfalls ins Ausland eingeschleust werden. Die geheimdienst-
liche Tätigkeit zahlt sich auch für die deutsche Presse aus, denn die
Büromitarbeiter verarbeiten klandestin erworbene Informationen

Hans Schwarz van Berk 1939. Passfoto für
die Personalakte im Propagandaministerium

aus dem Ausland gleichzeitig zu Hintergrundartikeln für das In-
land.

Schwarz van Berk muss von dieser neuen beruflichen Heraus-
forderung fasziniert gewesen sein. Jetzt hat er endlich die Möglichkeit, ohne die Fesseln offizieller Presseanweisungen selbständig
und kreativ zu arbeiten. Die Weltreise hat er 1937 vermutlich aus
Langeweile angetreten. In seinen um 1970 verfassten Lebenserinnerungen heißt es darüber: »Wenn ich gut gelaunt gewesen war,
hatte ich in Berlin unter Kollegen gesagt, wir Journalisten spielten
die Rolle von Bänkelsängern und Hofsängern, wenn ich schlecht
gelaunt war, die von Kellnern und Oberkellnern, die das politische
Geschirr zu servieren und abzuräumen hätten. Eben darum hatte
ich den trockenen Bienenkorb der Redaktion verlassen.« Beim
Parteiorgan *Der Angriff* hat Schwarz van Berk demnach dieselbe
Erfahrung machen müssen, die er in seinem für Goebbels zusam-
mengestellten Buch *Der Angriff. Aufsätze aus der Kampfzeit* »den
Jahren der dämmernden Demokratie« vorgeworfen hat: »Trostlos
ist eine Zeitung, die in einer Lauge von Objektivität alle Gefühle,
Affekte und Forderungen ausgewaschen hat. Destilliertes Wasser
wirkt tödlich, destillierte Meinung ist Gift für ein Volk.« Und Gift
für ihn. Das in Parteikreisen kolportierte Gerücht, Schwarz van
Berks Abschied vom *Angriff* sei das Resultat eines Zerwürfnisses
mit Goebbels gewesen, klingt nicht sehr wahrscheinlich, denn am

Hans Schwarz van Berk
im Hochzeitsfrack
1932 in Pommern

19. Oktober 1937 ist in dessen Tagebuch der herzliche Eintrag zu
lesen: »Schwarz van Berk verabschiedet sich vor seiner vierjährigen Weltreise. Ein netter Junge. Er fährt mit Kind und Kegel.
Vor allem Afrika und Asien. Viel Glück!« Hinter »Kind und
Kegel« des Aussteigers verbergen sich die fünfundzwanzigjäh-
rige Ehefrau Ilse, der zweijährige Henning und die kaum sechs
Monate alte Gisela.

Was aber hat Goebbels dazu bewogen, Schwarz van Berk im
Dezember 1939 zum Leiter dieser für ihn brennend aktuellen
»Sonderredaktion« zu ernennen? Kennengelernt haben sich die
beiden wohl im Frühjahr 1934, als der bisherige Hauptschriftleiter
der NS-Blätter *Pommersche Tagespost* und *Pommersche Zeitung*
aus Stettin nach Berlin kommt und vom Minister zum Hauptschriftleiter des *Angriff* gekürt wird. Als Jahrgang 1902 ist er fünf
Jahre jünger als sein späterer Chef und gleich ihm Rheinländer.
Aus nationalsozialistischer Perspektive hat er eine makellose Vergangenheit: 1920 Freikorps Lettow-Vorbeck, 1921 Brigade Ehr-
hardt, Stahlhelm, Deutschvölkischer Schutz- und Trutzbund,

kommissarischer Gauleiter in Stettin. Wie der in Germanistik promovierte Goebbels ist er Akademiker, wenn auch ohne Abschluss. Insgesamt vierzehn Semester hat er Literaturgeschichte in Leipzig und Staatswissenschaft in München studiert. Anfangs hält er, ähnlich wie der ihm persönlich bekannte Ernst Jünger, eine elitäre Militärdiktatur für anziehender als eine demagogisch gelenkte Massenbewegung. Aber im Gegensatz zu Jünger tritt er 1930 dann doch in die NSDAP ein, für ihn die einzige Alternative zum Kommunismus. Vielleicht ist es 1934 seine Idee, die *Aufsätze aus der Kampfzeit*, die Goebbels ab 1927 für den *Angriff* geschrieben hat, als Buch zu publizieren. Wenn ja, wäre dies der sicherste Weg gewesen, um das Vertrauen des Ministers zu gewinnen, denn Goebbels sieht sich als verhinderten Schriftsteller. Zahlreiche Einträge in seinen Tagebüchern belegen, wie sehr er sich geradezu kindlich über jedes Lob der literarischen und rhetorischen Qualität seiner Leitartikel und Reden freut. Die Publikation, zusammengestellt und eingeleitet von Hans Schwarz van Berk, erscheint 1935 im Zentralverlag der NSDAP Franz Eher. Mit dem Minister und dem Hauptschriftleiter haben sich, in einer betont anti-intellektuellen Umgebung, zwei rechtsradikale Intellektuelle gefunden.

Nach der Einrichtung des neuen Büros sehen sich die beiden jeden Tag, denn Schwarz van Berk wird die besondere Auszeichnung zuteil, als einziger Journalist an den täglich stattfindenden Ministerkonferenzen teilnehmen zu dürfen. Jeden Morgen um elf Uhr weiht Goebbels die etwa sechzig anwesenden »Geheimnisträger« in die neuesten Strategien seiner Propaganda ein. Bis auf die Ausnahme Schwarz van Berk ist die Teilnahme ausschließlich den Leitern und führenden Mitarbeitern der Abteilungen Rundfunk, In- und Auslandspresse, Propaganda, Film, Personal, Haushalt, Recht und einigen Verbindungsoffizieren des Oberkommandos der Wehrmacht vorbehalten. Hans Hinkel ist als Leiter der Abteilung Besondere Kulturaufgaben dabei; Kurt Frowein wird im Juli 1940 als Pressereferent des Ministers dazustoßen.

Das neue Büro ist nicht im Propagandaministerium selbst, also dem von Schinkel umgebauten klassizistischen Friedrich-Leopold-Palais am Wilhelmplatz, untergebracht, auch nicht in dem 1938 errichteten Erweiterungsbau zwischen Wilhelm- und Mauerstraße, der heute das Ministerium für Arbeit und Soziales beherbergt, sondern hat seine eigenen Räume in der nahegelegenen Behrenstraße 67. Seit 1951 befindet sich dort ein in stalinistischer Manier erbautes, heute zur Botschaft der Russischen Föderation gehörendes Verwaltungsgebäude. Es ist nicht leicht, im Dezember 1939 geeignete Mitarbeiter zu finden; fast alle Schwarz van Berk bekannten Schriftleiter – und er kennt deren viele – sind in Erwartung des nächsten »Blitzkriegs« an der Westgrenze stationiert. Anfangs assistiert ihm immerhin ein Dr. Littmann, doch der wird im April 1940 ebenfalls zum Fronteinsatz abberufen. So liegt es nahe, den Kölner Fernmelder nach Berlin zurückzuholen – der spricht englisch, ist intelligent, erfahren und flexibel.

Die Personalakte »Weise, Gerhard [sic!] Ausl. Referat Abt. AP vom 16.4.40« ist für meine Recherchen eine wahre Fundgrube gewesen. Nicht nur enthält sie ein aktuelles Passbild, den mehrseitigen Personalfragebogen, diverse Bescheinigungen und Zeugnisse, die mir über seine Vergangenheit in Meißen und Dresden Auskunft gegeben haben; sie ermöglicht auch eine Rekonstruktion der ministeriellen Kontrollmechanismen und ihres bürokratischen Schlendrians. Weises erster Arbeitstag ist der 16. April 1940. Den Personalfragebogen füllt er aber erst am 29. April aus. Am selben Tag wird das Ersuchen um »gefällige Auskunftserteilung über alle Vorstrafen der umstehend bezeichneten Person« an die Staatsanwaltschaft Dresden abgeschickt. Vom 7. Mai datiert die Erklärung des neuen Mitarbeiters: »Mir sind trotz sorgfältiger Prüfung keine Umstände bekannt, die die Annahme rechtfertigen könnten, dass ich nicht arischer Abstammung sei oder dass einer meiner Eltern- oder Großelternteile zu irgend-

Schriftleiter im Büro Schwarz van Berk.
Passfoto 1940 für die Personalakte
im Propagandaministerium

einer Zeit der jüdischen Religion angehört habe. Ich bin mir bewusst, dass ich im Falle der Einstellung fristlose Entlassung zu gewärtigen habe, wenn diese Erklärung unvollständige oder unrichtige Angaben enthält.« Am selben Tag gelobt er gegenüber seinem Personalreferenten, Regierungsrat Werner Knochenhauer, »auf Handschlag«, dass er »dem Führer des Deutschen Reiches und Volkes Adolf Hitler treu und gehorsam sein« und seine »Dienstobliegenheiten gewissenhaft und uneigennützig erfüllen« werde. Ich stelle mir vor, wie die beiden Männer einander gegenüberstehen, der eine stramm, der andere lässig. Ihren Passbildern nach zu urteilen, könnten sie unterschiedlicher nicht sein. Das Foto Knochenhauers ist vor seinem Amtsantritt im August 1937 gemacht worden. Dafür hat sich der Jurist in seinen besten Dreiteiler geworfen und das Parteiabzeichen, er ist Mitglied seit 1930, ans Revers geheftet. Er ist zu aufgeregt, um die leicht verrutschte Krawatte zu bemerken. Der Schmiss am linken Mundwinkel lässt auf den ehemaligen Burschenschaftler schließen, Blick und Mimik sind bemüht, charakterliche Härte auszudrücken. Dagegen nun das Passbild Gerhart Weises vom April 1940: Ausnahmsweise hat er sich mit seiner Hornbrille fotografieren lassen, denn in seiner neuen Umgebung ist es kein Fehler, intellektuell zu wirken. Sein Jackettkragen schlägt ungebügelte Wellen, die Augen hinter der Brille blicken sanft ironisch in die Kamera, und der spöttische Zug

Werner Knochenhauer 1937.
Passfoto für die Personalakte
im Propagandaministerium

um die Mundwinkel erinnert an den einstigen Reichspresseschü-
ler. Ebenfalls am 7. Mai fragt Knochenhauer schriftlich bei »Pg.
SS-Standartenführer Pruchtnow« an, »ob gegen die politische
und charakterliche Zuverlässigkeit des Genannten Bedenken
bestehen«. Eine Antwort ist nicht überliefert. Vier Tage später
wird der Vorgang dann zur »Ministervorlage«: Ministerialdirigent
Erich Müller, Leiter der Personalabteilung, bittet den »Herrn
Minister […] um Zustimmung zur Einstellung des Schriftleiters
Gerhart Weise, der für besondere Aufträge in der Abteilung AP
[Auslandspresse] verwendet werden soll. Die Einstellung würde
für die Dauer des Krieges erfolgen.« Es folgt ein kurzer tabella-
rischer Lebenslauf, in dem Gerhart Weise bescheinigt wird, vom
»28. 8. 1939 – 16. 4. 1940 Kriegsteilnehmer« gewesen zu sein. Nun
ja. »Nicht Parteigenosse« lautet die abschließende Bemerkung
Müllers. Oben links befindet sich das auf »13/5« datierte Kürzel
von Staatssekretär Leopold Gutterer, in Rot, denn die Farbe Grün
ist allein dem Minister vorbehalten. Obwohl die Zeile »Nicht
Parteigenosse« von Müller dick unterstrichen ist, sitzt gleich
darunter, in Grün, die Genehmigung: »Dr. G.« Noch einmal drei
Wochen später unterschreibt Gerhart Weise eine Erklärung, in
der er sich zur Geheimhaltung der ihm übertragenen Aufgabe
verpflichtet. Ab sofort hält das Propagandaministerium seine
schützende Hand über den Schriftleiter. Rund viereinhalb Jahre

des knapp sechs Jahre dauernden Krieges ist der junge Mann Uk gestellt.

Schwarz van Berk und sein neuer Mitarbeiter beziehen kein Gehalt, sondern ein monatliches Honorar. Aus einer im September 1943 für das Finanzamt Zehlendorf ausgestellten Bescheinigung geht hervor, dass das Büro und die Tätigkeit seiner Schriftleiter »aus Gründen der Geheimhaltung […] nicht in ein festes Angestellten- oder Beamtenverhältnis gebracht« werden kann. Das Honorar für Schwarz van Berk ist hoch, 1000 Reichsmark, aber so hoch auch wieder nicht: Hans H. Henne, der im Juni 1939 als Filmdramaturg zur Tobis gewechselt ist, verdient dort 1200 Reichsmark im Monat. Sein Gehalt als Stellvertretender Hauptschriftleiter bei der *HJ* hat 550 Reichsmark betragen. Ich schätze daher, dass ein Schriftleiter etwa 400 Reichsmark verdient haben dürfte. Das anfängliche Honorar Weises im Büro Schwarz van Berk entspricht jedoch, wie in der Personalakte nachzulesen, »seinem bisherigen Bruttoeinkommen« und beträgt beachtliche 700 Reichsmark.

Kaum hat sich Gerhart Weise im Büro in der Behrenstraße eingerichtet, ist er schon allein. Sein Chef muss nach Norwegen. An der im April 1940 begonnenen deutschen Invasion nimmt er zwar nicht unmittelbar teil, sondiert aber kurz darauf die militärische und politische Lage. Am 23. April schildert er Goebbels seine Eindrücke, die aber nicht die Billigung des Ministers finden, denn dieser notiert am nächsten Tag im Tagebuch: »Lange heiße Debatte mit Schwarz van Berk, der eben aus Oslo zurückkehrt.«

Auch der neue Schriftleiter darf bald auf Reisen gehen, nachdem der zweite »Blitzkrieg« im Westen erfolgreich abgeschlossen und Paris Mitte Juni kampflos von deutschen Truppen besetzt worden ist. Er hütet das Büro, solange sein Chef als Kriegsberichter der SS am Frankreichfeldzug teilnimmt. Nun löst Schwarz van Berk seinen Schriftleiter im Büro ab. Weise muss, die Zensur für Zeitungsberichte eingerechnet, Ende Juli in Paris gewesen sein, denn

Mit zwei unbekannten Kollegen
an einem unbekannten Ort,
eventuell im Juli 1940 in Paris

seine beiden großformatigen Artikel »Nach dem ersten Schock. Paris auf den Trümmern einer Illusion« erscheinen am 15. und 16. August 1940 im *Angriff*. Ganz der Diener seines Herrn, macht er sich die von Goebbels in der Ministerkonferenz vom 27. Juni 1940 erteilten Direktiven voll und ganz zu eigen. Der Propagandaminister will ab sofort »sentimentale, verbrüderungsselige Aufsätze über Paris« nicht mehr sehen. Nunmehr sei Berlin an die Stelle von Paris getreten, so dass »Deutschland für die nächsten 3–400 Jahre die Bedeutung haben werde, die in den letzten 150 Jahren Frankreich gehabt hat«.

Kreuz und quer flaniert der Schriftleiter durch die besetzte Stadt, unerkannt, in Zivil, so dass eine Pariserin ihn für einen Franzosen hält. Vielleicht ist das Foto dreier Journalisten mit Hut inmitten eines Taubenschwarms, Gerhart Weise rechts, in Paris entstanden. Eine Vermutung nur, denn es ist mir nicht gelungen, Anlass, Ort oder die beiden Kollegen zu identifizieren. Der Zivilist sieht sich in Ruhe um, mit dem halb mitleidigen, halb verächtlichen Blick des Siegers. »Die deutschen Stukas, das sieht nun die Welt, haben in Frankreich mehr zertrümmert als nur Festungen und Bunker. Sie haben die jahrzehntealte Illusion zerbrochen, daß es noch je etwas wie ein geistiges Frankreich gäbe oder eine französische Idee oder eine République Française. […] Vor diesen dunklen, feuchten, engbrüstigen Gemäuern, in diesen verlassenen, auf Abbruch wartenden Höfen hat sich einmal die Französische Revolution abgespielt. Dort zeigt sich heute mit merkwürdiger Eindringlichkeit, daß ihr Geist, an den sie bis zuletzt geglaubt haben, seit Jahrzehnten schon nicht mehr gewesen ist als eine dunkle, feuchte, engbrüstige Illusion, die man aus irgendwelchen Gründen nur abzureißen vergaß.« Deutlicher lässt sich der nationalsozialistische Triumph über ein Land »ohne Gedanken«, das sich »als Wiege des Geistes feiern ließ«, kaum formulieren. Die besiegten Franzosen geben zudem Anlass zur Schadenfreude, denn an ihrer Misere seien sie selber schuld: »Auch in Paris gibt es nur noch an einem Tag in der Woche warmes Wasser. Es wird ein kalter Winter werden, mit wenig Kohlen. Die Franzosen haben in den Tagen des Rückzuges 700 Brücken in die Luft gesprengt, um die Deutschen aufzuhalten. Nun halten sie ihre Kohlenzüge damit auf.« Noch nicht einmal als Antisemiten seien die Franzosen richtig gut. »Lissac n'est pas Isaac« habe sich das große Kaufhaus Lissac als »stupiden Reklameslogan« einfallen lassen. Vier Beispiele aus dem Pariser Alltag garniert der Besucher mit der Redewendung »La vie reprend« – Das Leben geht weiter: Der alte Marschall Pétain sammle die Substanz, die er finden könne, »damit Frankreich wenigstens den nächsten Winter übersteht«. Junge Frauen in Trauer »haben schon hauchdünne Florstrümpfe an den Beinen und decken ihren Kummer, so gut es geht, mit Rouge zu«. Die vor ein paar Wochen hastig aus Paris geflüchteten Industriellen und Kaufleute kämen in einer »Kavalkade von Renaults, Chrysler-Limousinen und chromverschalten Cadillacs« zurück, um sich um ihre Geschäfte zu kümmern. Da stünde in der Banlieue »ein kleiner Jude« vor einem Café und feilsche mit Leuten, die dringend nach Paris wollten, um den Preis für eine Mitfahrgelegenheit in seinem Auto. »Das ist ein großes Geschäft. Hunderte von Juden betreiben es. Antisemitismus hin oder her.« Vier Jahre später, im Sommer 1944, wird Gerhart Weise als Koautor an dem Treatment für den Film *Das Leben geht weiter* mitarbeiten. Dann wird es nicht die »französische Idee«, sondern die deutsche Diktatur sein, die in Trümmern liegt, aber das weiß der überhebliche Flaneur noch nicht.

Über Gerhart Weises geheime Tätigkeit für die Auslandspropaganda im Jahr 1940 ist naturgemäß nichts überliefert; erst ab 1941 wird sich Goebbels in seinen Tagebüchern zu seinem Mitarbeiter äußern. Am 12. Oktober 1940 notiert er erst einmal seine Verärgerung über den Leiter des Büros: »Schwarz van Berk kommt bei mir über die Stimmung [in der Abteilung Auslandspresse] meckern. Ich habe 2 lange Unterredungen mit ihm und sage ihm ordentlich Bescheid. Er soll lieber sachlich arbeiten als herumzustänkern. [...] Nachmittags knöpfe ich mir nochmal Schwarz van Berk vor. Er geht dann bekehrt nach Hause.« Die Verärgerung des Ministers dauert an. Noch am 23. Oktober 1940 heißt es im Tagebuch: »Bömer [Karl Bömer, Abteilungsleiter Auslandspresse] legt ein gutes Wort für Schwarz van Berk ein. Aber der muß hin und wieder zur Ordnung gerufen werden.« Zwischen dem selbstherrlichen Minister und dem keineswegs devoten Schwarz van Berk gibt es des Öfteren Meinungsverschiedenheiten. Schon am 12. Juni 1937 hat der verärgerte Goebbels notiert: »Schwarz van Berk: Presseprobleme. Ich soll mit den Journalisten diskutieren. Ich lehne das ab. Sie müssen arbeiten und gehorchen.«

Für Weise kein Problem. Im September 1940 fährt er nach Polen, um für den *Angriff* die Dreharbeiten für den Kriegsfilm *Kampfgeschwader Lützow* zu beobachten. Die finden im Dorf Wyschkow am Bug statt, sechzig Kilometer nordöstlich von

Warschau. Weise kommt zum ersten Mal in das besetzte Land. Dass dem Antisemiten die Deportationen der Juden aus dem Reich nach Lodz, Lublin, Warschau und ihre Kasernierung in polnischen Ghettos Kopfzerbrechen bereiten, ist wenig wahrscheinlich. Der Film *Kampfgeschwader Lützow* will, mit Unterstützung von Wochenschau- und Dokumentarfilm-Aufnahmen, den Polenfeldzug und die ersten Bombenangriffe auf England so authentisch wie möglich nachstellen. Alle vor einem Jahr an dem Überfall beteiligten Truppenteile, einschließlich einiger Offiziere und Propagandakompanien, werden zu den Dreharbeiten abkommandiert. Das Mammutprojekt genießt die persönliche Unterstützung vom Reichsminister für Luftfahrt, Reichsmarschall Hermann Göring. Geeignetere Spezialisten als der Regisseur Hans Bertram und sein Kameramann Heinz von Jaworski sind kaum vorstellbar: Beide sind im »Blitzkrieg« als Bomberpiloten dabei gewesen, und Jaworski hat sich nun die raffiniertesten Fliegeraufnahmen ausgedacht: »Zum Beispiel hat er eine automatische Kamera hinter den Bombenschacht einer Stuka placiert und filmt damit das Abkippen der Ju 87 und den Sturz bis zum Augenblick des Ausklinkens.«

Weises Gespräch mit dem Regisseur findet in einem der sechs dunkelblauen Salonwagen des einstigen Nordexpress Warschau–Berlin–Paris statt, der nun, einschließlich Speisewagen, für *Kampfgeschwader Lützow* reserviert ist. Der Schriftleiter berauscht sich regelrecht an dem nachgestellten Krieg: »Stichflammen, Rauch in langen Schwaden, das Peitschen der Schüsse, das dumpfe Getöse einschlagender Bomben, das Orgeln der Granaten, das Plärren einstürzender Giebel, das wilde Laufen mit gezogenen Maschinenpistolen blindwütig hinein in ein berstendes Chaos – auf einmal ist alles wieder da.« Das soll klingen, als wäre er selbst dabei gewesen. Auch den wirklichen Krieg schildert er wie ein Augenzeuge: »Vor einem Jahr, in der zweiten Hälfte der achtzehn Tage, hat der Ort gebrannt wie eine rote Benzintonne. Damals stürzten deutsche

Stukas in wütenden Bögen auf dieses Dorf herunter, und die Artillerie legte eine Viertelstunde Vernichtungsfeuer auf die Villen und Katen. Um die Bugübergänge mußte schwer gekämpft werden. Und hier kam dazu, daß eine Horde vertierter Polen [!] deutsche Verwundete in den Straßen erschossen hatte. Von Wyschkow ist wenig übrig geblieben. Die Bewohner des Dorfes haben es nicht anders gewollt. Gerade ein Jahr liegt dazwischen, aber es ist nun merkwürdig lange her. Im Schutze zersetzter Mauern haben die Polen windige Holzbuden aufgeschlagen, in denen sie hausen. Die paar Männer des Ortes sind meistens betrunken. Es ist nicht ganz klar, wovon sie leben. Sie leben aber.«

Unerträglich die schnodderige Selbstverständlichkeit, mit der Gerhart Weise jenes menschenverachtende Vokabular benutzt, mit dem die Massenmorde an Polen und Juden propagandistisch begleitet werden. »Noch einmal Krieg in Polen – Die Hölle über Wyschkow – diesmal für den Film« erscheint am 22. September 1940 im *Angriff*. Kurz darauf verabredet sich Gerhart Weise zum ersten Mal mit Eva Müller, seiner späteren Frau.

Liebe im Krieg. Erzählerpreis der Zeitschrift die neue linie

Das parteilose Fräulein Müller arbeitet ebenfalls im Propagandaministerium, als Vorzimmerdame der Abteilung VII Ausland A, die Ministerialdirektor Heinrich Hunke untersteht. Hunke, zugleich Wehrwirtschaftsführer, spielt eine bedeutende Rolle als Propagandist der Wirtschaftspolitik, der »Rassenlehre« und der »Arisierungs«-Maßnahmen. Im Oktober 1941 wird er von der Preußischen Akademie der Wissenschaft mit der Leibniz-Medaille in Gold geehrt. Die zweite Vorzimmerdame, ein Fräulein von Naso, ist möglicherweise mit dem Schriftsteller Eckart von Naso verwandt, dessen Novellen und Romane über das alte Preußen sich im Literaturbetrieb des Dritten Reiches einer unaufgeregten Beliebtheit erfreuen.

Eva Müller, am 7. November 1917 in der rheinischen Kleinstadt Velbert geboren, ist die jüngste Tochter des Oberstudienrats Dr. Julius Müller, der am dortigen Gymnasium Mathematik, Biologie und Deutsch unterrichtet, und seiner Frau Elsbeth, deren Vater, der Fotograf Carl Scherz, in Berlin ein eigenes Atelier betreibt. Ebenso wie ihre älteren Geschwister Karl-August und Elisabeth macht Eva, beaufsichtigt vom Oberstudienrat, ihr Abitur am Velberter Gymnasium. Alle drei fliehen so bald wie möglich aus der Provinz nach Berlin. Karl-August studiert Architektur, die beiden Schwestern lassen sich klaglos zu Sekretärinnen ausbilden. Fast, aber nur fast hätte die knapp neunzehnjährige Eva als Speerwerferin an der Sommerolympiade 1936 teilnehmen dürfen,

Flucht aus der Provinz. Vor dem Elternhaus Müller in Velbert
von links nach rechts: Elisabeth, Unbekannt, Eva, Karl-August

doch ein paar Zentimeter haben gefehlt. Sie kommt, wie sie später
gern betonen wird, »aus einem guten Stall«. Ihr Vater gehört zu
den Honoratioren der Kleinstadt, und seine Frau wird beim Ein-
kaufen mit »Frau Doktor« angeredet. Einmal pro Woche finden
im Hause Müller Kammermusikabende statt, an denen der Ober-
studienrat entweder am Klavier sitzt oder Klarinette spielt. Julius
und Elsbeth haben für die Nazis nichts übrig. Dennoch tritt Julius
1940 in die Partei ein, damit er in seinem Velberter Gymnasium
zum Direktor aufrücken darf.

Jedes Mal, wenn der neue Mitarbeiter des geheimen Ausland-
büros im Propagandaministerium zu tun hat, geht er an der offenen Tür des Vorzimmers zur Abteilung A vorbei, wobei er den
populären Schlager »Ist sie nicht süß, ist sie nicht lieb, ist sie nicht
nett, das Fräulein Gerda …« vor sich hinpfeift. Da hat der Journalist schlecht recherchiert, und Fräulein Müller fühlt sich nicht
angesprochen. Außerdem ist Eva keineswegs süß, lieb und nett,
sondern verkörpert mit ihrem dunklen Haar, den grünen Augen

Eva Müller als
Dreiundzwanzigjährige, 1940

und dem Gegenteil eines Stupsnäschens eher einen Frauentypus, der damals als »rassig« bezeichnet wird. Auch tut sie, was Fräulein Gerda nie täte. Sie raucht, schminkt sich und trägt lange Hosen. Trotzdem hat Gerhart Weise es irgendwie geschafft. Sie gehen zusammen aus. Da soll der Verehrer übrigens schon nicht mehr gesächselt haben; nur das scharfe S sei ihm manchmal ins Weiche verrutscht. Am 2. Oktober 1940 schreibt er ihr eine Briefkarte, deren linken Rand er auf der Vorder- und Rückseite mit entfernt chinesisch anmutenden und anderen geheimnisvollen Zeichen dekoriert. Zwischen dem poetischen Wortlaut dieser Karte und dem brutalen Vokabular des Polen-Artikels liegen Welten, doch die scheinbar unvereinbaren Gegensätze sind in ein und demselben Menschen zu Hause. Ich zitiere: »Zarte fremde Blume aus den silbernen Träumen des Herbstes – hören Sie es als leichte Hinneigung zu unserem chinesischen Abenteuer –, vorerst muß ich Ihnen mit etwas Verspätung für den Abend danken, den Sie mir schenkten. Ich meditierte, wie ich es Ihnen dankbar artig sagen sollte, dies und einiges überhaupt, da schlug schon die Haustür zu. Dann war ich auf einmal mit dem Regen allein, und der will so etwas nicht hören. Seitdem lebe ich von Ihrem Versprechen für diese Woche – vollkommen markenfrei und sehr knurrig gegen alle Tage, die dazwischen liegen. Es ist eine seelische Schlankheitskur. Dann darf ich Ihnen mangels eines anderen markanten Datums einen schönen, hellen, besonderen Oktober wünschen. Wo ein Wille ist, da ist auch ein Grund. Einen Kuß auf Ihre Hand. Ihr Weise.«

Das Rätsel des chinesischen Abenteuers bleibt ungelöst, es sei denn, die beiden sind in der Tanzbar *Shanghai* am Bahnhof Friedrichstraße gewesen. Die seit über einem Jahr rationierten Lebensmittel werden Teil der Romanze, denn der Absender spart sich seine Lebensmittelmarken vom Munde ab, um Fräulein Müller demnächst zum Essen einladen zu können. Vor gut einem Jahr, am 1. September 1939, hat jeder Leser der Seite 11 des *Angriff* entnehmen können, dass nach einem Erlass des Reichsernährungsministers in Gaststätten montags und freitags nur fleischlose Gerichte erlaubt seien. Vielleicht, und dafür wird Weise eine Menge Marken gebraucht haben, sind die beiden an einem Sonnabend essen gegangen; die Briefkarte hat er am Dienstag geschrieben.

Bald werden Gerhart und Eva ein Liebespaar. Am 15. November schreibt »Dein GW.« auf einem Briefbogen des Hotel Klausner in Kitzbühel an seine »Außerordentlich liebe und geliebte Prinzessin, verehrungswürdige Hoheit und reizvolles Ypsilon in der bisweilen geraden und bisweilen ungeraden Gleichung meiner Gedanken, hohe Trägerin einer warmen und gemütlichen linken Manteltasche, Besitzerin der silbrigen Mondscheinkrone, wie nur Feen und Prinzessinnen sie tragen dürfen, schöne Inhaberin des indischen Fürstinnentitels, die leicht und stolz über unsichtbare Perlmuttflächen geht, und weiter Inhaberin vieler sonstiger Dinge, die man leise und zärtlich sagen und nicht schreiben soll, Besitzerin u. a. auch meines Herzens, – siehe, daß dein Ritter vom goldenen Kirschkern sich die halb österreichische, halb

117

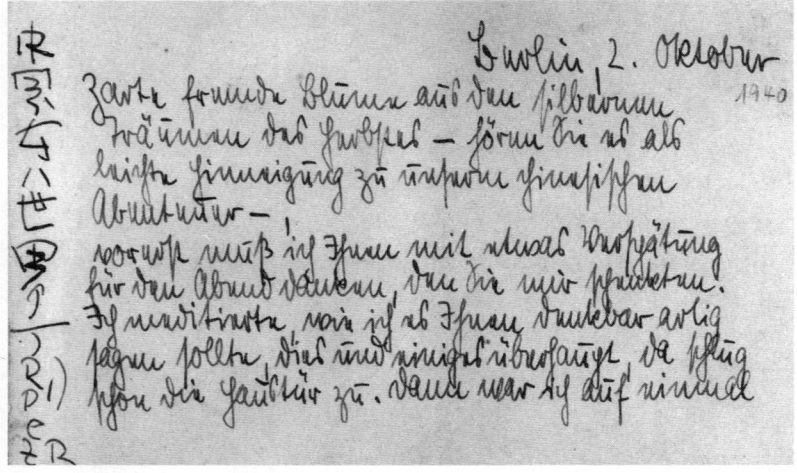

Briefkarte vom 2. Oktober 1940, Vorder- und Rückseite

chinesische Sitte der ausführlichen Anrede bereits in hohem Maß zu eigen gemacht hat. Woraufhin er schnell erst mal Luft holen muß.«

Auch in diesem Liebesbrief spielen die rationierten Lebensmittel ihre Rolle: In Kitzbühel, und zwar »beim Unterrainer, einem alten Dorfwirt«, habe der Gast »mindestens 60 Gramm, einen Käse, der vor mildem Geschmack strotzte, viel Fleisch am fleischlosen Tag und die Brötchen überhaupt ohne [Marken]« bekommen. »Entschuldige bitte, daß ich Dir das in den Berliner Hungerturm schreibe, aber der tirolerische Tatbestand hat selbst einen so leidenschaftslosen Gourmet wie mich begeistert.« Das klingt heiter. Was der Reisende vielleicht noch nicht weiß, als er seinen Brief schreibt: In der Nacht zum 15. November wird die Stadt Coventry, ohne Rücksicht auf zivile Opfer, durch schwerste deutsche Flächenbombardements zerstört. Mit welchem Auftrag der Schriftleiter in die »Ostmark« des Großdeutschen Reichs geschickt worden ist, geht aus dem Brief nicht hervor und ist vermutlich geheim.

Eva Müllers Profilfoto, Teil einer ganzen Serie von Porträt-

[handschriftlicher Brief, teilweise schwer lesbar]

mit dem Regen allein, und der viele [...]
nicht [...].
Seitdem lebe ich von Ihren [...] für
[...] Woche – vollkommen [...] und
[...] gegen alle Tage, die dazwischen liegen.
[...].
Dann darf ich Ihnen mangels eines anderen
[...] einen [...], [...]
besonderen Oktober wünschen. Wer im Wille
ist, da ist auch ein Freund.
Einen Gruß auf Ihre Hand.
Ihr Werle.

aufnahmen, trägt auf der Rückseite den Stempel »Gerh. Kölling«.
Der Schriftleiter kennt den Fotografen Kölling seit 1935, als beide
für *Das 12 Uhr Blatt* gearbeitet haben. Da ebenfalls eine ähnliche
Serie von Porträtaufnahmen Gerhart Weises überlebt hat, wenn
auch ohne rückseitigen Stempel, stelle ich mir vor, dass das Liebespaar im Winter 1940 gemeinsam in Köllings Atelier gewesen
ist, um sich füreinander fotografieren zu lassen. Während Gerhart
durchaus jenem Romantiker ähnelt, der als Ritter mit dem goldenen Kirschkern Liebesbriefe an seine Prinzessin schreibt, hat Eva
sich ersichtlich als Filmstar inszeniert.

Von Elisabeth weiß ich, dass ihre »kleine Schwester« Eva eine
lebenslustige junge Frau gewesen ist, die vor ihrer Heirat die
eine oder andere Affäre gehabt habe. Gut möglich, dass Evas
Identifikation mit ihrer erklärten Lieblingsschauspielerin Renate
Müller (1906–1937) zu einem Selbstbild beigetragen hat, in das
Gerhart sich verliebt. Jeder kennt damals das von Renate Müller
in *Die Privatsekretärin* geträllerte Lied »Ich bin ja heut' so glücklich« und den Kassenschlager *Viktor und Viktoria*, in dem die
Schauspielerin, provozierend androgyn, in einer Hosenrolle auf-

Das Liebespaar im Winter 1940

tritt. Sie spielt keine Opfer- und Dulderinnen-Rollen à la »Reichs-
wasserleiche« Kristina Söderbaum, sondern die der selbständigen,
couragierten Frau, die in leichtfüßigen Lustspielen die Männer
locker-ironisch um den Finger wickelt. Es gibt einige Fotos der
siebzehnjährigen Eva, auf denen sie den gleichen kessen Herren-
schnitt trägt wie Renate Müller in *Viktor und Viktoria*. Noch im
Alter hat meine Mutter von dieser Schauspielerin geschwärmt und
für ihren frühen Tod »die Nazis« verantwortlich gemacht.

In dieser Zeit verlässt Gerhart die Wohnung in der Saarstraße,
die er mit seiner Mutter teilt. Er zieht nach Wilmersdorf an den
Nikolsburger Platz 6/7. Das ist gleich um die Ecke von der Trautenaustraße 17, wo Eva wohnt. Das Verhältnis zwischen Margarethe
und ihrem Sohn hat sich, seitdem er sich in »diese Person« verliebt
hat, merklich zugespitzt. Am Ende sollen sie nur noch schriftlich
miteinander verkehrt haben. Beide stumm, die Wohnung voller
Zettel. Für Margarethe hat ein Blick genügt, um zu wissen, dass
die neue Freundin ein frivoles Weibsbild ist, das sich den ganzen

Tag auf der Chaiselongue räkelt, Pralinen knabbert und sich die Fingernägel lackiert – ein Unglück für ihren Gert.

Sollte es tatsächlich Evas Ehrgeiz sein, sich als Vamp auszustaffieren, wäre das mit einigen Schwierigkeiten verbunden gewesen, denn seit November 1939 bremst die Reichskleiderkarte modische Extravaganzen. Im Oktober 1940 wird zusätzlich die Reichsseifenkarte eingeführt. Kern- und Schmierseife, in bescheidenen Mengen abgegeben, ersetzen nun die luxuriösen parfümierten Toilettenseifen, es sei denn, sie werden, wie Seidenstrümpfe und Abendkleider, aus dem besetzten Paris mitgebracht.

Voller Stolz geht Eva davon aus, dass ihr Geliebter bald ein berühmter Schriftsteller sein wird. Am 1. März 1941 bringt er ihr das brandneue Heft 7 der Zeitschrift *die neue linie* mit, deren Titelzeile immer noch in der 1929 von Bauhausmeister Herbert Bayer entworfenen Schrifttype gesetzt wird. Gerhart Weise hat in einem von der Zeitschrift ausgeschriebenen Erzählerwettbewerb den zweiten Preis gewonnen. Noch mehr als über das Preisgeld von 600 Reichsmark wird ihn die Bestätigung seines Talents gefreut haben. Die Erzählung heißt *Die andere Welt*. Dem Preisgericht gehören Paul Fechter und Helene von Nostitz an. Paul Fechter leitet die Kultur-Wochenzeitung *Deutsche Zukunft* und erlebt 1941 die Neuauflage seiner *Geschichte der Literatur*. Die Schriftstellerin Helene von Nostitz, in Dresden geborene Nichte Paul Hindenburgs, ist vor allem wegen ihrer Freundschaft mit Hugo von Hofmannsthal im öffentlichen Gedächtnis geblieben. Die Preisrichter begründen ihre Entscheidung wie folgt: »Hier ist ein echtes Fronturlaubererlebnis zu einer zarten, reizvollen Erzählung verdichtet. In der flüchtigen Begegnung eines Fliegeroffiziers mit einem jungen Mädchen in der Heimat ist auf eine frische und unpathetische Weise das Zusammentreffen der privaten Sphäre mit der überpersönlichen, des Zufalls mit dem Schicksal gestaltet. Die innere Haltung, die hier Ausdruck gewinnt, ist

Abdruck der preisgekrönten
Erzählung *Die andere Welt* im
Maiheft 1941 der Zeitschrift
die neue linie

charakteristisch für die junge Frontgeneration. Deshalb hat das
Preisgericht dieser auch sprachlich sauberen Arbeit einen zweiten
Preis zuerkannt.«

Im Mai-Heft der *neuen linie* wird Gerhart Weises für den
heutigen Leser schwer erträgliche Erzählung abgedruckt. »Die
innere Haltung« der jungen Frontgeneration spiegelt sich in der
leicht verstörten Gemütsverfassung eines Fliegerleutnants namens
Reusch, ohne Vornamen, der sich während dreier unfreiwilliger
Urlaubstage am Bodensee darüber klar wird, dass seine Welt der
Krieg ist und nicht das Idyll, dass sein Glück das Fliegen ist und
nicht die Liebe. Während er darauf wartet, dass er und seine
Kameraden in Friedrichshafen eine Staffel neuer Maschinen in
Empfang nehmen und nach Flandern fliegen können, verlässt
ihn der Gedanke an den Krieg keinen Augenblick. Beim Anblick
der Zivilisten auf den Uferpromenaden empfindet er plötzlich
»einen Ärger ohne Objekt, einen plötzlichen Koller, der aus der
unsicheren Fremdheit in einer Landschaft stammen mag, die ein-

mal schön und die Heimat war«. Diese Ambivalenz verführt ihn zu einer eher zerstreuten Liebelei mit einer jungen Laborantin, die er zärtlich Ypsilon nennt. Doch unversehens bricht aus dem melancholischen Leutnant ein rasender Landsknecht hervor: »Da überfiel er sie. [...] Er hielt sie wütend fest und spürte ihren Widerstand aufhören und war dicht bei ihr. Und plötzlich gab er sie frei. Plötzlich war ihm bewußt geworden, wie allein sie beide waren, jeder von ihnen, und wie einsam man im Beieinandersein ist. Es war so ein Gedanke.« Sie sagt, sie liebe ihn. »Er sagte, er liebe sie auch. Er wußte es nicht genau. Aber er fand es gut, und es tat ihm wohl.« Sie verabreden sich für den kommenden Nachmittag, aber im Hotel findet er ein Telegramm vor, das ihm befiehlt, schon am Morgen eine der neuen Maschinen nach Brüssel zu fliegen. Er verabschiedet sich nicht, verschwindet einfach. »Das Lärmen der warmlaufenden Motoren erfüllte ihn mit einer leichten, zufriedenen Freude. [...] Die Erde glitt unter ihnen weg. Dann zog er das Flugzeug schärfer hoch und flog in einer weiten Spirale nach Norden.« Der Autor kennt den Bodensee von einer Reise mit dem KdF-Sonderzug her, die er 1938 im *Angriff* beschrieben hat. Gut möglich, dass er damals auch die Dornier-Werke in Friedrichshafen besichtigt hat. Dass der junge Autor originelle Metaphern liebt, ist schon bei seinen frühen Operettenkritiken aufgefallen. Über das Gefühl des Fliegers beim Beginn des Sturzflugs heißt es etwa: »Zwischen den Augen und dem Bewußtsein ist für kurze Zeit keine Verbindung, so daß die Dinge, ohne merkwürdigerweise an Klarheit zu verlieren, zu verschwimmen anfangen und sich drehen und tanzen wie trunkene Barockengel an einem hohen Feiertag.« Dieser sprachliche Sog, der eine scheinbar festgefügte Welt ins Taumeln bringt, ist auch der Grundton der *Leichten Nikotinvergiftung* gewesen. Als Vorahnung des Endes der kaum begonnenen Liebesgeschichte und des wahrscheinlichen Heldentods von Fliegerleutnant Reusch ist in die Erzählung eine Möwe eingebaut, »ein totes, blutverkrustetes, bleichgraues Paket Gefie-

123

der«, das ein Mann der Wasserschutzpolizei aus dem Bodensee gefischt hat. Als der Leutnant am Ende seine Maschine startet, überlegt er noch, »in welchem der vielen Gärten der Mann aus dem Polizeiboot die Möwe begraben haben mochte«. In Ypsilons Garten?

Im März-Heft der *neuen linie* sind die insgesamt sechs Preisträger mit Kurzbiographien und Porträtfotos vorgestellt worden. Gerhart Weise ist der jüngste, und auf dem schon bekannten Foto »Gert als Soldat« im Heeresmantel sieht er noch jünger aus, als er ist. »Im August 1939 eingezogen«, heißt es in der Kurzbiographie, habe er »während des Nachtdienstes als Fernschreiber bei einem AOK« diese seine »erste belletristische Arbeit« geschrieben. Der Autor wird sich bei der Manuskriptabgabe im November 1940 ausgerechnet haben, dass ein junger Soldat in Uniform größere Chancen hat als ein etwas schludriger Zivilist mit Hornbrille. Keiner der Juroren hat gemerkt, dass der Autor diese Erzählung unmöglich während seiner Nachtdienste geschrieben haben kann. Die »Einsätze gegen Polen« sind, so heißt es dort, schon »über ein Jahr her«, und auch weitere Indizien im Text belegen dessen Entstehung im September oder Oktober 1940. Ob er zuerst seine Eva oder das Mädchen am Bodensee mit dem Namen Ypsilon bedacht hat, bleibt offen.

Die andere Welt wird später, umbenannt in *Das andere Leben*, zur titelgebenden Geschichte einer Sammlung mehrerer Preiserzählungen, die der Verlag Otto Beyer, Leipzig/Berlin, in seiner Reihe *Bücher der Neuen Linie* 1943 in einer Auflage von fünftausend Exemplaren herausgibt. Die Einbandzeichnung und die Initialen stammen von Friedrich Stabenau, der 1929 Brechts *Songs aus der Dreigroschenoper* illustriert hat. Eine der vierzehn preisgekrönten Erzählungen hat Grete König geschrieben, eine Schwester der Malerin und Dada-Monteurin Hannah Höch. Auch Georg von der Vring und Hermann Stahl, beide nationalsozialistischer Töne unverdächtig, gehören zu den abgedruckten Autoren.

Generell scheint die Reihe, zu deren von der *neuen linie* preis-gekrönten Autoren auch Stefan Andres, Werner Bergengruen und Eugen Roth zählen, um ein unpolitisches Profil bemüht. 1939 wird dort das erste – und bis 1945 letzte – Buch des Theaterkritikers Friedrich Luft publiziert, eine Sammlung heiterer Feuilletons mit dem Titel *Luftballons*.

Am 6. April 1941, einem Sonntag, hält Gerhart bei seinem zu-künftigen Schwiegervater in einem formvollendeten Brief um die Hand der jüngsten Tochter an: »Sehr verehrter Herr Ober-studienrat, in gemeinsamer Arbeit in der Presseabteilung der Reichsregierung lernte ich Ihre Tochter Eva kennen. Wir lieben uns und möchten, sobald die durcheinandergeratenen Zeitläufte es gestatten, heiraten. Ich darf Ihre Frau Gemahlin, der Sie mich bitte empfehlen wollen, und Sie um Ihr Einverständnis bitten.« Absatz. »Meine Personalakte – da es mir bedenklich erscheint, in eigener Sache etwas Eigenes verlauten zu lassen – lautet: 28, Beruf: Schriftleiter, Vorstrafen: keine, monatliches Einkommen: RM 1000, Vorfahren: auch Lehrer, besondere Kennzeichen: leider mangelnde Begabung für formelle Feierlichkeit; sonst keine.« Ab-satz. »Verzeihen Sie bitte die etwas brüsk geratene Form dieses brieflichen Überfalls mit der Erwägung, daß aus ihr weniger der unbewußte Widerschein einer in letzter Zeit üblich gewordenen politischen und menschlichen Methodik sprechen soll als die Außergewöhnlichkeit der Tatsache, daß ein Einzelner sich vor der Aufgabe sieht, so einen Brief zu schreiben. Sie stellt sich wider Erwarten als keineswegs einfach heraus.« Absatz. »In der Hoff-nung, mich Ihrer Frau Gemahlin und Ihnen bald selbst vorstellen zu dürfen, verbleibe ich Ihr sehr ergebener Gerhart Weise.«

Eva wird dem Briefschreiber den Tipp gegeben haben, dass ein »Heil Hitler!«-Vokabular nicht dazu angetan wäre, die Sympathie ihres Vaters zu gewinnen. Dass er sich zwischen den Zeilen seines charmanten Heiratsantrags geradezu als verkappten Regimegeg-

Vor dem Standesamt Wilmersdorf am 30. August 1941.
Links: Trauzeuge Karl-Georg Baron v. Stackelberg

ner darstellt, obwohl er sich in jedem seiner Zeitungsartikel der
»in letzter Zeit üblich gewordenen politischen und menschlichen
Methodik« bedient, werte ich als genau berechneten Schachzug
eines Opportunisten aus Liebe. 1000 Reichsmark verdient er zwar
noch nicht, aber die Erhöhung des Honorars ist durch Schwarz
van Berk bereits rückwirkend beantragt, denn seit dem 1. April
1941 fungiert der Heiratskandidat wegen der häufigen Front-
einsätze seines Chefs als dessen Stellvertreter und, endlich, als
Hauptschriftleiter.

Im August 1941 bestellen Gerhart und Eva ihr Aufgebot im
Standesamt Wilmersdorf, nehmen dortselbst eine »Lebensmittel-
Sonderzuteilung« in Empfang und heiraten am Vormittag des
30. August. Der Standesbeamte überreicht ihnen, wie bei Ehe-
schließungen üblich, eine Ausgabe von Hitlers *Mein Kampf*. Auf
ihrem Hochzeitsfoto scheinen sie sich aneinander festzuklammern

und sehen verkrampft aus. Die auf dem Foto rechts und links vom Hochzeitspaar postierten Trauzeugen hat jemand – Eva? – abgeschnitten. Laut Heiratsurkunde sind das Evas Schwester Elisabeth und Karl-Georg Baron v. Stackelberg gewesen. Auf dem Foto muss Elisabeth, der Abschnitt ist verschwunden, neben Gerhart gestanden haben. Stackelberg hingegen ist erhalten geblieben und dank seiner durchgeschnittenen Mütze dem Hochzeitsfoto zweifelsfrei zuzuordnen. Nichts weist auf die Anwesenheit von Evas Eltern, ihrem Bruder Karl-August oder Gerharts Mutter hin. Das Hochzeitsessen mit den Trauzeugen findet bei Kottler statt, dem »Schwabenwirt« in der Motzstraße, ungefähr zwischen Scala und Nollendorfplatz gelegen. Gerhart und Eva Weise geb. Müller verschicken bald darauf eine edel gedruckte Vermählungsanzeige, aus der hervorgeht, dass nun beide zusammen in Evas Wohnung in der Trautenaustraße 17 leben.

Warum ist nicht Freund Henne Trauzeuge geworden? Und wer ist dieser Baron Stackelberg? Henne, seit Januar 1940 mit seiner Inge verheiratet, steht nicht zur Verfügung. Seit Juni 1941 dient er der Lappland-Division im finnischen Karelien als Kriegsberichter und wird erst im Oktober nach Berlin zurückkehren. Seinen Schriftleiterkollegen Stackelberg hat Weise vermutlich während seines *HJ*-Gastspiels im Spätsommer 1937 kennengelernt. Der Baron ist auf Motorsport, auch internationale Autorennen, spezialisiert. Neben der *HJ* schreibt er für die *Deutsche Kraftfahrt*, die Hausillustrierte des NSKK, dem er als »Obertruppführer in der Korpsführung« angehört. Außerdem publiziert er regelmäßig im *Angriff* und im *Völkischen Beobachter*. Wie sein Kollege Weise ist er Jahrgang 1913 und nicht in der Partei. Als beide die Silvesternacht 1937 gemeinsam auf einem Künstlerfest verbringen, sind sie wohl schon befreundet. Jedenfalls schreibt Weise im *Angriff* vom 4. Januar 1938: »Nebenan kniete der baltische Baron fromm über einer Keksdose. Er hatte vergebens versucht, mit Stockholm zu telephonieren, und überhaupt hatte er die Zeit zwischen den

Jahren so ausfüllen wollen, daß er sich die Neunte Sinfonie anhörte. Doch vor dem Eingang zum Erhabenen hatte das lächerliche Schild ›Ausverkauft‹ gehangen. Aus so verschiedenen Gründen und Windrichtungen kamen eine Menge prominenter Leute zusammen: Schauspieler, Schriftsteller, Maler, Verleger, Weltreisende, Studenten, Journalisten, Sportsmänner, Karikaturenzeichner und schöne Mädchen, die in großen Kleidern wie bunte Wolken über die Teppiche glitten.« Auf dem Foto sind Kragenspiegel und Schulterklappen des Trauzeugen so undeutlich, dass ich seinen militärischen Rang erraten muss: Sonderführer ist die naheliegendste Vermutung für einen Schriftleiter, der als Kriegsberichter eingesetzt ist: Sechs Tage nach der Hochzeit erscheint in der *Magdeburgischen Zeitung* Stackelbergs »Kriegstagebuch aus zwei Jahren«. Als Sonderführer werden viele Schriftleiter, auch Henne und später Weise, vorübergehend in den Offiziersrang erhoben. Vorübergehend wegen ungenügender militärischer Ausbildung, aber notwendig wegen ihrer zivilen Fachkenntnisse, die den echten Militärs fehlen. Das Band im Knopfloch verweist auf einen Orden, vermutlich das Kriegsverdienstkreuz 2. Klasse, mit dem später auch Weise bedacht werden wird. Stackelberg hat bereits mehrere Kriegsbücher publiziert, im Jahr 1939 gleich drei: *Legion Condor. Deutsche Freiwillige in Spanien; Jagdfliegergruppe G. Jäger an Polens Himmel; Panzer nach vorn! Panzermänner erzählen vom Feldzug in Polen*, Letzteres in Zusammenarbeit mit Wilhelm Utermann, jetzt Hauptschriftleiter der HJ-Reichszeitschrift *Junge Welt*, und Herbert Reinecker, der ebenfalls in dieser Nachfolgepublikation des Kampfblatts *HJ* mitarbeitet, 1939 sein erstes Filmdrehbuch für die Tobis schreibt und Ende 1944 als Kriegsberichter der SS-Standarte Kurt Egers an der Winterschlacht in Belgien teilnimmt. 1940 ist Stackelbergs Buch *Ich war dabei, ich sah, ich schrieb* über den Frankreichfeldzug erschienen.

Im September 1941 bedankt sich das junge Ehepaar auf einer gedruckten Karte förmlich für die erwiesenen »Aufmerksam-

Das junge Ehepaar in seiner Wilmersdorfer Wohnung Trautenaustraße 17

keiten und Glückwünsche«. Ein seltsames Foto der Jungverheirateten beunruhigt mich. Sie sitzen da wie zwei Wachsfiguren, als seien sie innerlich weit voneinander entfernt. Eva, in langen Hosen und mit Zigarette, blickt nach unten, Gerhart, im unbequem zugeknöpften Zweireiher, ins Leere. Vielleicht aber ist es ein Spiel? Zwei Fremde. Gleich werden sich ihre Blicke begegnen und nicht mehr loslassen.

Wenn Gerhart und Eva von der Trautenaustraße zum Wilhelmplatz zur Arbeit fahren oder den Kurfürstendamm entlangschlendern, um sich im Ufa-Palast am Zoo einen Film anzusehen, begegnen sie ab dem 19. September ständig Männern, Frauen und Kindern, die auf der linken Brustseite einen handtellergroßen gelben Stern mit der Aufschrift »Jude« tragen. Ich wüsste gern, wie ihnen bei diesem Anblick zumute gewesen ist. Im Januar 1942 ziehen die Weises um: in die Düsseldorfer Straße 46, nahe Olivaer

Platz am Kurfürstendamm. Ihre neue Vierzimmerwohnung liegt im zweiten Stock eines 1912 erbauten, mit dekorativen Türmchen verzierten »herrschaftlichen Wohnhauses«. Die höhere Miete können sie sich jetzt leisten. Sie haben, wie alle »rassereinen« und »erbgesunden« Ehepaare, vom Staat das Ehestandsdarlehen von 1000 Reichsmark erhalten, und am 1. Januar bekommt Gerhart auf einen Schlag 2200 Reichsmark ausgezahlt: Sein Honorar ist rückwirkend zum 1. September auf 1000 Reichsmark erhöht worden. Als die beiden in ihre neue Wohnung ziehen, ist Eva im vierten Monat schwanger.

INNENANSICHT DES BÜROS
SCHWARZ VAN BERK

Zuwachs im Büro. Experte für den Secret Service,
die Luftwaffe und Marine. Ghostwriter für
U-Boot-Kapitän Werner Hartmann

In der Zwischenzeit gehen die Verlängerungen der Uk-Stellung Weises ihren bürokratischen Gang. Am 1. Oktober 1940 unterzeichnet Personalleiter Erich Müller einen Aktenvermerk, der besagt, dass »Schriftleiter Gerhart Weise aus zwingenden Gründen der Reichsverteidigung zur Erfüllung kriegswichtiger Aufgaben des Reichsministeriums für Volksaufklärung und Propaganda bzw. der Dienststellen des Geschäftsbereichs desselben entgegen seinen persönlichen Wünschen [!] vom Heeresdienst freigestellt werden mußte«. Noch im selben Monat wird die Verlängerung bis zum Ende des Jahres genehmigt. Am 9. Januar 1941 erkundigt sich das Ministerium bei der Geheimen Staatspolizei nach Weises politischer Zuverlässigkeit. Erst am 17. Februar teilt die »Stapo A 5 b« mit: Keine Bedenken. Aber schon am 25. Januar ist trotz der noch ausstehenden Antwort die Uk-Stellung bis Ende März verlängert worden. Am 10. März muss Weise nochmals erklären, dass er über seine Arbeit strengstes Stillschweigen bewahren werde und er über den Abschnitt »Landesverrat« (es folgen drei Zeilen mit Paragraphen) und die »Verordnung Bestechung und Geheimnisverrat« belehrt worden sei. Abgesehen von einigen kurzen und ungefährlichen Unterbrechungen wird seine Uk-Stellung zuverlässig jedes Vierteljahr bis Ende 1944 verlängert.

Vom 5. Februar 1941 datiert ein Rundschreiben, mit dem Ministerialdirigent Müller die Mitarbeiter der Personalabteilung über den Wunsch des Herrn Ministers informiert, »daß die Angehörigen des Hauses, soweit sie der Partei angehören, auch während der Dienstzeit das Parteiabzeichen tragen«. Im April 1940 hat Gerhart Weises fehlende Parteizugehörigkeit keinerlei Kommentar verursacht, aber jetzt streift vielleicht so mancher scheele Blick sein schmuckloses Revers.

Oft habe ich mich gefragt, warum der überzeugte Anhänger der »Bewegung« nicht Mitglied der NSDAP geworden ist, und sei es seiner Karriere zuliebe. Theoretisch hätte 1931 die Möglichkeit dazu bestanden, doch da hat der Achtzehnjährige wegen seiner Mitarbeit im NS-Schülerbund schon genug Ärger mit seiner Mutter. Als sein Dresdner Volontariat beginnt, ist ein Beitritt nicht mehr möglich, denn die Partei verhängt im April 1933 eine Aufnahmesperre, um dem Massenansturm der Opportunisten gegenzusteuern. Erst im April 1937 wird die Sperre gelockert und im Mai 1939 endgültig aufgehoben. Vor dem Krieg wird Weise offenbar von niemandem gezwungen, in die Partei einzutreten, denn anderenfalls hätte ihn *Der Angriff* wohl kaum fest angestellt. Für die Mitarbeit im Büro Schwarz van Berk ab April 1940 spielt das fehlende »Bonbon« ebenfalls keine Rolle. Dies scheint erstaunlich, doch ist Gerhart Weise nicht der einzige Journalist im Umkreis des Propagandaministers, dessen Begabung höher eingeschätzt wird als ein am Revers sichtbares Treuebekenntnis. Er muss also nicht, aber warum will er nicht? Die Vermutung liegt nahe, dass Schwarz van Berk und Goebbels seine bewunderten Vorbilder sind, mit denen er sich identifiziert. Beide sind antibürgerliche Intellektuelle, elegant und weltläufig, raffiniert und rabulistisch. Beide sind schnelle und einfallsreiche Denker mit einer besonderen Begabung für skrupellose Lügen. Gerhart Weise will sein wie sie und nicht zu den zahlreichen stumpf-

Magdalena Speer und Otto Kühbacher 1941. Passfotos für die Personalakten im Propaganda-ministerium

sinnigen Parteigenossen gezählt werden, deren mäßige Intelligenz und plumpes Geschreibe Goebbels häufig in Wut versetzt. Dass Weise es schafft, ohne Parteiabzeichen in die unmittelbare Nähe des Ministers zu gelangen, darf demnach als Qualitätsmerkmal gewertet werden. Sein leeres Revers trägt der Parteilose, so denke ich, mit Stolz, als Zeichen dafür, dass er als ein Besonderer aus der Masse herausragt, vielleicht auch als Kompensation des Makels, dass er unter all den Akademikern, die ihm vorgesetzt sind, ohne Abitur herumläuft.

Im April 1941 bekommt das Büro Schwarz van Berk mit der Sekretärin Magdalena Speer und dem Schriftleiter Otto Kühbacher neues Personal. Aus Magdalena Speers Personalakte erfahre ich, dass das Büro bisher nicht etwa ein Zweimannbetrieb gewesen ist, sondern dass die beiden Neuankömmlinge die bisherige Sekretärin Frau Doering und die Schriftleiterin Sibylle Seger ersetzen sollen. Magdalena Speer hat zuvor in der Reichsrundfunk-Gesellschaft in der Masurenallee gearbeitet. Der Arbeitsplatzwechsel der »Kriegseinsatzangestellten« ist vom Präsidenten des Arbeitsamtes Berlin genehmigt worden. Sie ist nicht Mitglied der NSDAP, wohl aber der Organisationen DAF (Deutsche Arbeitsfront) und NSV (Nationalsozialistische Volkswohlfahrt), beim Roten Kreuz und Kolonialbund. Ihr Monatseinkommen im Büro Schwarz van Berk

beträgt 290 Reichsmark brutto plus 30 Reichsmark »Ministerial-
zulage«. Anders als ihre Chefs bekommt sie ein festes Gehalt. Ihre
Personalakte spricht nicht für ein leichtes Leben. Magdalena Speer
ist gehbehindert und mit dreiundvierzig Jahren noch ledig. Als
ihr Vater stirbt, ist sie acht Jahre alt. Mit fünfzehn verlässt sie ihre
katholische Bürgerschule in Kanth, Kreis Breslau, verzichtet auf
die bisherigen »Privatstunden in Französisch, Literatur, Deutsch«
und besucht die Handelsschule. Seit ihrem siebzehnten Lebensjahr arbeitet sie ununterbrochen als Kontoristin, Stenotypistin
und Sekretärin.

Otto Kühbacher, ehemals Weises Dozent an der Reichspresseschule, bekommt, wenn auch mit der üblichen bürokratischen
Verspätung, Ärger auf höchster Ebene. Personalleiter Müller
schreibt am 7. Juni 1941 in gereiztem Ton an Ministerialrat Werner
Stephan, den persönlichen Referenten von Reichspressechef Dietrich, dass Kühbacher »weder der Partei noch einer Gliederung
oder einem angeschlossenen Verband« angehöre. »Es ist für mich
unverständlich, wie ein Mensch, der durch seine Tätigkeit mit den
politischen Ideen des Dritten Reiches hinreichend bekannt ist, für
seine Person jede Bindung zur Partei und deren Gliederungen ab-
lehnen kann, die für die überwiegende Zahl, auch der politisch un-
geschulten Volksgenossen, eine Selbstverständlichkeit ist. Unter
diesen besonderen Umständen bitte ich, eine Entscheidung des
Herrn Reichspressechefs herbeizuführen, ob die Einstellungsvor-
lage weiter betrieben werden soll.«

Erst nach drei Wochen beantwortet Ministerialrat Stephan
Müllers Beschwerdebrief: »Herr Schwarz van Berk teilt mit, dass
der Schriftleiter Otto Kühbacher sich für die schwierige Arbeit in
seinem Büro besonders gut eigne, und dass er deshalb auf seinen
Wunsch, gerade Kühbacher einzustellen, nicht verzichten könne.
Übrigens sei Kühbacher seit Jahren durchaus bestrebt, die rich-
tige Verbindung zur Partei und deren Gliederungen zu halten.
Kühbacher sei Mitglied der NSV und arbeite sogar ehrenamtlich

im Reichsheimstättenamt der DAF. Auch seine Aufnahme in die Partei habe er beantragt. Ich nehme daher an, dass Sie über die Person des K. nicht richtig informiert waren und gegen seine Ein-. stellung keine Bedenken mehr bestehen.«

Für diese Antwort hat eine arrogante Aktennotiz als Vorlage gedient, die Weise am 25. Juni an den Auslandspresse-Referenten Hamel adressiert hat, und zwar des Inhalts, »dass das Büro die [...] vorgebrachten Bedenken nicht für so gewichtig hält, dass Herr Kühbacher wieder aus dem Büro entlassen werden müsste. Herr Schwarz van Berk hat mich gebeten, zu betonen, dass die für unsere besonderen Zwecke herangeholten journalistischen Kräfte, dem propagandistischen Zweck unserer Arbeit entsprechend, nach besonderen journalistischen Gesichtspunkten auszusuchen sind und dass es sehr schwer ist, im deutschen Journalismus Leute zu finden, die sich nach Intelligenz und handwerklichem Können überhaupt für diese komplizierte Art der Arbeit eignen. [...] Heil Hitler!«

Weise fungiert hier erklärtermaßen als Sprachrohr seines Chefs, der auch in anderen Fällen, und nicht nur als Protegé des Ministers, deutliche Worte findet, um seinen Kopf durchzusetzen. Weises Aktennotiz hat Erfolg: Am 12. Juli stellt Müller, vermutlich zähneknirschend, die »Ministervorlage« zusammen, die eine relativ schwammige Arbeitsplatzbeschreibung enthält: Kühbacher »soll die Nachrichtengebung des Büros aus Deutschland durch eigene Arbeiten, die sich auf alle Gebiete des politischen, wirtschaftlichen und militärischen Lebens beziehen, fördern«. Drei Tage später kommt die Vorlage zurück mit der Genehmigung von höchster Stelle in Grün: »ja! Dr. G.« Seinem Passbild nach erweckt Otto Kühbacher nicht den Eindruck, als sei das fünfwöchige Hickhack folgenlos an ihm abgeperlt.

Mit seinen einundvierzig Jahren ist Kühbacher der älteste Schriftleiter im Büro und laut Geschäftsverteilungsplan für »Innen- und Wirtschaftspolitik« zuständig. Schwarz van Berk, dem er seine »Freistellung vom Wehrdienst« in einem Landesschützenbataillon verdankt, hat ihn 1935 in die Fliegende Redaktion des *Angriff* geholt. Dort trifft Kühbacher auf Hans H. Henne und Kurt Frowein, nicht aber, weil er im Mai 1937 aus der Redaktion ausscheidet, auf den erst im November antretenden Gerhart Weise. Kühbachers Lebenslauf ist zu entnehmen, dass er auch später noch »Großreportagen« für den *Angriff* geschrieben hat, beispielsweise die antisemitische Serie »… und die Mischpoche verdient«. Apropos: Kühbacher verdient im Büro Schwarz van Berk, in Anlehnung an sein letztes Gehalt, 1000 Reichsmark monatlich. Ich nehme an, dass dieses Honorar Weise, der 300 Reichsmark weniger bekommt, den Anstoß gegeben hat, bei Schwarz van Berk eine Erhöhung auf ebenfalls 1000 Reichsmark zu beantragen. Trotz des zähen Papierkriegs, den sein Chef unverdrossen mit Personal-, Haushalts- und Auslandsabteilung führt, muss er fünf Monate lang auf die Genehmigung warten. Den letzten der zahlreichen Briefe, die Schwarz van Berk in Sachen Weise schreibt, vom 10. November 1941, richtet er an den neuen »Leiter AP« Ernst Brauweiler und spickt ihn mit einigen informativen, wenn auch vermutlich aufgeblähten Details zur Arbeit seines Schriftleiters: »Ausser den üblichen Meldungen aus Deutschland und den Artikeln für die Berliner Auslandskorrespondenten hat das Büro Bap[Berichte für die Auslandspresse]-Meldungen angefertigt, hat komplizierte und sehr viel Zeit in Anspruch nehmende Sonderaufträge des OKW ausgeführt, hat ständigen Kontakt mit verschiedenen Stellen im OKW zur Information und zum Austausch gegenseitiger propagandistischer Anregungen gehalten. Daneben sind Sonderaufträge des Ministeramtes auszuführen. Die Hauptlast, die sich aus dieser Ausweitung des Aufgabengebietes ergibt, ruht in den Händen des Herrn Schriftleiters Weise. Der Umfang seiner heutigen Tätigkeit ist mit den Arbeitsbedingungen, mit denen er am 15. November [16. April!] 1940 in das Büro eintrat, nicht mehr zu vergleichen. Die beantragte Erhöhung seines Honorars ist absolut gerechtfertigt und wird dringend befürwortet.« Schwarz van Berk schreckt auch vor einer Drohung nicht zurück: Falls die Personalabteilung sich nicht anders entscheiden könne, wäre es zu empfehlen, die Sache an das Ministeramt weiterzuleiten. »Wir haben in diesem Sinne schon mit dem Ministeramt gesprochen. Heil Hitler!« Daraufhin knickt die Personalabteilung endlich ein und befürwortet im Dezember 1941 die Höherstufung, aber zwecks Gesichtswahrung nicht, wie beantragt, mit Rückwirkung zum 1. April, sondern zum 1. September, und mit dem optimistischen Hinweis, dass Weise ja »nur auf Kriegsdauer« eingestellt sei.

Im Jahr 1941 wird Schwarz van Berk zweimal zur Front abkommandiert. Vom 21. April bis Mitte Mai nimmt er am Griechenlandfeldzug teil. Er gehört zur SS-Kriegsberichter-Kompanie Leibstandarte SS Adolf Hitler. 1933 zu Hitlers persönlichem Schutz gegründet, wird die Leibstandarte 1939 in die Waffen-SS eingegliedert und 1941 in SS-Division Leibstandarte SS Adolf Hitler umbenannt. Seine Karriere wird Schwarz van Berk 1945 als SS-Obersturmführer beschließen. Während eines kurzen Arbeitsurlaubs schreibt der Kriegsberichter ein Vorwort zum neuen Buch des Ministers, *Die Zeit ohne Beispiel. Reden und Aufsätze aus den Jahren 1939/40/41*, das dieser in seinem Tagebuch als »glänzend« apostrophiert. Da ist der Belobigte schon wieder seit zwei Tagen bei der Truppe, diesmal in Russland. Im August muss der Kriegsberichter wegen einer Ruhrerkrankung die Ostfront vorübergehend verlassen und erstattet Goebbels, wie in dessen Tagebuch nachzulesen, Bericht: »Was die Truppe in der Sowjetunion zu sehen bekommen habe, hätte jeden Soldaten von der Richtigkeit der nationalsozialistischen Propaganda über den Bolschewismus überzeugt.« Ob Schwarz van Berk mit seinem Minister über die Massaker an Zivilisten in Rumänien, der Ukraine und Weißrussland durch Wehrmacht und Einsatzkommandos der Waffen-SS gesprochen hat, ist nicht überliefert. Es ist nicht anzunehmen, dass Gerüchte und Fakten über die von vornherein eingeplante Vernichtungsstrategie des Balkan- und Russlandfeldzugs dem Schriftleiter Weise verborgen geblieben sind.

Und wo halten sich im Jahr 1941 Weises ehemalige Kollegen auf? Henne kommt im Oktober aus Karelien zurück und wird mit dem »Finnischen Löwen« und dem Eisernen Kreuz I. Klasse ausgezeichnet. Frowein, seit Juli 1940 Pressereferent von Goebbels, wird im Oktober 1941 zum persönlichen Referenten des Ministers befördert und von diesem »in Abweichung von den Vorschriften« in die Beamtenlaufbahn gehievt. Frowein ist nun mit siebenundzwanzig Jahren der jüngste Regierungsrat im gesamten Ministerium. Von Goebbels selbst wird ihm schriftlich »das Recht zum Tragen der blauen Beamtenuniform« verliehen, und die trägt er nun voller Stolz bei den täglichen Ministerkonferenzen. Kränzlein veröffentlicht im Januar und Februar 1941 im *Angriff* seinen »Feldzugsbericht aus dem Westen« *Panzer voran!*, der im selben Jahr als Buch erscheint. Dann verliere ich ihn, ebenso wie Stackelberg, vorübergehend aus den Augen. Wolf Schirrmacher gehört noch nicht zum Büro Schwarz van Berk. Kaum vom Krieg im Westen zurück, nimmt er ab Juni 1941 am Russlandfeldzug als »Zug- und Kompanieführer« im Rang eines Oberleutnants teil.

Gerhart Weise wird am 14. Oktober 1941 zum ersten Mal im Tagebuch des Ministers erwähnt: »Ein Mitarbeiter Weise von mir schreibt unter Assistenz des Luftwaffenführungsstabs eine Broschüre über den englischen Luftkrieg, die sogenannte Non-Stop-Offensive. Sie soll mit derselben Sachlichkeit und nüchternen Darstellungskraft geschrieben werden, mit der die Engländer vor einem Jahr ihre Broschüre über die deutschen Luftangriffe auf England verfassten. Sie ist vor allem für das neutrale Ausland berechnet und wird dort zweifellos ihre Wirkung nicht verfehlen.« Dem Wortlaut nach muss es sich um diejenige Broschüre handeln, die Goebbels laut Tagebuchnotiz vom 24. August schon

Schwarz van Berk in Auftrag gegeben hat. Es sieht so aus, als habe Schwarz van Berk die Aufgabe an seinen Stellvertreter delegiert. Das scheint logisch, denn aus einem undatierten Geschäftsverteilungsplan geht hervor, dass »Weise, Schriftleiter« im Büro Schwarz van Berk für »Luftwaffe und Marine« zuständig ist. Dass dieser Arbeitsbereich für die Auslandspropaganda, seitdem Hitler im Juli 1941 den Rüstungsschwerpunkt vom Heer auf die Kriegsmarine und die Luftwaffe verlegt hat, eine besonders heikle Verantwortung mit sich bringt, liegt auf der Hand. Die erwähnte englische Broschüre hat sich zweifellos auf die von Anfang September bis in den November hinein ununterbrochenen Nachtangriffe der deutschen Luftwaffe auf London und auf die Zerstörung Coventrys Mitte November bezogen, als Weise in Kitzbühel gewesen ist. Mit der sogenannten Non-Stop-Offensive meint Goebbels die im Juni 1941 begonnenen britischen Luftangriffe auf deutsche Städte. Bei seiner Unterredung mit Schwarz van Berk steht er noch unter dem Eindruck des Angriffs vom 15. August, als dreihundert Kampfflugzeuge Hannover, Braunschweig und Magdeburg bombardiert haben. Seitdem sind die Bombenangriffe auf Hamburg in der Nacht zum 30. September und in Nordwest-, West- und Süddeutschland in der Nacht zum 13. Oktober die schwersten gewesen. Ich gehe davon aus, dass Weise, assistiert vom Luftwaffenführungsstab, die Propaganda-Broschüre geschrieben hat, die dann in vermutlich hoher Auflage beispielsweise in die Schweiz, nach Schweden, Spanien und Portugal gelangt ist.

Aber auch vor Erledigung des ministeriellen Auftrags ist Gerhart Weise im Jahr 1941 nicht untätig gewesen. Am 15. Februar erscheint im *Angriff* seine ausführliche, die gesamte Seite 3 füllende und als »Geheimnisse des Orients« betitelte Ägypten-Reportage. Der Zeitpunkt ist gut gewählt, denn vier Tage zuvor sind die ersten deutschen Truppen im befreundeten Tripolis gelandet, um die endgültige Niederlage der italienischen Armee zu verhindern, die im September in Ägypten einmarschiert ist. Zwar ist die britische Besetzung Ägyptens schon 1936 durch einen Bündnisvertrag abgelöst worden, doch auch im nunmehr souveränen Königreich sind britische Truppen und der Secret Service präsent, um nicht die Kontrolle über den Suezkanal und damit über die Handelsroute nach Indien zu verlieren. Zwischen dem Fall Frankreichs und dem Beginn des Balkan- und Russlandkrieges bildet Nordafrika vorübergehend den Hauptkriegsschauplatz. Etwa fünf Wochen später beginnt der sogenannte Wüstenkrieg des Afrikakorps unter der Befehlsgewalt General Erwin Rommels.

Ich kann nicht beurteilen, ob der Schriftleiter im Dienste des geheimen Büros eine blühende Phantasie walten lässt oder über einen heimlichen Zugang zu informellen Kanälen der Geheimdienste verfügt. Jedenfalls stellt die Reportage eine einzige Belustigung über die »unbegreifliche Plumpheit und kriminalromanhafte Brutalität des Secret Service im Mittleren Orient« dar. Weise zählt die ägyptischen Politiker auf, die vom englischen Geheimdienst in letzter Zeit immer mit ein und derselben und daher auffallend unprofessionellen Methode, nämlich vergiftetem Obst oder Kaffee, ermordet worden seien. Innerhalb von nicht einmal einem Vierteljahr seien aus der Welt geschafft worden: »Ministerpräsident Sabry Pascha (durch eine Tasse Kaffee) vor Beginn einer großen und – wie das Manuskript bewies – für die englische Politik mehr als peinlichen Parlamentsrede; der ägyptische Kriegsminister Saleh Pascha (bei einem Klubessen) und der in Kairo akkreditierte Diplomat eines neutralen Staates«, über dessen Identität der Schriftleiter bis auf weiteres Diskretion walten lassen müsse, und viertens »der prominente und unnachgiebige Oppositionspolitiker Mahmud Pascha«. Damit nicht genug, habe man in Saudi-Arabien »unter Anleitung eines englischen Agenten« versucht, »eine Palastrevolution gegen König Ibn Saud« in Szene zu setzen und dessen Tochter, Prinzessin Ferial, zu entführen. Als kriminalistischen Höhepunkt deutet die

Reportage an, dass sich der Secret Service schon seit langem mit Plänen zur Beseitigung des ägyptischen Königs Faruk befasse, »weil man im Foreign Office Faruk als Hauptverantwortlichen für alle ägyptisch-englischen Schwierigkeiten bezeichnet«. Die Vorfälle in diesem Agententhriller stellen nach Ansicht des Autors »das Dümmste« dar, »was sich selbst der an Verbrechen gewöhnte englische Geheimdienst in seiner langen und düsteren Geschichte geleistet hat«. Dass Weise, williger Untertan im Staate der Gestapo, der SS und des SD, den Secret Service einleitend eines »wahrhaft fürchterlichen und alle historischen Vorbilder übertrumpfenden Massenmord[es]« beschuldigt, bedarf keiner Kommentierung.

Weise hat Glück, dass er nicht als Kriegsberichter an die Ostfront muss und, von einigen Dienstreisen abgesehen, das gesamte Jahr 1942 in Berlin verbringen darf. Wäre er anderenfalls in Charkow dabei gewesen, wo im Januar von einem Sonderkommando über zehntausend Juden ermordet worden sind? Hätte er zu den viertausend Soldaten gehört, die nach einer Mitteilung des Oberkommandos der Wehrmacht im Februar Erfrierungen dritten Grades erlitten haben oder gar zu den fast zweitausend, denen erfrorene Gliedmaßen amputiert werden müssen? Stattdessen erhebt die Abteilung Reichsverteidigung im Propagandaministerium erfolgreich Einspruch gegen die vom Wehrbezirkskommando IX befohlene Aufkündigung seiner Uk-Stellung, und Gerhart Weise fährt im Auftrag seines Büros am 10. Februar »zur Fertigstellung einer Broschüre« ins besetzte Holland. Zu diesem Zweck beantragt die Abteilung Auslandspresse bei der Personalabteilung und diese beim Polizeipräsidium die Ausstellung eines Dienstpasses gleich für ein Jahr. Dem von Weise ausgefüllten Formular »Personenbeschreibung« entnehme ich, dass der »Hauptschriftleiter zbV [zur besonderen Verwendung]« blaugraue Augen und dunkelblonde Haare, eine schlanke Gestalt und ein ovales Gesicht hat, erfahre aber nicht seine Größe. Die muss ich mir aus dem

Hochzeitsfoto zusammenreimen und komme, ausgehend von Evas 1 Meter 68, auf etwa 1 Meter 78. Wäre sein Soldbuch erhalten geblieben, wüsste ich sogar die Schuhgröße. Über die Hollandreise und die Fertigstellung der Propagandabroschüre habe ich nichts herausfinden können. Während seiner Abwesenheit teilt Fräulein Speer der Personalabteilung die neue Privatadresse des Hauptschriftleiters mit.

Als die Personalabteilung Weises Dienstpass beantragt, ist Ministerialdirigent Erich Müller schon fast nicht mehr da. Der SS-Standartenführer wird im März 1942 mit der Leitung des Einsatzkommandos 12 in Simferopol auf der Halbinsel Krim betraut. Die dort stationierte, der 11. Armee angegliederte Einsatzgruppe D hat zu diesem Zeitpunkt ihren Auftrag zur Liquidierung der jüdischen Bevölkerung bereits zum größten Teil erfüllt, so dass sich das Einsatzkommando 12 vornehmlich auf die Erschießung von Partisanen konzentrieren kann. Erst im Oktober nimmt Müller seine Aufgaben als Leiter der Personalabteilung wieder auf.

Bis etwa April 1942 ist Freund Henne ebenfalls in Berlin und arbeitet für die vom Oberkommando des Heeres herausgegebene Zeitschrift *Unser Heer*, die erstmals im Januar 1942 erscheint. Im Sommer publiziert der Schützen-Verlag Berlin Hennes Kriegsbericht *Das Weiße im Auge des Feindes* über die Sturmangriffe der deutschen Infanterie während der Kämpfe in Frankreich. Er selbst ist wieder als Kriegsberichter unterwegs, diesmal an der Ostfront.

Stackelberg ist inzwischen zum persönlichen Referenten des Pressechefs Major Cranz und zum »Gruppenleiter fremdsprachige Ostpresse« im Reichsministerium für die besetzten Ostgebiete ernannt worden. Seine Dienststelle befindet sich in der Kurfürstenstraße 134, keine zwanzig Hausnummern vom Referat IV B 4 des Reichssicherheitshauptamts entfernt, in dem Adolf Eichmann die Deportation und Ermordung der Juden organisiert. Der Referent publiziert auch weiterhin. In der Münchner Zeitung

Deutsche Presse vom 8. Juli 1942 schreibt er über den »letzten Brief eines Kriegsberichters, der hier im Westen als Soldat fiel. [...] Ich stelle mir sein Gesicht vor, wie es unterm Stahlhelm aussah, und setze ihm seine eigenen Worte aufs Grab: Daß man dem Führer schreiben müßte, wie wir bereit sind, für ihn zu sterben.« Es scheint opportun, im unglücklichen Kriegsjahr 1942 noch einmal an den strahlenden Blitzsieg über Frankreich zu erinnern und zugleich an die Opferbereitschaft der deutschen Soldaten zu appellieren. Zwei Bücher Stackelbergs, ebenfalls über den Frankreichfeldzug, erscheinen im Schützen-Verlag: In *Die Stunde des Gefreiten Brinkforth* lässt er den ersten deutschen Gefreiten, dem das Ritterkreuz verliehen worden ist, von seinen Heldentaten erzählen; *Reiter vorwärts* ist der »Tatsachenbericht« vom heroischen Kampf einer Reiterdivision.

Frowein, am 1. April 1942 zum Oberleutnant befördert, wird anschließend wegen seiner Referententätigkeit im Propagandaministerium für drei Monate von der Wehrmacht beurlaubt. Im August schlägt Goebbels seine Ernennung zum Oberregierungsrat vor, die im September am Einspruch des Innenministeriums scheitert, da »mehrere Beförderungen desselben Beamten innerhalb eines Jahres unzulässig« seien. Im November verabschiedet sich Frowein auf ärztliche Anordnung wegen »nervöser und körperlicher Erschöpfung« zu einem sechswöchigen Kuraufenthalt in ein Dresdner Sanatorium. Kurt Kränzlein ist zur Leitung der Propaganda-Abteilung Belgrad abkommandiert. Schirrmacher ist noch im Einsatz an der Ostfront, Schwarz van Berk abwechselnd an der Ostfront und in Berlin.

Zurück in den Mai 1941. Gerhart Weise schreibt ein Buch – als Ghostwriter. Es sei daran erinnert, dass er im Büro Schwarz van Berk nicht nur für die Luftwaffe, sondern auch für die Marine zuständig ist. Als Autor des Werkes *Feind im Fadenkreuz. U-Boot auf Jagd im Atlantik* firmiert Fregattenkapitän Werner Hartmann,

»Nacherzählt von Gerhart
Weise«: Autobiographie
von Fregattenkapitän
Werner Hartmann, 1942

der als Kommandant des U-Bootes U-37 Westward-ho vom
25. September 1939 bis zum 6. Mai 1940 drei »Feindfahrten« nach
Dänemark und Norwegen befehligt hat. Der Ghostwriter verwandelt sich in einen Ich-Erzähler, der aufgeräumt seine Marine-
laufbahn Revue passieren lässt, beginnend 1935 mit der Befeh-
ligung eines Torpedobootes, rückblickend auf seine Ausbildung in
der Marineschule 1923, dann weiter über seine U-Boot-Einsätze
im Spanischen Krieg, im Seekrieg gegen England und Frankreich
und schließlich über die Invasion Dänemarks und Norwegens.
Trotz seiner erfolgreichen Seeschlachten und steilen Karriere
bleibt er doch, so suggeriert die Sprache des Ghostwriters, »einer
von uns«, Mensch und Kamerad. Natürlich ist er seinem Führer
treu ergeben, und auf Seite 226 hisst Hartmann in norwegischen
Gewässern auf der Westward-ho die »Siegeswimpel« und zieht
Bilanz: »Wir hatten nun insgesamt 98 000 Bruttoregistertonnen
(zwanzig Schiffe) und einen Kreuzer in den Schlick geschickt.
[…] ›Westward-ho‹ hatte eine lange und ergiebige Kur auf der

Vorabdruck in der *Kölnischen Illustrierten Zeitung*, Dezember 1941 bis März 1942

Werft verdient.« Als der siegreiche Flottillenchef im Mai 1940 nach Deutschland zurückkehrt, ordnet zu seinem Kummer Vize-admiral Dönitz als Befehlshaber der U-Boote an, ihm ab sofort als Admiralsstabsoffizier an Land zu assistieren. »Ein Jahr später«, heißt es im Nachwort auf Seite 230, habe der Zufall vier Männer »meiner alten Besatzung in meiner Wohnung zusammengetrieben«, die »in den blauen Tabakschleiern« und mit »viel Feuerwasser auf dem Tisch« an die gute alte Zeit der »Feindfahrten« zurückdenken: »Es ist die eigentliche Geburtsstunde unseres Buches.« Denn: »In unserem Kreis saß an diesem Abend [also im Mai 1941] der Berliner Schriftleiter Gerhart Weise. Er hat unser Erlebnis aufgeschrieben und hat ihm die buchgerechte Form gegeben. Ich darf ihm an dieser Stelle für seine Arbeit danken, die nicht nur die Fahrten [...] wiedergibt, sondern die auch den Ton, den Pulsschlag des Lebens an Bord, das Wesentliche der Gestalten und Ereignisse, den Atem der Dinge aufspürt und deutlich macht. Weise saß als Kamerad in unserer Runde. Er hat uns verstanden.«

In der Tat. Mühelos ist Gerhart Weise in die Rolle des rauen, aber herzlichen Seebären und tapferen Kriegshelden geschlüpft – eine Maske, hinter deren glatter Perfektion der Mensch Gerhart Weise spurlos verschwindet.

Die vom Verlag M. DuMont Schauberg herausgegebene *Kölnische Illustrierte Zeitung* veröffentlicht *Feind im Fadenkreuz* in vierzehn Fortsetzungen als Vorabdruck. Die letzte Fortsetzung erscheint im März 1942. Auf der Titelseite ist ein großes Fotoporträt von Subhas Chandra Bose abgedruckt, der im Namen von vierhundert Millionen Indern »zur Zertrümmerung der britischen Zwangsherrschaft« aufruft. Damit schlägt der Zufall einen unsichtbaren Bogen von Dresden nach Berlin, vom zwanzigjährigen Interviewer des Oberbürgermeisters von Kalkutta zum routinierten Allround-Journalisten. Das Buch, 1942 im Berliner Verlag Die Heimbücherei veröffentlicht, ist mit über zweihundertdreißig Seiten, einem Anhang von zweiundsechzig meist großformatigen Fotografien von herausragender technischer Qualität, einem Porträtfoto Kapitän Hartmanns mit Ritterkreuz auf dem Frontispiz, zahlreichen Zeichnungen und einem Vorwort von Vizeadmiral Karl Dönitz üppig gestaltet. Der Titelseite ist die Information »Nacherzählt von Gerhart Weise« zu entnehmen. *Feind im Fadenkreuz* passt wie maßgeschneidert ins Kriegsprogramm des Verlags, in dem schon *Panzer nach vorn!* der Kriegsberichter Reinecker, Stackelberg und Utermann erschienen ist. Auch der Zeichner, Hans O. Wendt, ist in beiden Büchern derselbe. Erwähnt sei noch die Koinzidenz, dass im Mai-Heft 1941 der *neuen linie* nicht nur die Preiserzählung Gerhart Weises, sondern in einem »Heldentum und Held« betitelten Lobgesang schon das Foto Kapitän Hartmanns abgedruckt ist, das ein Jahr später das Frontispiz des Buches zieren wird, und dass der preisgekrönte Erzähler in diesem Mai bereits »als Kamerad« in der U-Boot-Runde gesessen hat.

So sprunghaft es klingen mag, möchte ich an dieser Stelle an Kurt Schwitters erinnern, den der damalige Volontär vor acht Jahren zu den Folterknechten des deutschen Kunstgeschmacks gezählt hat. Der jetzige Ghostwriter hat, in der Rolle des heroischen Nordlandfahrers, natürlich keine Ahnung, dass die Westward-ho maßgeblich dazu beigetragen hat, den aus Hannover stammenden »entarteten« Künstler aus seinem norwegischen Exil zu vertreiben. Und doch gehört beides zusammen. Ich zitiere aus einem berührenden Brief, den Schwitters nach Kriegsende im Juli 1946 aus England an seine Künstlerfreundin Hannah Höch in Berlin geschrieben hat: »Ich konnte nicht nach Hannover, weil die Gestapo mich suchte. Sie suchte mich eben. Daher als Hitler die Deutschen nach Norwegen sandte, am 9. April 40, flohen wir. Es war eine phantastische Flucht, im Hochgebirge, und entlang der Küste, zwischen Schnee und Wasser, Inseln mit Deutschen, und mehrmals hatten wir die Linie des Feindes zu durchkreuzen. Es ging gut. Nie habe ich Norwegen so schön gesehen. [...] Am 10.6.40 endlich gelang es uns, von Tromsö auf einem Norwegischen Schiffe gerettet zu werden. Wir kamen am 19.6. in Edinburgh an und wurden sofort interniert.«

MITARBEITER DER WOCHENZEITUNG
DAS REICH

Beiträge über die Aufrüstung der USA, über Moskau,
den U-Boot-Krieg und die Heimatfront in Köln

Im Februar 1942 erscheint Weises erster Beitrag in der renommierten Wochenzeitung *Das Reich*; vier weitere werden
folgen. *Das Reich* ist konzipiert worden, um die immer eintöniger
werdende deutsche Presse durch ein anspruchsvolles Blatt auf-
zufrischen, das sich an die deutsche und ausländische Intelligenz
wendet. Die Theorie lautet, dass »die besten Köpfe der Nation die
wichtigsten Fragen der Nation« abhandeln sollen. Der redaktio-
nelle Ehrgeiz, nationalsozialistische Themen auf hohem Niveau
undogmatisch und weltläufig zu artikulieren, scheitert in der Praxis an der starren ideologischen Doktrin. Niveau und Weltläufig-
keit dürfen sich in der Sprache, nicht aber in den Inhalten spiegeln.
Die erste Ausgabe des Blatts, das Goebbels als wöchentliche Platt-
form für eigene Leitartikel benutzt, erscheint am 26. Mai 1940.
Unangefochtener Star ist Hans Schwarz van Berk, der zwischen
Oktober 1940 und März 1945 insgesamt 136 vielbeachtete Beiträge
abliefert. Diejenigen Artikel, die er als SS-Kriegsberichter an der
Front schreibt, müssen vor ihrer Veröffentlichung nicht nur von
Goebbels, sondern auch vom Fachprüfer Wort beim Oberkom-
mando der Wehrmacht, Abteilung Wehrmachtpropaganda, be-
gutachtet werden; die meisten werden mit »Sehr gut« bewertet.

In einem Brief, den Schwarz van Berk im März 1941 an Wolf
Schirrmacher schreibt, geht zwischen den Zeilen hervor, dass

Goebbels seinen Starjournalisten gern als Hauptschriftleiter von *Das Reich* gesehen hätte, dass aber die politische und personelle Ausrichtung der Wochenzeitung allzu sehr mit dessen eigenen Vorstellungen kollidiert: »Inzwischen habe ich mir vier Wochen ›Das Reich‹ angesehen und dann ein sehr scharf kritisches Fazit gezogen, das augenblicklich höheren Ortes studiert wird. Ihre Kritik unterschreibe ich in allen Punkten und gehe noch darüber hinaus. Es droht die grosse Gefahr, dass dieser einzigartige journalistische Versuch, der von so viel Hoffnungen begleitet war, versanden könnte. Die Redaktion ist sehr gut besetzt, entbehrt aber jeder Führung und Linie. Die Männer kommen zum Teil von der DAZ [*Deutsche Allgemeine Zeitung*], einer von der Frankfurter Zeitung, einige aus dem alten B. T. [*Berliner Tageblatt*] und aus der Deutschen Zukunft. Manchem fehlt der politische Instinkt. Ich habe ganz bestimmte Vorstellungen von der Zeitung für alle Sparten und bin gespannt, ob man darauf eingeht. Mit der politischen Linie, wie sie im Augenblick ist, wünsche ich mich nicht zu identifizieren und nehme daher nur die Stellung eines ständigen Mitarbeiters ein.« Trotz aller Bedenken versucht er, Schirrmacher ebenfalls für *Das Reich* zu gewinnen: »Haben Sie auf jeden Fall vor, zum V. B. [*Völkischen Beobachter*] zurückzukehren, oder würden Sie nicht lieber bei dem ›Reich‹ mitarbeiten? Ich halte den V. B. für einen alten Baum ohne Blatt und Borke, von Lebenssaft ganz zu schweigen. Er kann nach seiner ganzen Konstruktion niemals etwas werden. [...] Ich bin seit Monaten dabei, die wesentlich jüngeren Kräfte im Journalismus zu sondieren und für schöne, grosse Aufgaben zusammenzutrommeln«. Der Brief ist aufschlussreich, denn er gibt Auskunft über das Selbstverständnis des prominenten Journalisten: Schwarz van Berk schätzt die Professionalität der neuen Mitarbeiter, die ihre Erfahrungen bei den großen bürgerlichen Zeitungen gesammelt haben, doch sind ihm einige von ihnen zu liberal oder zu indifferent. Mit der von ihm vermissten »Führung und Linie« zielt er auf Hauptschriftleiter

Eugen Mündler, dem er offenkundig politische Laxheit und mangelnde Führungsqualitäten vorwirft. Andererseits soll *Das Reich* zwar durchaus auf der nationalsozialistischen Linie liegen, aber keinesfalls auch nur in die Nähe eines so öden Parteiorgans wie des *Völkischen Beobachters* geraten. Die Redaktionsräume befinden sich in der Kochstraße 22, Ecke Charlottenstraße. Seit 2008 heißt dieses Teilstück der Kochstraße Rudi-Dutschke-Straße, und an der Stelle des ehemaligen Eckgebäudes steht seit 1961 ein Hochhaus, das 1998 von Matthias Sauerbruch und Louisa Hutton in eine spektakuläre Architekturcollage verwandelt worden ist.

Gerhart Weises Beitrag vom 8. Februar 1942, »Der Mann aus der Kanone«, ist ein propagandistischer Reflex der Kriegserklärung an die USA vom 11. Dezember des Vorjahres, mit der Deutschland und Italien unmittelbar auf die Kriegserklärung der USA an Japan nach dem Überfall auf Pearl Harbor reagiert haben. So nimmt es nicht wunder, dass Weises »Notizen zur Aufrüstung der USA« für das Großdeutsche Reich sehr beruhigend ausfallen, wobei der Luftwaffen-Experte unter Berufung auf amerikanische Quellen besonders detailliert die Schwierigkeiten bei der Produktion von Kriegsflugzeugen schildert. Einen Monat später erscheint der zweite Beitrag des neuen *Reich*-Mitarbeiters mit dem Titel »Hinter der Sowjet-Front«. Seinen Bericht über den sowjetischen Kriegsalltag in Moskau, den der Autor selbst als »eine verwunderliche Folge kraus hingekritzelter Impressionen« charakterisiert, hat er nach eigenen Angaben »aus journalistischen Splittern« englischer und amerikanischer Zeitungen zusammengesetzt: »Von den Dingen, die in diesem Land [Russland] vorgehen, soll nach Möglichkeit nichts in die Außenwelt dringen. Jede Andeutung, jede Färbung, jedes Umgehungsmanöver der offenkundig universalen Liste verbotener Themen wird mit dem Rotstift liquidiert.« Die Moskauer »sind fanatisiert oder verängstigt oder beides. [...] Wer von der Überorganisation erfaßt wird, verwandelt sich in eine

Art Maschinenteil, einen Roboter, ein Werkzeug.« Ohne auf die Idee zu kommen, dass er seine eigenen Propagandamethoden entlarvt, fährt er fort: »Die Intellektuellen [...] entwerfen die Flut der Hetzparolen, mit denen Zeitungen, Flugblätter, Radiosender, Filme [...] in den Verzweiflungssturm gegen die ›faschistischen Untermenschen‹ treiben.« Eine gespenstische Lektüre auch insofern, als sich die Moskauer Impressionen passgenau auf die Lage im Großdeutschen Reich übertragen lassen – der Umbau des Konzentrationslagers Auschwitz zum Vernichtungslager ist abgeschlossen, der Bau des Vernichtungslagers Belzec hat begonnen, in den Ostgebieten sind »jüdisch-bolschewistische Untermenschen« zu Hunderttausenden ermordet worden, die von Reinhard Heydrich geleitete Wannseekonferenz hat die Koordinierung der Maßnahmen zur »Endlösung der Judenfrage« beschlossen.

Am 26. Juli 1942 erscheint im *Reich* eine Expertise des hier zum einzigen Mal als »Kriegsberichter« firmierenden Weise über »Die Gezeiten des U-Boot-Krieges«. Womöglich spiegelt der Artikel Direktiven Schwarz van Berks wider, der neuerdings an den Rüstungskonferenzen von Minister Albert Speer teilnimmt, mit Sicherheit geht er aber auf einen Besuch bei Karl Dönitz zurück, dem im März zum Admiral beförderten Befehlshaber der U-Boote. Weise hat ihn vermutlich schon im Zusammenhang mit dem Buch *Feind im Fadenkreuz* persönlich kennengelernt, und es würde mich nicht wundern, wenn er auch das Vorwort des damaligen Vizeadmirals verfasst hätte, einen knappen Achtzeiler über »Zähe, harte Kerle mit standhaftem Herzen!«.

Ein Vergleich der »Gezeiten des U-Boot-Krieges« mit einer »Der U-Boot-Admiral« betitelten Laudatio des Marineschriftstellers und Kriegsberichters Wolfgang Frank im *Angriff* vom 18. März 1942 macht die Unterschiede zwischen einem herkömmlichen Parteiblatt und der anspruchsvollen Wochenzeitung deutlich. Während die Sprache im *Angriff* gewissermaßen strammsteht, lehnt sie sich im *Reich* entspannt zurück. Dort herrscht schweres

Fünf Hintergrundartikel für die Wochenzeitung *Das Reich*,
Februar 1942 bis Januar 1943

Pathos, hier analytische Eleganz. Wolfgang Frank: »Seine Boote, die zuerst an Englands Küsten operierten, standen wenig später im Mittelatlantik, sie fuhren im Eise südlich Grönlands, sie fanden ihre Opfer im Nordmeer, sie versenkten viele hunderttausend Tonnen vor der Küste Westafrikas, sie tauchten, als es notwendig wurde, den Nachschub für Rommels Afrikakorps sicherzustellen, im Mittelmeer auf, sie sind jetzt gar an der langen Küste der Vereinigten Staaten von Nordamerika in Erscheinung getreten und bringen dem Gegner, wann und wo sie ihn finden, schwere und bittere Verluste bei.« Gerhart Weise: »Tatsache ist, daß in den knapp drei Jahren dieses Krieges die Initiative in der auf unserer Seite hauptsächlich durch U-Boote geführten Atlantikschlacht und daß später das Gesetz des Handelns im Mittel- und Nordmeer und in den amerikanischen Küstengewässern den Händen der deutschen und italienischen Admiralität auch nicht einen Tag lang entglitten ist. Die Versenkungsergebnisse waren trotzdem nicht immer gleich hoch. Beim Befehlshaber der U-Boot-Waffe befindet sich ein graphischer Plan, auf dem die Spitzen der monatlich eingetragenen Erfolgssäulen durch eine Kurve miteinander verbunden sind, deren dann und wann hektische Sprünge normalerweise auch für das Befinden des stabilsten Patienten Besorgnis erregen müßten. Die Erkenntnisse, die ein Fachmann aus ihnen abliest, sind von durchaus anderer und für den Laien zunächst erstaunlicher Art.«

Allerdings sieht es für den U-Boot-Krieg im Juli nicht mehr so gut aus wie im März, und dieser Tatbestand will propagandistisch aufgefangen sein. Gerhart Weise: »Man kann die Methoden des Versenkungskrieges mit denen eines Boxkampfes vergleichen. Der Boxer [...] nimmt, wenn er ein überlegener Boxer ist, Raumverluste in Kauf und wartet auf Blößen des Gegners, um anstatt vieler leichter, gegen eine starke Deckung prallender Hiebe große, überraschende und vernichtende Schläge zu landen. Es kommt ihm nicht darauf an, Punkte zu sammeln, er bereitet den k. o.-

Schlag vor.« Die geschickt gewählte Metaphorik wird, nach einigen spöttischen Seitenhieben gegen die alliierte U-Boot-Abwehr, allerdings durch einen Schlusssatz konterkariert, der genauso gut im *Angriff* stehen könnte: »Der Versenkungskrieg wird so lange erbarmungslos fortgesetzt, bis der Sieg unser ist.«

Je heftiger die alliierten Luftangriffe auf deutsche Städte werden, desto hektischer arbeitet die Propagandamaschinerie an der Heimatfront. Am 25. Juni 1942 hat Goebbels im Tagebuch notiert: »Das Büro Schwarz van Berk reicht mir einen Bericht über die Lage in den von England angegriffenen und zum Teil zerstörten deutschen Stadtgebiete ein. Es wir[d] hier dargelegt, daß der englische Bombenkrieg mehr eine psychologische als eine materielle Frage für uns ist. Deshalb müssen wir uns auch, wenn die Angriffe fortgesetzt werden, stärker noch als bisher einschalten.« Am Abend des 6. August besteigt der Minister einen Sonderwagen des Nachtzugs Berlin–Köln, um die Folgen der britischen Luftangriffe auf das Rheinland zu begutachten. Mit im Sonderwagen sitzen drei Journalisten aus Köln, Düsseldorf und Essen, die ihm während der Nacht ausführlich Bericht erstatten. In einem normalen Abteil sind, wie im Tagebuch am 7. August vermerkt, »vier versierte Journalisten« aus Berlin untergebracht. Für *Das Reich* ist Gerhart Weise dabei. Stammt der von Goebbels erwähnte Bericht also von ihm? Vor der Bahnfahrt hat der Minister die vier Auserwählten in sein Büro bestellt, um ihnen klarzumachen, »daß es wesentlich darauf ankommt, die Haltung und Moral der Bevölkerung zu schildern, nicht aber die angerichteten Schäden über Gebühr zu sensationalisieren«.

Am 16. August erscheint, wie immer auf der prominenten Seite 3, Gerhart Weises Fünfspalter »Wo die Heimat zur Front wird«, der den ministeriellen Vorgaben ganz und gar entspricht. Eingangs äußert sich der Autor abwertend über die an den britischen Spitfiremaschinen angebrachten Fernkameras und lässt nicht unerwähnt, dass diese vom rheinischen Volkswitz in »Churchills Stielaugen« umgetauft worden sind. Nicht nur seien die Aufnahmen verschwommen, sondern die bedeutendste Wirkung der sowieso nicht entscheidenden Luftangriffe sei gar nicht fotografierbar: der Heldenmut an der Heimatfront. So habe ein dreizehnjähriger Hitlerjunge auf einem brennenden Dachfirst gestanden und so lange mit Wassereimern gelöscht, bis der Blockleiter ihn wegen des drohenden Zusammensturzes fast gewaltsam vom Dach habe holen müssen. »›Kinder sind hier zu Helden geworden!‹ rief Dr. Goebbels in der Kölner Massenkundgebung.« Ein Duisburger Polizeioffizier wird zitiert oder erfunden, der über die tapferen Frauen »ein Stück Dichtung in eine nüchterne Akte« geschrieben habe: »Sie standen, ohne auf herabbrechende brennende Balken, auf Splitter, Bomben, das Einsetzen einer neuen Feuerwelle zu achten, auf Leitern, Mauervorsprüngen und in verqualmten Treppenhäusern. Viele Frauen hatten gegen den Schwefelqualm der Phosphorkästen nasse Tücher in den Mund gestopft. […] Einer der Trümmerbagger, die auf Raupenketten und mit ausgeschwenkten Gestängekegeln zu den Hauptschadenstellen rasseln, wird von einer Frau bedient.« Überhaupt haben die Zivilisten »eine soldatische Haltung entwickelt, die der eines Fronttruppenteils würdig ist. Sie sind in diesen Stunden Front geworden, ohne Vorbereitung«. Ein übersehener Druckfehler gerät unfreiwillig zum makabren Witz: »Reichsminister Dr. Goebbels, der sich täglich viele Stunden in den zerstörten Städten aufhielt, versuchte nicht, diesen tapferen und ihrem Unglück überlegenen Menschen nur Trost zuzusprechen. Er erklärte die harte Alternative dieses deutschen Volkskrieges, mit dessen siegreichem Abschuß [!] für alle ein besseres Leben beginnen wird.«

Zurück in Berlin, schreibt ein begeisterter Goebbels am 10. August ins Tagebuch: »Der Schriftleiter Weise vom ›Reich‹ hat einen großartigen Artikel über die augenblickliche Lage in den luftgefährdeten Gebieten des Rheinlands geschrieben. Hier fängt allmählich die Heroisierung der hiesigen Bevölkerung an, die ich für außerordentlich notwendig halte, um der Bevölkerung etwas das Rückgrat zu stärken.« Das Datum sagt aus, dass ein Pressemanuskript dem Minister etwa eine Woche vor Abdruck zur Zensur vorgelegt werden muss. Nicht alle Leser der Wochenzeitung sind von dem Artikel so angetan wie Goebbels. In seinen »Meldungen aus dem Reich« protokolliert der Sicherheitsdienst des Reichsführers SS am 20. August die Volksmeinung: »Der [...] Aufsatz von Gerhart Weise [...] hätte keine einheitliche Aufnahme erfahren. Der Stil sei von vielen Lesern als zu überschwenglich empfunden worden.«

Ende August 1942 fährt Goebbels zur Film-Biennale nach Venedig. In seiner Begleitung befindet sich, trotz des emphatischen Lobs, nicht Weise, sondern Schwarz van Berk. Als bester ausländischer Film wird, sicherlich zu beider Genugtuung, *Der große König* ausgezeichnet. Regisseur Veit Harlan kann sich die Ehre, einen die Kriegsmoral stärkenden Film über Friedrich den Großen gedreht zu haben, mit seinem Hauptdarsteller Otto Gebühr, mit Kristina Söderbaum, Elisabeth Flickenschildt, Gustav Fröhlich und Paul Wegener teilen.

Beim *Reich* freundet sich Gerhart Weise mit Fritz Dettmann, Wilhelm Reetz und Erich Ohser an. Die drei Kollegen verbindet, zumindest bis Kriegsbeginn, eine skeptische Haltung dem Regime gegenüber, und ihre laxen Bemerkungen hinter vorgehaltener Hand mögen es dem schwer durchschaubaren Schriftleiter angetan haben.

Fritz Dettmann, Jahrgang 1910, gehört zu den Journalisten, die von den großen bürgerlichen Tageszeitungen herkommen. Seit 1933 hat Dettmann beim *Berliner Tageblatt* gearbeitet, wo er zwei Jahre später wegen »Begünstigung« eines jüdischen Kollegen denunziert und vor das Bezirksgericht der deutschen Presse zitiert worden ist. Nach der verordneten Schließung des *Berliner Ta-*

geblatts Ende Januar 1939 schreibt er für die *Deutsche Allgemeine Zeitung*. Im *Reich* publiziert er von 1940 bis 1943. Gleich in der Nummer 1 erscheint sein »Porträt eines Sturzkampffliegers«. Mitglied in der NSDAP und im NSKK, ist Dettmann seit Kriegsbeginn Leutnant bei der Luftwaffe, die auch das Spezialgebiet des Schriftstellers ist. Von ihm stammen die Kriegsbücher *Unser Kampf in Norwegen*, *40 000 Kilometer Feindflug*, *Der Jäger von Afrika*, *Mein Freund Marseille*, Letzteres die Biographie des in Nordafrika abgestürzten populären Jagdfliegers Hans-Joachim Marseille, genannt »Stern von Afrika«. Übersetzungen der Bücher erscheinen in Spanien, Portugal und Finnland. 1944 wird er zum verantwortlichen Haüptschriftleiter bei der *Deutschen Wochenschau* ernannt. Goebbels notiert im April 1944 im Tagebuch: »Dettmann hat wieder ein Meisterstück geliefert. Er hat die gesamte Wochenschau von Grund auf reformiert.«

Der 1890 geborene Wilhelm Reetz ist ein Schüler des jüdischen Porträt- und Genremalers Max Fabian, der 1926 stirbt. Reetz arbeitet nach seiner Ausbildung als Buchillustrator, beispielsweise für Neuausgaben der Werke von Hans Christian Andersen, Eduard Mörike, Gottfried Keller. 1934 erscheint bei Ullstein der von ihm zusammengestellte Band *Eine ganze Welt gegen uns. Eine Geschichte des Weltkriegs in Bildern.* Zwei Jahre später ist Reetz Hauptschriftleiter der *Olympia-Zeitung*, wird Mitarbeiter der *Berliner Illustrirten Zeitung* und ist seit Mai 1940 beim *Reich* dabei. Er ist für die graphische Gestaltung der Wochenzeitung zuständig und arbeitet im Sportteil und in der Bildredaktion mit. 1942 wird er Hauptschriftleiter bei der Wehrmachts-Illustrierten *Signal*, wo er bis Januar 1945 bleibt. Weises Schwager Karl-August, der sich als Architekt Müller-Scherz nennt, baut für Wilhelm Reetz und seine Familie ein Wohnhaus in Berlin-Lankwitz.

Erich Ohser alias e.o.plauen, Jahrgang 1903, beliefert von 1929 bis 1933 den *Vorwärts*, das Zentralorgan der SPD, mit »unerhörten Karikaturen gegen die NSDAP«, wie die Gestapo später festhält, und publiziert von 1934 bis 1937 in der *Berliner Illu-strirten Zeitung* seine Bildgeschichten über *Vater und Sohn*. Die beiden Figuren werden so populär, dass die NS-Volkswohlfahrt sie als riesige Werbe-Attrappe für das Winterhilfswerk einsetzt. Von 1940 bis 1944 zeichnet e.o.plauen für *Das Reich* politische Karikaturen. Ihr künstlerisches Niveau ist ebenso mäßig wie ihr Witz, doch politisch sind sie opportun. Ohser karikiert Roose-velt und Churchill als lächerliche Vertreter ihrer Länder, aber allen voran ein Russland, das als Haifisch, Krokodil, Riesenkrake, Schlächter und Massenmörder das Fürchten vor dem bolsche-wistischen Untermenschen lehrt. Ohser wohnt in der Kalischer Straße 34, am Hoffmann-von-Fallersleben-Platz, zehn Fußminu-ten von Weises Wohnung in der Düsseldorfer Straße entfernt. Im Mai-Heft 1941 der Zeitschrift *die neue linie* wird neben der Preiserzählung Gerhart Weises ein Artikel »Künstler im Kampf« abgedruckt. Mehrere Karikaturisten werden vorgestellt, unter ihnen e.o.plauen, der »bei Kriegsbeginn in die Front politischer Zeichner eingeschwenkt« sei. Dieses zufällige Zusammentreffen wird im Nachhinein eine unheimliche Vorbedeutung bekommen. Weder der Erzähler noch der Karikaturist können im Mai 1941 ahnen, auf welch grausame Weise sich beider Lebenslinien knapp drei Jahre später kreuzen werden.

SONDEREINSATZ IN PARIS

Der schlechte Ruf der Kriegsberichter. Propaganda im
besetzten Frankreich. Der gutgelaunte Sonderführer

Anfang Mai 1942 wird Gerhart Weises Uk-Stellung vorübergehend aufgehoben. Der nun folgende Sondereinsatz ist, wie rückblickend aus einem Brief Schwarz van Berks vom 22. Dezember
1942 an die Personalabteilung des Propagandaministeriums hervorgeht, von Schwarz van Berk geplant und dem Oberkommando
der Wehrmacht vorgeschlagen worden. So erfolgt am 6. Mai
Weises Wiedereinberufung, und zwar in die Propaganda-Ersatz-
Abteilung Potsdam, wo er die Erkennungsmarke 1816-P. E. A.
erhält, zum »Sonderführer Zugführer« ernannt und mit dem Rang
eines Leutnants »beliehen« wird. Eine Kompanie, auch eine Propagandakompanie, setzt sich aus mehreren Zügen zusammen, die
wiederum aus mehreren Gruppen bestehen. Ich vermute, dass der
neue Zugführer einen Zug der Propagandakompanie 698 führen
soll, die in die 15. Armee eingegliedert und Mitte Mai ins nunmehr
seit zwei Jahren besetzte Paris beordert wird. Leutnant Weise
steckt jetzt, wie Trauzeuge Stackelberg, in der Sonderführer-Uni-
form. Sonderführer, ob Zugführer oder nicht, gelten ohne Ausnahme als Soldaten im Sinne des Wehrgesetzes. Vom 6. Februar
datiert ein Vermerk des Oberkommandos der Wehrmacht, Abteilung Wehrmachtpropaganda, der die Propagandatruppen daran
erinnern soll, dass auch ihr Wehrdienst Ehrendienst sei und damit eine soldatische Pflicht, die durch den Wehrsold abgegolten
werde. Eine zusätzliche Honorierung »würde dem Ansehen der

159

Kriegsberichter bei der Truppe abträglich sein«. Leutnant Weise erhält für seinen Ehrendienst einen monatlichen Wehrsold von 72 Reichsmark. Wäre er Gehaltsempfänger, kämen seine »Friedensbezüge« hinzu, sein Honorar hingegen wird eingefroren – ein zusätzlicher Grund für ihn, den Uk-Status zu bevorzugen.

Das Ansehen der Kriegsberichter und Propagandakompanien ist eher mäßig. Nicht alle requirieren, wie Kränzlein und Schwarz van Berk im Polenfeldzug, feindliche Gewehre, um gleichzeitig schießen und schreiben zu können. Bei den kämpfenden Truppen gelten Kriegsberichter, wie übrigens auch Fernmelder, als schlappe Papiersoldaten. Daher gibt sich *Signal*, die aufwendigste Militär-Illustrierte der deutschen Auslandspropaganda, in ihrer Ausgabe vom 15. Juni 1940 alle Mühe, auf drei opulent bebilderten Seiten das Erscheinungsbild des Kriegsberichters aufzupolieren: »Es ist nicht damit getan, in der Art früherer Kriegsberichterstatter in ruhigen Zeiten und kampflosen Stunden kurze Besuche ›an der Front‹ zu machen und dann am heimatlichen Schreibtisch oder hinter dem wärmenden Ofen des Etappenquartiers überschwengliche phantasiereiche ›Erlebnisse‹ zu verfassen. Wesentlich für den deutschen Kriegsberichter von heute ist dies eine: daß er Soldat ist.« Viel scheint die Werbung nicht genutzt zu haben, denn am 13. August 1941 notiert Goebbels im Tagebuch: »Daß die Propaganda-Kompanie-Männer sich tapfer und mutig einsetzen, das muß eigentlich im ganzen deutschen Publikum als Selbstverständlichkeit hingenommen werden, ebenso selbstverständlich wie etwa ein Sturmpionier oder ein Panzermann oder ein Stukaflieger sich einzusetzen pflegt. Solange das noch keine Selbstverständlichkeit ist, solange klafft immer noch zwischen der PK und anderen Truppenteilen eine unüberbrückbare Kluft.« Sogar Schwarz van Berk, der Kriegsberichter, äußert sich in seinem bereits zitierten Brief an Schirrmacher vom 28. März 1941 eher unlustig zu dem Thema: »Dass Sie nicht zur P. K. gegangen sind, finde ich durchaus verständlich. Bei einer richtigen Truppe ist es viel schöner; das habe ich beim Westfeldzug erfahren, wo ich mich in der Leibstandarte als Kombattant fühlen konnte und nicht wie ein Gasthörer an der Kriegsvorlesung mal dieser mal jener Division teilzunehmen brauchte.«

Zugführer Weise hingegen hat nach wie vor mit dem »wahren Krieg« nichts im Sinn. Nach seiner Ankunft in Paris am 11. Mai 1942 wird er sich bei Oberstleutnant Heinz Schmidtke, dem Kommandeur der Propaganda-Abteilung beim Militärbefehlshaber für das besetzte Frankreich, gemeldet haben. Der residiert mit seinem Wehrmachtspersonal im Hotel Majestic in der Avenue Kléber. Schmidtke arbeitet eng mit der Abteilung Wehrmachtpropaganda zusammen, die ihn mit den benötigten Fachkräften beliefert. In einer von ihm abgezeichneten Meldung vom 12. Mai über »Propagandistisch bemerkenswerte Ereignisse« heißt es unter der Zwischenüberschrift »Rundfunk«, dass ab 11. Mai »unter federführendem Einsatz der Gruppe AP eine verstärkte Art von politisch-propagandistischen Streusendungen durchgeführt« werde. Dahinter steckt mutmaßlich Kriegsberichter Weise, der, so nehme ich an, gleichzeitig die politische Lage sondiert, um seine propagandistischen Falschmeldungen zu lancieren. In dem erwähnten Brief Schwarz van Berks an die Personalabteilung vom Dezember 1942 heißt es dazu: »Die Möglichkeit des zeitweiligen Einsatzes [von Weise] als Kriegsberichter für unsere besonderen Auslandszwecke wurde deshalb gewählt, weil mit der zunehmenden Dauer des Krieges zahlreiche, für uns wichtige Themen der zivilen Berichterstattung schwerer erreichbar werden.« Schließlich ist das Großdeutsche Reich, wie in einer weiteren Meldung Schmidtkes vom 19. Mai nachzulesen, inzwischen »zum Endkampf gegen den Bolschewismus angetreten«, der in Paris einen »verschärften Kampf gegen Juden und Schwarzhandel« notwendig mache. Erfreut berichtet Schmidtke über die »antisemitische Einstellung der Bevölkerung und Zustimmung zu deutschen Judenmaßnahmen«.

Positiv vermerkt er auch eine »Haltungsänderung« der französischen Schriftsteller und Intellektuellen, »die heute weitgehend für Collaboration und Europa aufgeschlossen« seien.

Berlin ist nervös. Am 27. Mai 1942 ereignet sich in Prag das Attentat auf Reinhard Heydrich, den stellvertretenden Reichsprotektor von Böhmen und Mähren. In der Nacht zum 31. Mai fliegen die Engländer ihren verheerenden »1000-Bomber-Angriff« auf Köln; etwa fünfhundert Tote und über fünftausend Verletzte werden gezählt. Ebenfalls am 31. Mai schreibt der Kriegsberichter aus Paris an seine Frau. Die Zeiten der poetischen Chinoiserien sind vorbei. »Mein lieber Schnügg [Schatz]«, heißt es lapidar, und auch der Brief selbst ist in Anbetracht der Tatsache, dass Eva, hochschwanger, im »Hungerturm« Berlin allein zurechtkommen muss, nicht sonderlich zartfühlend: »Ich habe tief geschlafen. Nach dem Frühstück saß ich mit einem alten Freund aus meiner Berliner und Dresdener Zeit, der gerade mit einem Blockadebrecher in Japan war, und mit einem U-Boot-Kriegsberichter [nein, nicht Lothar Günther Buchheim] in der Offiziersmesse, draußen regnete es in wilden Güssen – aber der Regen dauert in Paris nie lange – und tranken bis Mittag Cognac. Dann legte ich mich wieder hin und schlief und saß bis zum Abendbrot noch eine Stunde auf der Terrasse in der Sonne, die mittlerweile herausgekommen war. Jetzt fühle ich mich zufrieden und einigermaßen sonntäglich und habe die Wirkungen der Alarmnacht hinter mir.« Leider macht Gerhart Weise sich keine Notizen wie Ernst Jünger, der in seinem zweiten Pariser Tagebuch am 30. Mai 1942 den englischen Bombenangriff auf Paris zwischen zwei und vier Uhr früh beschreibt. Offiziersmesse? Terrasse? Wohnt der Kriegsberichter etwa im Hotel Majestic, über das er in seinem Paris-Artikel vom 15. August 1940 gehöhnt hat, dass dort, wo jetzt der deutsche Militärbefehlshaber amtiere, »einst reiche Yankees die langweiligen Vormittage mit Champagner und Whisky zu ertränken suchten [und zwei Jahre später der Kriegsberichter mit Cognac?] und stille Ladies mit züchtigen Windspielen über die Teppiche glitten«? Oder befindet er sich doch eher dort, wo die Propagandastaffel, das Deutsche Nachrichtenbüro und die RdP-Auslandsstelle untergebracht sind? Das hört sich richtig an, denn in einem Brief vom Juni 1942 nach Berlin schlägt deren Presseleiter W. Klingenberg vor, dass »das augenblickliche Kasino der Propaganda-Staffel Paris, Champs-Elysées 52, der deutschen Presse später als Presseklub erhalten bleibt. Es handelt sich um eine Dachterrasse mit zwei Speiseräumen, einer kleinen Bar und zwei darunter liegenden Klubräumen.« Für Klingenberg ist diese Frage »bereits jetzt von entscheidender Bedeutung«, denn mit »später« ist die Zeit nach dem Krieg gemeint.

Weiter in Gerharts Brief an Eva: »Es ist eine Art Hemingway-Leben, und lediglich erotische Momente können Dahlfeld daran hindern, zu bedauern, daß er nicht auch hier ist.« Hemingways Leben im freien Paris liegt lange zurück. Theoretisch könnte der Cognactrinker drei Bücher des männlichsten aller Schriftsteller gelesen haben, bevor sie verbrannt worden und auf der Liste des unerwünschten Schrifttums gelandet sind: Die deutschen Übersetzungen der Romane *Fiesta* und *In einem anderen Land* und des Kurzgeschichtenzyklus *In unserer Zeit* sind vor 1933 erschienen. Über das Liebesleben Karlheinz Dahlfelds, des ehemaligen Kameraden aus der Reichspresseschule, weiß ich nichts zu berichten, wohl aber, dass er zur Berichterstaffel Wehrmachtpropaganda V im Oberkommando des Heeres gehört. Im August 1942 wird er nach Potsdam versetzt mit der Erwägung, den tropendiensttauglichen Unteroffizier für einen Sondereinsatz nach Afrika zu schicken. Stattdessen wird er aber im September als »Schriftleiter für die Frontzeitung« zu einer Propagandakompanie an der Ostfront abkommandiert. Nach Potsdam zurückgekehrt, wird er im Februar 1943 »an die Truppe abgegeben«, da es sich »bei Dahlfeld wirklich um keinen erstklassigen Berichter handelt«. Ministeri-

alrat Stephan hat als »Fachprüfer Presse« den Daumen gesenkt:
»Mit Dahlfeld nicht sehr viel los. Balte!«, so die handschriftliche
Telefonnotiz des Potsdamer Offiziers. In anderer Handschrift ist
»Balte!« fast bis zur Unlesbarkeit durchgestrichen und mit dem
empörten Kommentar versehen worden: »Es gibt sehr viele un-
gewöhnlich tüchtige Balten!!« Erst nach Kriegsende wird der in
Riga geborene Dahlfeld wieder in meinen Unterlagen auftauchen.

Weiter im Brief. Nun geht es um Eva: »Deinen Schrei nach
Schokolade habe ich mit wachen Ohren gehört. Ich habe ein
bißchen in greifbarer Nähe. Da und dort bekommt man bei den
Soldaten welche. Im Schwarzhandel scheint sie auch schon alle
zu sein. Ich muß nur morgen einen Transportweg nach Berlin er-
mitteln, da die Feldpost 1.) zu lange dauert, 2.) kein übermäßiges
Vertrauen in bezug auf Päckchen genießt und 3.) die 1 Kilo-
Gewichtsgrenze hat, so daß man nicht Verschiedenes zusammen-
packen kann. Ich hoffe, daß Du dann ungefähr am Donnerstag
oder Freitag etwas zu knabbern haben wirst.« Das Datum des
Briefes ist ein Sonntag, und vielleicht hat der Transport so schnell
geklappt. »Alice scheint ja eine Perle zu werden. Es ist gut, daß
Du wenigstens ein Wesen, wenn auch kein sehr hochgezüchtetes,
in dieser Zeit des Inseldaseins um dich hast.« Hier hoffe ich nun,
dass Alice keine Zwangsarbeiterin, sondern ein BDM-Mädel vom
Hilfswerk Mutter und Kind oder eine von der DAF organisierte
Berliner Haushaltshilfe gewesen ist, die der werdenden Mutter zur
Hand geht. Im *Angriff* vom 28. Oktober 1942 wird zu lesen sein,
dass seit der »Machtübernahme« niemand mehr, vom Ehepaar
Weise einmal abgesehen, geringschätzig auf die Haushaltshilfe he-
rabsehe, deren Beruf in der deutschen Volksgemeinschaft »heute
gleichberechtigt neben den anderen weiblichen Berufen steht«.
Das neue Mutterschutzgesetz tritt zwar erst im Juli 1942 in Kraft,
aber ich gehe davon aus, dass Eva als »im Erwerbsleben stehende
Mutter, die trotz erschwerter Lebensbedingungen dem Vaterlande
Kinder schenkt«, innerhalb der sechswöchigen Schutzfrist vor

der Geburt und kurz nach der Abreise ihres Mannes nach Paris behördlich ihre »Perle« zugeteilt bekommen hat. Auch wird Anfang Juni endlich das im Januar beantragte Telefon angeschlossen, so dass Fräulein Speer der Personalabteilung die neue Nummer mitteilen kann.

Eva scheint sich über ihren Trauzeugen geärgert zu haben, denn Gerhart schreibt: »Daß Stackelberg die Formalitäten nicht schneller erledigt, finde ich unsympathisch. Bisweilen ist seine Unzuverlässigkeit noch heftiger als die bei ihm übliche baltische Parkettschnodderigkeit, und dann ist er unangenehm. Hoffentlich hat er wenigstens inzwischen alles erledigt.« Hat Weise den Baron gebeten, sich während seiner Abwesenheit um Eva zu kümmern, ihr Behördengänge und sonstige Formalitäten, beispielsweise in der Personalabteilung des Propagandaministeriums, abzunehmen? Ganz allein wird Eva aber nicht bleiben: »Wird es nicht zu spät und zu anstrengend für Dich, wenn Deine Mutter erst am 13. oder 14. kommt? Es wird mich bestimmt nicht weiter stören, wenn ›das Haus voll‹ ist, wenn ich zurückkomme.« Das heißt wohl, dass Eva, offenbar aus Erfahrung, befürchtet, dass ihr Mann auf Familien- oder sonstigen Besuch unliebenswürdig reagieren könnte.

Allzu oft scheint er ihr nicht geschrieben zu haben: »Ich habe Dich immer lieb, mein kleiner Schnügg, auch wenn irgendwann einmal an einem Tag ein Brief ausgefallen ist. Beim Militär wird man leider häufig gezwungen, Dinge zu tun, die einen gar nicht interessieren, und Zeit zu verplempern, die man für bessere Dinge verwenden könnte.« Es sieht so aus, als ob er nicht nur für die Schokolade, sondern auch für seinen Brief ein anderes Transportmittel als die der Zensur unterliegende Feldpost gewählt hat. Immerhin: »Einen langen Abendkuß Dein gw.«

PRIVAT IN BERLIN

Ein schlechtgelauntes Kind

Am 18. Juni 1942 werde ich kurz nach Mitternacht im Cecilien-Sanatorium, Apostel-Paulus-Straße 12, gleich hinter dem Bayerischen Platz, geboren. Mit seinen siebzehn Krankenzimmern ist das Haus klein, aber sicherlich fein. In ihrer Erinnerung hat sich meine Mutter abwechselnd auf die Geburtsstunden ein Uhr zwölf, ein Uhr vierzehn und ein Uhr einundzwanzig festgelegt. Mein Vater ist noch in Paris. Von der larmoyanten Sorte ist meine Mutter, die Renate-Müller-Verehrerin, nie gewesen, und so hat sie auch von meiner Geburt im Nachhinein kein großes Gewese gemacht: Am Abend zuvor sei sie noch im Kino gewesen, in einem Krimi, und als die Hebamme sich gerade einen Kaffee habe kochen wollen, hätten mit Macht die letzten Wehen eingesetzt und, schwups, sei ich auf die Welt gekommen. Schade nur, dass es nicht zum 15. Juni, dem Geburtstag meines Vaters, geklappt habe.

Das Bayerische Viertel, in dem das Cecilien-Sanatorium liegt und dessen Gebäude trotz heftigster Bombardements der Gegend heute noch steht, ist 1942 längst nicht mehr die gutbürgerliche »Jüdische Schweiz«. Die großen Wohnungen, mit hübschen Vorgärten in baumbestandenen Straßen gelegen, sind »arisiert«, ihre jüdischen Bewohner werden seit 1941 deportiert. Allein in der Apostel-Paulus-Straße sind zwischen 1941 und 1943 über fünfundvierzig Männer, Frauen und Kinder nach Theresienstadt, Lodz, Riga, Kowno und Auschwitz in den Tod geschickt worden. Wer heute im Bayerischen Viertel lebt, begegnet auf Schritt und

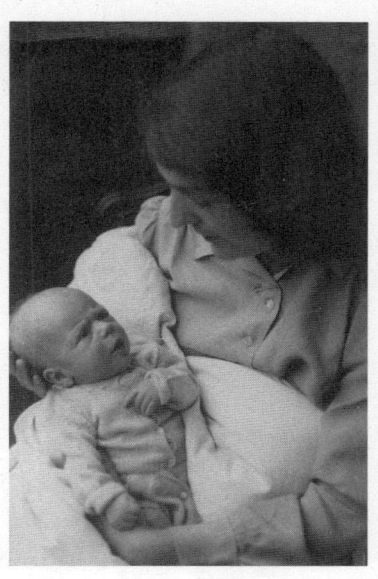

Eva und Eva Maria im Juli 1942

Tritt den achtzig an Laternenpfählen montierten Tafeln, die als
»Orte des Erinnerns« mit exakten Daten und Details die Maß-
nahmen zur allmählichen Ausgrenzung und Entrechtung der
Juden bis hin zu ihrer Vernichtung dokumentieren.

Zum Glück gibt es in der Düsseldorfer Straße jetzt Telefon.
Irgendwer, vielleicht Evas Mutter über Fräulein Speer, hat meinen
Vater in Paris angerufen, und der ist Hals über Kopf nach Berlin
zurückgeeilt. Zuallererst wird er seine Frau und das Neugeborene
im Cecilien-Sanatorium besucht und anschließend in der Düsseldorfer Straße Schwiegermutter und Haushaltshilfe vorgefunden
haben. Irgendwann taucht sicherlich auch seine Mutter auf, um
das neue Enkelkind zu besichtigen und den verlorenen Sohn in die
Arme zu schließen. Hat er das »volle Haus« tapfer ertragen? Am
22. Juni lässt mein Vater im Standesamt Schöneberg die Geburts-
urkunde ausstellen. Getauft werde ich nicht. Meine Eltern sind
nicht religiös; außerdem machen kirchliche Rituale keinen guten
Eindruck im Dritten Reich. Trotzdem sind meine Eltern nicht, wie
so viele, aus der evangelischen Kirche ausgetreten, um sich fortan

als »gottgläubig« zu bezeichnen. Ich werde Eva Maria genannt, weil bei den jeweiligen Präferenzen (Eva: Eva, Gerhart: Maria) weder sie noch er den Sieg davongetragen hat. Mitte Juli werde ich zum ersten Mal fotografiert. Meine Mutter hält mich liebevoll im Arm, trotzdem sehe ich entrüstet aus. Anfang Dezember findet eine zweite Fotositzung mit Mutter und Kind statt.

Wissen meine Eltern, dass in der Zwischenzeit, am 12. September 1942, das Künstlerehepaar Kurt und Elisabeth Schumacher wegen seiner Zugehörigkeit zur »Roten Kapelle« verhaftet worden ist – zwei Häuser weiter, in der Düsseldorfer Straße 48? Haben sie mitbekommen, wie die Gestapo Wohnung und Atelier verwüstet hat? Keine Gedenktafel erinnert heute an das am 22. Dezember 1942 hingerichtete Ehepaar. Stimmt es, dass in der Düsseldorfer Straße 46, wie von meiner Mutter erzählt, Juden versteckt werden, wenn auch nicht von den Weises, und dass keiner der Mieter zum Denunzianten wird? Wer aus der Hausgemeinschaft ist so anständig und tapfer gewesen, sich selbst in Lebensgefahr zu bringen? Der Regisseur Professor Harald Röbbeling? Die Schauspielerin Annelies Schneidereyt? Die Freifrau Speck von Sternburg? Der Major d. R. Gaul wohl nicht, oder doch? Der Fahrstuhlführer M. Kuchinske, die Verkäuferin E. Schuhmacher? Etwa Paul Schuschenk, der in der Belle Etage wohnende Erbauer des Hauses?

Die Rückseiten der beiden Fotoserien vom Baby Eva Maria tragen den Stempel »Dr. Hans Stief«. Stief ist Schriftleiter und nicht Fotograf von Beruf, woraus ich schließe, dass er, obwohl dreizehn Jahre älter, mit meinem Vater befreundet gewesen sein muss. Laut Geschäftsverteilungsplan für das Jahr 1939 arbeitet er beim *Angriff* im Ressort Politik und ist zudem für Lokales, Sport und Reportagen über die »Bewegung« zuständig. In den Folgejahren schreibt er einen Artikel nach dem anderen über die unterschiedlichen Kriegsschauplätze. Ende März 1939 hat Stief die Aufnahme in die NSDAP beantragt. Sie wird zwei Monate später vom Kreisgericht Gau Berlin abschlägig beschieden: »Stief lehnt ebenso wie seine Ehefrau jede, auch die kleinste Mitarbeit in der Ortsgruppe ab. Für solche Personen ist aber nach der Rechtsprechung des O. P. G. [Obersten Partei-Gerichts] in der Partei kein Platz, wobei dahingestellt bleiben kann, ob die Verweigerung böswillig oder aber nicht schuldhaft ist.« Stief gibt anscheinend nicht auf, denn das Kreisgericht lehnt seinen Antrag im Juni 1942 zum zweiten Mal ab. Abschließend teilt Ende November 1942 ein Reichshauptstellenleiter dem Gauschatzmeister des Gaues Berlin mit, dass die Reichsleitung mit der »Aufnahmeablehnung« einverstanden sei. Es erleichtert mich, dass mein Vater einem Mann, der sich die Sympathie der Partei anscheinend durch Bockigkeit verspielt hat, nicht die Freundschaft aufkündigt. Anderthalb Jahre später jedoch wird er eine andere Freundschaft nicht nur aufkündigen, sondern verraten.

Irgendwann im ersten Halbjahr 1943 wird eine dritte Fotoserie von Mutter und Kind gemacht, diesmal vom Fotografen Gerhard Kölling, dem Freund meines Vaters aus *12 Uhr Blatt*-Zeiten. Meine Mutter betrachtet zärtlich ihr unmutiges Kind. Im Sommer kommen Julius und Elsbeth aus Velbert zu Besuch; zu viert machen wir ein Picknick im Park. Missmutig gucke ich in die Kamera. Es existiert kein einziges Foto von Vater und Tochter. Falls es je eines gegeben hat, ist es verschwunden.

»AUF DER HÖHE DER KRIEGSFÜHRUNG«

Rassepolitik und U-Boot-Krieg. Propaganda im freien Fall

Im Juli 1942 marschieren deutsche Truppen in den Kaukasus ein, und am 21. August hissen Alpinisten der Gebirgsjäger-Divisionen »Edelweiß« und »Enzian« auf dem Elbrus, dem höchsten kaukasischen Gipfel, triumphierend die Reichskriegsflagge. Es ist also an der Zeit, den deutschen Leser über den fremden Landstrich zu informieren. Im Auftrag des Büros Schwarz van Berk publiziert G. W. am 27. August 1942 einen umfangreichen Hintergrundbericht im *Angriff*: »Kaukasus. Schwelle zwischen zwei Meeren«. Kein Wort fällt über die lukrativen Schwarzmeerhäfen und Ölfelder, stattdessen gibt sich G. W. als Naturfreund und Völkerkundler. Nach ausführlicher Beschreibung der urwüchsigen Schönheit der Gebirgsketten, der undurchdringlichen Urwälder und abwechslungsreichen Tierwelt kommt er zur Sache: »Ebenso vielfältig und eigenartig aber ist die Bevölkerung. So sehr die Sowjets sich mühten, auch ihre Untertanen hier im Süden gleichzumachen und zu typisieren, so sehr heben sich durch Aussehen und Brauchtum, durch ihre ganze Lebensweise und Rassemerkmale der verschiedensten Art Grusier und Osseten, Armenier und Tscherkessen voneinander ab [...]. Auf der Scheide zwischen Europa und Asien werden deutsche Landser jetzt Gelegenheit erhalten, diese Menschen und ihre Sitten an Ort und Stelle mit offenen Augen zu studieren und sich noch einmal drastisch davon überzeugen zu lassen, welche Vielzahl von Rassen, Völkern und Stämmen die Sowjets in ihr Joch zwangen.« Der Artikel lässt wohlweislich offen, ob Wehrmacht und SS als Retter oder als Sklavenhalter und Mörder angetreten sind.

Die Fortsetzung »Der Nordkaukasus und seine Völker« im *Angriff* vom 20. November bemüht sich, die exotische Fremdheit des fast eroberten Kaukasus ins Vertraute, ja Verwandte zu wenden. Die von sowjetischen Forschern behauptete unübersehbare Vielzahl der Stämme und Sprachen habe lediglich dem politischen Zweck gedient, ungestört »nach dem alten Grundsatz ›Teile und herrsche‹ regieren zu können«, wobei G. W. sich darüber im Klaren sein müsste, dass auch sein Führer nach ebendiesem Prinzip Politik betreibt. Für seine Wiedergabe der pseudowissenschaftlichen Thesen zur Abstammung der Kaukasusvölker – »Kopfmessungen an Daghestanern [Lesghiern] und Albaniern führten zu der überraschenden Feststellung, daß man Lesghier und Albanier nicht unterscheiden kann« – ist der Autor nicht etwa als Kriegsberichter im Kaukasus gewesen, sondern hat zu Hause recherchiert, möglicherweise Interviews mit Experten der Rassenhygienischen und Bevölkerungsbiologischen Forschungsstelle im Reichsgesundheitsamt geführt oder seine alten Kontakte von 1935 zum Kaiser-Wilhelm-Institut für Anthropologie, menschliche Erblehre und Eugenik aufgefrischt.

Schwarz van Berk betreibt derweil die Aufstockung seines Büros, und Weise bekommt einen neuen Kollegen, den er seit *Angriff*-Zeiten kennt. Für das Arbeitsgebiet »Heer und allgemeine Information« wird Wolf Schirrmacher eingestellt, den Schwarz van Berk womöglich 1939 als Reichspresseschüler des zwölften Lehrgangs kennengelernt hat und den er außerordentlich schätzt. Im November 1942 nimmt der Oberleutnant, nunmehr zum SS-Obersturmführer aufgerückt, im Büro Schwarz van Berk seinen Dienst auf, und zwar zu denselben Konditionen wie Weise, also mit einem monatlichen Honorar von 1000 Reichsmark. Schirrmacher kommt direkt vom »Lehrstab 3 Infanterie-Schule Döbe-

Wolf Schirrmacher 1942.
Passfoto für die Personalakte
im Propagandaministerium

ritz, Elsgrund« nach Berlin. Zuvor ist er an der Ostfront viermal
verwundet und hoch dekoriert worden. Da nimmt es nicht
wunder, dass niemand im Ministerium die fehlende Parteimit-
gliedschaft bemängelt, zumal Schirrmacher in seinem Personalfragebogen angibt, dass sein 1939 in London beantragter Eintritt
durch den Wehrdienst aufgehalten worden sei. Seine Tätigkeit
für das Arbeitsgebiet »Heer und allgemeine Information« bleibt
im Dunkeln. Einen Artikel hat er für *Das Reich* geschrieben:
»Bei den germanischen Junkern«, veröffentlicht am 23. Mai
1943. Schirrmacher schildert darin seinen Besuch in der Kriegsschule der Waffen-SS in Bad Tölz, wo »germanische Freiwillige« –
Esten, Norweger, Schweden, Holländer, Flamen, Schweizer – ausgebildet werden: »Die Freiwilligen, die für den Ausgang dieses
erbarmungslosen Krieges ihr Leben in die Schanze schlagen,
sehen über den schwebenden Fragen der Tagespolitik als Fernziel
das germanische Reich. Das Nahziel aber ist die Mobilisierung
aller Kräfte.« Im Goebbels-Tagebuch taucht Schirrmacher kein
einziges Mal auf, auch nicht Otto Kühbacher, von dessen Arbeit
im Büro Schwarz van Berk ich überhaupt keine Spuren gefunden
habe.

Mitte Dezember 1942 wird der »Soldat« Weise überraschend noch
einmal nach Potsdam, diesmal zur Propaganda-Einsatz-Abtei-

lung, einberufen. Er wird der Kriegsberichter-Kompanie für »Höhere Berichter« zugeteilt; hinter dieser Bezeichnung verbergen sich vom Propagandaministerium handverlesene Journalisten, die für Sonderreportagen eingesetzt werden. Er ist trotzdem im Büro Schwarz van Berk tätig, was nicht nur bei mir, sondern auch im Ministerium für Verwirrung sorgt: In einer handschriftlichen Notiz der Personalabteilung wird um Klärung gebeten, »in welcher Weise und ob Weise tatsächlich weiterhin im Büro SchvB […] mitarbeitet«. Da Weise sich erwiesenermaßen an seinem Schreibtisch im Büro auf den U-Boot-Krieg konzentriert, kann er dem Potsdamer Berichterzug nicht allzu viel Zeit gewidmet haben.

»Der U-Boot-Krieg ist unser großes As«, schreibt Goebbels am 13. Dezember 1942 ins Tagebuch. »Schwarz van Berk und Weise waren bei Dönitz und haben sich in meinem Auftrag dort nach dem Stand der Dinge erkundigt. Dönitz hat ihnen über alles bereitwilligst Aufklärung gegeben. Wir haben im U-Boot-Krieg noch eine ganze Menge von Reserven zur Verfügung. Dönitz ist ein überlegener höherer Führer, der seine Waffe für Glanz und Phantasie einsetzt. Er hat eine ganze Reihe von Wünschen für die Propaganda für die U-Boot-Waffe, die restlos erfüllt werden können. Dönitz ist überhaupt der Propaganda gegenüber sehr aufgeschlossen«. Am 30. Dezember bekommt Goebbels laut Tagebuch »einen Bericht von Weise über seine Unterredungen mit Dönitz. […] Die Frontoffiziere der U-Boot-Waffe üben, wie mir berichtet wird, eine sehr weitgehende Kritik an unserer Nachrichtenpolitik, nehmen dabei allerdings meine Artikel als löbliche Ausnahmen aus. Die Nachrichtenpolitik ist auch im Augenblick nicht sehr glücklich gerichtet. Das kommt vor allem dadurch, daß unsere OKW-Berichte so zurückhaltend sind. […] Dönitz allerdings verteidigt unsere Nachrichtenpolitik, nachdem Weise ihm die nötigen Aufklärungen gegeben hat, sehr energisch seinen Offizieren gegenüber. Wir bereiten eine neue Propaganda für unsere U-Boot-Waffe vor, bei der wir vor allem auch eine Reihe von Tarnversuchen starten werden. Dönitz ist für eine solche Arbeit durchaus aufgeschlossen und gibt uns die nötigen Unterlagen dazu.«

Ist Weise an den propagandistischen »Tarnversuchen« maßgeblich beteiligt? Fallen seine Falschmeldungen zur Tarnung operativer Maßnahmen der U-Boot-Waffe so zufriedenstellend aus, dass ihm deshalb im März 1943 das Kriegsverdienstkreuz 2. Klasse ohne Schwerter verliehen wird? »Ohne Schwerter« bedeutet, dass »besondere Verdienste bei Durchführung von sonstigen Kriegsaufgaben, bei denen ein Einsatz unter feindlicher Waffenwirkung nicht vorlag«, belohnt werden. Die Vergabe muss inflationär gewesen sein. Im Nachrichtenblatt des Propagandaministeriums habe ich »Weise, Gerhart, Schriftltr., Büro Schwarz v. Berk« nur deshalb in der Flut von Gefolgschaftsmitgliedern entdeckt, weil eine namenlose Schreibkraft ihre Namen, die insgesamt zwanzig kleingedruckte Spalten auf zehn Seiten füllen, nach Art der Auszeichnung sortiert und alphabetisch geordnet hat.

Am 3. Januar 1943 erscheint im *Reich* der fünfte und letzte Artikel Gerhart Weises, mit dem er einmal mehr die Ohnmacht des englischen Geheimdienstes verspottet. Auf derselben Seite 3 ist Schwarz van Berks Jahresrückblick »Auf der Höhe der Kriegsführung« abgedruckt. Bei dieser siegesgewissen Formulierung kann es sich Anfang Januar 1943 nur noch um propagandistische Irreführung handeln: Durch die Landung der Alliierten in Nordafrika ist die deutsch-italienische Offensive bei El-Alamein gescheitert; das von Rommel befehligte Afrika-Korps ist im November zum endgültigen Rückzug gezwungen worden. Ebenfalls im November wird die 6. Armee in Stalingrad eingeschlossen, die von Göring verantwortete Luftversorgung mit Nachschubgütern ist miserabel, Hitler untersagt im Dezember den Ausbruch und überlässt die eingekesselte Armee sich selbst. Zudem muss sich die Heeresgruppe A aus dem Kaukasus zurückziehen. Schwarz van Berks Artikel tritt an mit dem Vorsatz, sich »von aller Propaganda freizumachen«, um sodann desto propagandistischer Bilanz zu ziehen: Die Engländer seien »berauscht von den Kilometergewinnen in Nordafrika« und feierten »bereits die Wende des Krieges, weil die deutschen Panzer im Nordteil des Kaukasus verharrten, die Sowjets ihre Wintertruppen [...] abermals angreifen ließen, [...] weil Rommel sich zurückzog, weil Marokko und Algier eine schnelle Beute wurden«. Von einer Wende des Krieges könne jedoch keine Rede sein: »In Wirklichkeit ist das Jahr 1942 für uns ein Jahr der stummen Erwiderung gewesen, der stillschweigenden Vorbereitungen auf eine neue Phase, eine jener berühmten Phasen, die Hitler zwischen seine Feldzüge zu legen gewohnt ist.« Der Autor interpretiert den militärischen Erfolg des Feindes im Jahr 1942 als »gewaltigen Aufwand« der gegnerischen Propaganda, insbesondere der amerikanischen »jüdischen Warenhauspropaganda«, denn dieser »Erfolg« sei nichts weiter als »ein windiges Zeltlager neben einem Wolkenkratzer von Versprechungen«. Die Metapher beschreibt treffsicher, wenn auch ungewollt, das Verhältnis von militärischem Erfolg und Propaganda im eigenen Land.

Gerhart Weise schreibt einen antiamerikanischen Text für den Rundfunk. Aus den »Meldungen aus dem Reich« des Sicherheitsdienstes der SS vom 24. Februar 1943 geht hervor, dass »die Aufnahme der Ausführungen von Gerhart Weise über ›Machenschaften der Wallstreet‹« nicht ganz einheitlich gewesen sei. »Sie hätten zwar interessiert, seien aber ohne neue Gedankengänge gewesen. Vor allem habe man erläuternde Beispiele vermißt.« Ich kann die Volksmeinung nicht überprüfen, da sich weder das Manuskript noch die Aufnahme erhalten haben – und ich hatte schon gehofft, endlich einmal die unbekannte Stimme meines Vaters zu hören. Er hat viel zu tun. Irgendjemand, wahrscheinlich Fräulein Speer, erinnert ihn daran, dass er in der Personalabteilung endlich meine Geburt anmelden muss, die inzwischen ein halbes Jahr zurückliegt. Vielleicht tippt sie auch den etwas schwerfällig geratenen Zweizeiler: »Hierdurch bitte ich, zur Kenntnis zu nehmen, dass ich eine Tochter habe, die geboren ist am 18. Juni 1942. Heil Hitler!«

Der Propagandakrieg an der Heimatfront nimmt indessen immer groteskere Formen an. Nachdem der Schriftleiter im März 1943 sein Kriegsverdienstkreuz in Empfang genommen hat, versucht er sich als Fälscher. Am 8. April notiert Goebbels im Tagebuch: »Ich habe nun mittlerweile den sogenannten Sinowjew-Brief für England durch das Büro Schwarz van Berk herstellen lassen. Er ist außerordentlich raffiniert aufgebaut, wird noch einmal in allen Einzelheiten überarbeitet und echt gemacht; ich glaube, wenn wir eine günstige Gelegenheit finden, ihn in die neutrale Öffentlichkeit zu lancieren, so werden wir damit einen außerordentlichen Erfolg haben.«

Erstaunlich, dass ein politisches Erdbeben mittlerer Stärke, das sich vor fast zwanzig Jahren ereignet hat, 1943 noch immer als bekanntes Schlagwort kursiert: Im Oktober 1924, eine knappe Woche vor den Neuwahlen in England, ist in der Tageszeitung *Daily Mail* ein Brief abgedruckt worden, der die Kommunistische Partei Englands zum Klassenkampf aufruft. Verfasser des Briefes ist angeblich der sowjetische Politiker Grigorij Sinowjew, Mitglied des Politbüros und Vorsitzender des Exekutivkomitees der Komintern in Moskau. Der Brief, der sich später als Fälschung herausstellt, trägt immerhin dazu bei, dass die Labour Party bei den Wahlen mehr als vierzig Parlamentsmandate verliert. Im April 1943 ist Sinowjew längst tot, hingerichtet 1936 nach einem der stalinistischen Schauprozesse. Der neue »Sinowjew-Brief für England« ist entweder als Gemeinschaftsarbeit des Büros oder im Alleingang von Gerhart Weise hergestellt worden, der ja auf Propagandamaßnahmen gegen England und den Secret Service spezialisiert ist. Schade, dass sich keine Spur des »raffiniert aufgebauten« Briefes erhalten hat. Er scheint aber, der Euphorie des Ministers zum Trotz, noch weniger bewirkt zu haben als die ursprüngliche Fälschung von 1924.

In seiner Sportpalast-Rede, die mit ihrem Aufruf zum »totalen Krieg« auch noch die letzten Kräfte mobilisieren will, hat Goebbels im Februar 1943 behauptet: »Wir gleichen nicht dem Vogel Strauß, der den Kopf in den Sand steckt, um die Gefahr nicht zu sehen.« Doch auf kritische Äußerungen über die dramatische Abwärtsspirale des Kriegsverlaufs reagiert er allergisch, so anlässlich einiger Bemerkungen der SS-Offiziere Schwarz van Berk und Gunther d'Alquen, Gründer der Wochenzeitung *Das Schwarze Korps*: »D'Alquen hat die ganze Front bereist«, so Goebbels am 15. Juni 1943 im Tagebuch, »und bringt von dort teils gute, teils schlechte Nachrichten mit. Es ist eigentlich verwunderlich, mit wie scharfer Kritik diese jungen SS-Führer an die augenblicklichen politischen und militärischen Probleme herangehen. Ich finde, daß diese Kritik manchmal stark übertrieben ist. Man darf sie deshalb auch nicht ins Kraut schießen lassen. Ich nehme die Gelegenheit wahr, sowohl d'Alquen als vor allem auch Schwarz van Berk entsprechend entgegenzutreten.« An diesem Tag wird Gerhart Weise dreißig Jahre alt. Was er über den Krieg und die Durchhalteparolen denkt, mit wem er darüber spricht – ich weiß es nicht.

Der Realitätsverlust des Ministers mutet gespenstisch an. Am 24. Juni 1943 heißt es im Tagebuch: »Schwarz van Berk gibt mir eine Ausarbeitung über die Schwindelnachrichten, die er und sein Büro in den letzten Wochen in die Welt hineingepumpt haben. Sie haben in der Tat eine Art von Sommerwirbel hervorgerufen. Der Feind ist auf die meisten dieser Nachrichten hereingefallen. Darauf ist es in der Hauptsache zurückzuführen, daß man augenblicklich in der Welt nicht das geringste davon weiß, was wir eigentlich militärisch vorhaben«. Real sind jedoch nicht irgendwelche »Sommerwirbel«, sondern die militärische Katastrophe von Stalingrad, die schweren Misserfolge im U-Boot-Krieg und die systematische »Combined Bomber Offensive« der Alliierten auf Zentren der Rüstungsindustrie. Am 25. Juli beginnen die zehn Tage andauernden alliierten Luftangriffe auf Hamburg, die etwa vierzigtausend Tote und eine fast vollständig zerstörte Stadt zur Folge haben. Realistische Militärs und Volksgenossen glauben inzwischen kaum noch an den Endsieg.

Vor diesem Hintergrund ist die fast ununterbrochene Uk-Stellung des doch immerhin jungen und gesunden Schriftleiters einigermaßen verblüffend. Auch wenn die Militär-Illustrierte *Signal* im Juni 1940 beteuert hat: »Wesentlich für den deutschen Kriegsberichter von heute ist dies eine: daß er Soldat ist«, gilt dies nicht für den Kriegsberichter Gerhart Weise. Keine der vorgefundenen Akten belegt, dass er auch nur ein einziges Mal bei einer kämpfenden Truppe an irgendeiner Front eingesetzt worden wäre – was auf eine nicht unerhebliche strategische Begabung des hartnäckigen Zivilisten hindeutet. Da ist der Goebbels-Referent Leutnant Frowein, der schon im September 1940 bei der Wehrmacht die Aufhebung seiner Uk-Stellung beantragt hat, von ganz anderem Kaliber: Abgesehen davon, dass er »als wehrfähiger Mann von 26 Jahren nicht in der Heimat sein möchte, ohne wenigstens durch das Tragen der Uniform erkennen zu lassen«, dass er an einen kriegswichtigen Posten berufen sei, habe er durch die Uk-Stellung »nicht mehr die Möglichkeit [...], ohne Schwierigkeiten an die Front zurückzugehen«. Weise hingegen lässt sich seine zuverlässig verlängerte Uk-Stellung, die bisher nur für den gefahrlosen »Sondereinsatz« in Paris aufgehoben oder durch »Arbeitsurlaub« von der Wehrmacht ersetzt worden ist, widerspruchslos gefallen.

In den Augen seiner Vorgesetzten scheint Gerhart Weise an der Heimatfront unentbehrlicher zu sein denn je, zumal Uk-Stellungen jetzt weitaus restriktiver gehandhabt werden als noch 1940. Schon im Juni 1942 hat Goebbels im Tagebuch seinen Erlass kommentiert, demzufolge die Uk-Stellungen durch das Ministerium »etwas sorgsamer vorgenommen werden müssen. Es sind viel zu viele Menschen aus dem Kulturleben vom Heeresdienst befreit. Das ist nicht gut. Wir dürfen nur die uk. stellen, die unbedingt für die Aufrechterhaltung des Kulturlebens maßgebend sind; die anderen sollen ruhig der Wehrmacht zur Verfügung gestellt werden.« In seiner Sportpalast-Rede hat Goebbels zudem angekündigt, dass für den Dienst an der Front und die Arbeit in der Rüstungsindustrie »nun Hunderttausende von Uk.-Stellungen in der Heimat aufgehoben werden«. Nichtsdestotrotz arbeitet Weise weiterhin während seines Arbeitsurlaubs im Ministerium und erhält die vollen Friedensbezüge. Die letzte Aktennotiz der Personalabteilung in dieser Angelegenheit besagt: »Der von der Wehrmacht bisher schon beurlaubte G. W. ist nunmehr ab 13. Mai 1943 uk gestellt worden.«

FILMGESCHICHTEN

Zensor bei der Reichsfilmdramaturgie.
Hommage an Hilde Krahl

Auch an der Heimatfront ist Gerhart Weise vom Glück begüns-
tigt, denn Anfang Juli 1943 wird er in die Reichsfilmdramaturgie
versetzt. Im Hinblick auf die immer näher rückende militärische
Niederlage wird ein unauffälliger Filmdramaturg von den Siegern
sicher weniger zu befürchten haben als der Hauptschriftleiter
eines geheimen Propagandabüros. Der Stellenwechsel hängt wohl
damit zusammen, dass die verschärfte Handhabung der Uk-Stellungen auch empfindliche Lücken ins Filmgeschäft reißt. Schon im
März 1943 hat Goebbels seinen geschätzten Referenten Kurt Frowein zum Reichsfilmdramaturgen ernannt. Im Nachrichtenblatt
des Propagandaministeriums Nr. 7 vom 31. März 1943 erfolgt die
offizielle Bekanntmachung: »Während der Zeit des Fronteinsatzes
des Parteigenossen [Carl-Dieter] von Reichmeister übernimmt
mein persönlicher Referent Regierungsrat Frowein zeitweilig und
kommissarisch die Dienstgeschäfte des Reichsfilmdramaturgen.
Gez. Goebbels«. Ich vermute daher, dass ab Juli für einen ebenfalls
zum Fronteinsatz abkommandierten Mitarbeiter des neuen Film-
dramaturgen Ersatz benötigt wird.

Die Einrichtung der Reichsfilmdramaturgie ist unmittelbar mit
der Novellierung des Reichslichtspielgesetzes vom Februar 1934
verknüpft. Ab sofort ist jeder Film, der das nationalsozialistische Empfinden verletzt, verboten. Alle Filmvorhaben sind vor

Kurt Frowein 1940.
Passfoto für die Personalakte
im Propagandaministerium

Drehbeginn dem Reichsfilmdramaturgen zur Begutachtung vorzulegen. Der neu installierte Zensor ist mit beträchtlichen Machtmitteln ausgestattet: Er »berät« die Filmindustrie in allen dramaturgischen Fragen sowie bei der Umarbeitung von Filmstoffen oder verhindert von vornherein, dass Themen behandelt werden, die dem Gesetz zuwiderlaufen, kurz, er übt als verlängerter Arm des Ministers die absolute Kontrolle über die Filminhalte aus. Mit Kriegsbeginn werden die Zensurvorschriften noch einmal verschärft. Am 18. November 1939 fordert der Minister den Reichsbeauftragten für die deutsche Filmwirtschaft, Max Winkler, und den Präsidenten der Reichsfilmkammer, Carl Froelich, auf, den Produktionschefs der Filmherstellungsfirmen folgende Anweisung zu erteilen: »Von allen Spielfilmen ist rechtzeitig vor Inangriffnahme des Drehbuchs und der praktischen Vorbereitungsarbeiten ein Treatment meiner Filmabteilung zur grundsätzlichen Genehmigung einzureichen. Das auf der Grundlage des genehmigten Treatments hergestellte Drehbuch ist spätestens 4 Wochen vor Drehbeginn nochmals vorzulegen.« Erst wenn Treatment und Drehbuch dieser Vorzensur und dem endgültigen Urteil des Ministers standgehalten haben, dürfen die Dreharbeiten beginnen. Dabei fällt auf, dass der nationalsozialistischen Sprachregelung nicht nur der »Journalist«, sondern auch das »Treatment«, die Vorstufe des Drehbuchs, entkommen ist. Die Filmdramaturgie arbeitet eng mit der Filmprüfstelle zusammen, die für die Zensur bereits abgedrehter Filme zuständig ist: Die Dramaturgie gibt der Prüfstelle laufend die von Goebbels genehmigten Entwürfe und Drehbücher bekannt.

Goebbels verfolgt hier – anders als bei seinen Journalisten – eine Personalpolitik, bei der es weniger um Fachwissen, sondern vor allem um Parteitreue geht. Der neunundzwanzigjährige Kurt Frowein hat vom Medium Film keine Ahnung – beim *Angriff* hat er in den Ressorts Sport und Lokales mitgearbeitet –, ist aber ein absolut vertrauenswürdiger Parteigenosse. Auch der aus Belgrad zurückgekehrte Kurt Kränzlein möchte »eine führende Stellung im Film haben«, notiert Goebbels am 21. Juli 1943 in sein Tagebuch, »aber der scheint er mir im Augenblick noch nicht gewachsen zu sein; jedenfalls die Vorschläge, die er für die Reform des deutschen Films vorbringt, sind mehr als naiv«. Stattdessen wird Kränzlein von Goebbels ins Reichspropagandaamt Bochum beordert.

Wird Gerhart Weise dem neuen Reichsfilmdramaturgen zugeteilt, weil er immerhin eine Vorkriegslaufbahn als Filmkritiker hinter sich hat? Goebbels schickt jedenfalls Weise und nicht dessen neuen Vorgesetzten Frowein in Filmangelegenheiten nach Paris. Im Tagebuch vom 13. Juli 1943 heißt es dazu: »Mir wird von Weise ein Bericht über die filmpolitische Lage in Frankreich vorgelegt. Unser Produktionschef Greven hat tatsächlich das Wunder fertiggebracht, den französischen Film zu einigen [...]. Ich werde die guten Talente des französischen Films nach Berlin zu holen versuchen, im übrigen aber Greven ablösen, da er mir einen zu guten französischen Film macht. Er wird wahrscheinlich die Produktionsleitung der Prag-Film übernehmen.«

Alfred Greven ist nicht nur Parteigenosse, sondern auch vom Fach. Bevor er im Sommer 1940 von Goebbels als Reichsbeauftragter für das Filmwesen in den Niederlanden, Belgien und Frankreich nach Paris entsandt wird, hat er sich im Deutschen Reich bereits als Produktionsleiter erfolgreicher Filme hervorgetan. Im besetzten Paris »einigt« er den französischen Film dergestalt, dass er mit deutschem Kapital praktisch die gesamte französische Filmwirtschaft einschließlich der Ateliers und Kinos aufkauft und als Chef der neu gegründeten Continental Films S.A. französische Filme produziert. Diese Filme sind jedoch von so hoher Qualität, dass Goebbels die Entstehung einer neuen französischen Filmindustrie befürchtet, die der deutschen erfolgreich Konkurrenz machen könnte. Daher befiehlt er Greven, in Paris auch deutsche Filme herzustellen, was vorerst an dessen hinhaltendem Widerstand scheitert. Die Versetzung nach Prag findet jedenfalls nicht statt. 1944 ist Greven immer noch in Paris.

»Mit Frowein«, so Goebbels am 29. Juli 1943 in seinem Tagebuch, »spreche ich die freizügigere Behandlung der Filmproduktion durch. Ich kann mich jetzt nicht mehr so viel um Einzelheiten der Filmproduktion bekümmern. […] Die Reichsfilmdramaturgie soll sich in der Hauptsache nur um die staatspolitisch wichtigen Filmvorhaben kümmern.« Froweins neuer Dramaturg – die euphemistische Bezeichnung für Weises Zensortätigkeit – muss sich bald eine Weile allein um die Filmvorhaben kümmern. Am 8. Oktober lehnt der Innenminister den erneuten Antrag des Propagandaministers zur Ernennung Froweins zum Oberregierungsrat ab, woraufhin dieser vom 12. bis 27. Oktober in Urlaub und gleich im Anschluss, vom 28. Oktober bis 7. November, wieder einmal wegen »nervöser und körperlicher Erschöpfung« krankgeschrieben ist. Günstlinge können sich einiges erlauben. Frowein ist, ebenso wie Schwarz van Berk, des Öfteren privat bei Familie Goebbels in deren Villa auf Schwanenwerder, einer kleinen Insel im Wannsee, zu Gast. Es wird noch bis Juni 1944 dauern, bis sich das Reichsministerium des Innern endlich »ausnahmsweise« mit Froweins Beförderung zum Oberregierungsrat einverstanden erklärt. Vermutlich ist sein Vorgänger im Amt, Carl-Dietrich von Reichmeister, inzwischen an der Front den Heldentod gestorben, denn vier Wochen später wird im Nachrichtenblatt Nr. 19 die endgültige Ernennung Froweins zum Reichsfilmdramaturgen bekannt gegeben.

Kaum ist Frowein wieder gesund, wird Weise der Reichsfilmdramaturgie vorübergehend entzogen. Über Weihnachten 1943 gibt er ein Gastspiel in der »2. Marsch-Kompanie A der Nachrichten Ersatz Abteilung 3«, stationiert in der Delius-Kaserne Potsdam. Mir ist eine Art humoriger Bierzeitung besagter Kompanie in die Hände geraten, die anlässlich der Weihnachtsfeier unter Mitwirkung des »Soldaten« Weise zusammengeschustert worden ist. Immerhin versucht er darin, seinen »Kameraden« den Aphoristiker Georg Christoph Lichtenberg näherzubringen: »Im 18. Jahrhundert lebte zu Göttingen der wegen seiner Scharfzüngigkeit bekannte Philosoph Lichtenberg, einer der größten Spötter der Literaturgeschichte. Daß seine freizügigen Gedankensplitter auch heute noch Gültigkeit haben, beweisen folgende Aussprüche, die wir jeweils um winzige Zusätze bereichert haben« – ein Beispiel möge genügen: »Die beiden ersten Menschen hat man betrachtet. Ich wünschte, die Dichter möchten es mal mit den letzten beiden versuchen. Reizt Dich dies Ziel, Stackelberg?« Ja, der Trauzeuge ist auch dabei und in der Bierzeitung mit der besinnlichen Geschichte über einen dahingegangenen, Feldwebel vertreten. Der »Festfolge« der Weihnachtsfeier ist zu entnehmen, dass »Kamerad v. Stackelberg« Werke »aus eigener Feder« liest und Weise auch als Weihnachtsmann für die Bescherung zuständig ist. Ein launiges »Spiel um die Splittergräben« mit dem Titel »Holzstoßwache« wird aufgeführt, nachdem Kompaniequartett und Abteilungsorchester mehrere Weihnachtslieder zum Besten gegeben haben. Eine Sopranistin mit dem klangvollen Namen Lietta Garden-Clemens erfreut die Kompanie mit den »schönsten Operettenmelodien«. Für Ausstattung und Beleuchtung der Weihnachtsfeier zeichnet (vermittelt durch Weise?) die Ufa verantwortlich. Das Deckblatt der »Festschrift« schmückt ein

langes Gedicht, dessen aufbauende Schlusszeilen lauten: »Es ist
nicht Sache des Soldaten, trübsinnig in die Welt zu schaun / nach
vorne geht der Blick, nach oben, voll frischem Mut und Gottver-
traun / So laßt uns diese Weihnacht feiern und die Geburt vom
neuen Jahr / als Sieg des Lichts, als ein Erneuern im Kampf trotz
Not und trotz Gefahr!« In Berlin kursiert derweil ein Flüsterwitz,
der sicherlich auch in der Kompanie die Runde macht: »Die Engländer setzen die Christbäume, die Flak liefert die Kugeln, Goebbels erzählt uns Märchen, und wir sitzen im Keller und warten auf
die Bescherung.«

Drei Monate zuvor, im September 1943, ist Gerhart Weise als
Rezensent in einer Theateraufführung gewesen. Daran verblüfft
dreierlei: dass ein Mitarbeiter der Reichsfilmdramaturgie über
Theater schreibt, dass es sich dabei nicht um die vorgeschriebene
»Betrachtung«, sondern um eine echte Kritik handelt und dass
diese Kritik in Lothringen erscheint. Gegenstand der Rezension
ist die Premiere von Ibsens Drama *Nora* am 10. September 1943
im Deutschen Theater in Berlin. »Hilde Krahl und der zeitlose Ibsen« erscheint in der Wochenendausgabe vom 18./19. September
der *Metzer Zeitung*, dem »Gauamtlichen Abendblatt der Westmark«. Metz gehört seit Mai 1940 zum Großdeutschen Reich,
so dass den dortigen Zeitungslesern auch die Kulturereignisse
aus »ihrer« Reichshauptstadt nahegebracht werden. Im *Angriff*
ist der Artikel nicht erschienen, woraus ich schließe, dass im
annektierten Lothringen eine »geistige Freiheit« der deutschen
Presse zur Schau gestellt werden soll, die im »Altreich« seit Jahren
unterdrückt und mit dem Verbot der *Frankfurter Zeitung* Ende
August 1943 endgültig ad absurdum geführt worden ist.

Der Artikel des Feuilletonisten beginnt so munter und amüsant, als gäbe es keine Außenwelt und keinen Bombenkrieg, kein
zerstörtes Hamburg, keine Luftangriffe auf Schweinfurt, Regens-
burg, Peenemünde und Berlin: »Der Direktor des Hauses, Heinz

Moskaus Anspruch im weiten Mittelmeerraum

Bolschewistische Hebelpunkte zur Dardanellen-Oeffnung
Dimitroffs Drohung an Bulgarien

Mitten im Kanal ragt aus der Tiefe des Meeres ein Kastell wie ein Ueberrest aus grauem Mittelalter. In der Mitte aber erhoppelt sich das altertümlicher Geschwür als eine moderne Festung aus Eisen und Beton, einer der mächtigen Vorwerke des Atlantikwalls, bestückt mit Flakabwehrwaffen aller Kaliber. PK-Aufn.: Kriegsber. Kreutzer (Sch.)

Ein Spuk als Lehre
Von Josef Hünerfauth

Engerer Verteidigungsring

Die Ursachen der Absetzbewegungen im Osten / Blut und Kräfte sparen

Wechselvoller Kampf im Raume von Salerno

Bedingungslose Kapitulation der Badoglio-Besatzung auf Elba

Auch Frankreichs Rivieraküste jetzt unter deutschem Schutz. PK-Aufnahme: Kriegsberichter Jesse (Sch.)

Letzter Funk

Ansprache Mussolinis

Die Opfer von Nantes

Dringender Appell

Lügenmeldungen über Serbien

Hilpert [...], hat, so scheint es, einen flanierenden Seitenblick auf den Boulevard geschickt, um für die neue Spielzeit flott zu werden. Hat er nicht Ibsens alte Schultern mit zwei Wattelagen fast mondän verbreitert? Hat er nicht die Taille der Besetzungsliste besonders eng geschnitten, um Hilde Krahl desto effektvoller zu huldigen [...]?« Was dann aber folgt, ist ein geradezu furioser Verriss der Inszenierung, die das »heute mögliche non plus ultra« keineswegs erreicht habe. Allein durch das Spiel Hilde Krahls sei es gelungen, »die Frauentragödie des fin de siècle in eine Ehetragödie umzuwandeln, das papiergilbe frauenrechtlerische Postulat in der Flamme der elementaren Auseinandersetzung zwischen Frau und Mann aufzuzehren«. Die »rein frauenrechtlerischen Szenen des Schauspiels« seien heutzutage nicht mehr akzeptabel: »Die Frau, die [...] wegen einer nebulosen Seelenautonomie [...] sich auf einem ebenso morschen wie unsichtbaren Piedestal emporreckt und parlamentarisch wird, ertragen wir nicht. [...] Hier liegt die Regieaufgabe: ›Nora‹ durch scharfe Striche und selbst auf die Gefahren hin mit dem Zusatz eines neuen Schlusses der Gegenwart zu erhalten. Entweder inszeniert man das Schauspiel historisierend üblich und kalkuliert die Gefahr der Langeweile ein. Oder man verwandelt es in eine zeitlose Ehetragödie. Es nur partienweise zu entstauben, ›Nora‹ sozusagen auf Hausfrauenart zuzubereiten, damit mag einer hervorragenden Darstellerin [...] gedient sein, der künstlerische Gesamteindruck wird zerstört, die dramatische Kausalität zerrissen, die psychologische Wahrscheinlichkeit verlogen. [...] Der zögernd einsetzende, dann aber starke Beifall im Deutschen Theater galt in erster Linie der einzigartigen Hilde Krahl.«

Eine Woche, bevor Weises Kritik in der *Metzer Zeitung* erscheint, hat Richard Biedrzynski am 12. September 1943 im *Völkischen Beobachter* eine Betrachtung der *Nora*-Inszenierung publiziert. Weise muss diesen Artikel gelesen und unmittelbar darauf reagiert haben, denn seine negative Grundthese steht in eklatantem Widerspruch zu Biedrzynskis Interpretation, die besagt, Hilpert habe »das ›Puppenheim‹ aus dem gesellschaftskritischen Milieu in das zeitlose Frauenschicksal der ›Nora‹« gerückt. Hilde Krahl sei keine »Nora der Ibsenzeit« mehr, denn sie bringe »einen sehr heutigen Zug von Entschiedenheit mit […]. Vergessen sind die gesellschaftlichen Indizien ihrer Unbesonnenheit. Nur die menschliche Passion spricht noch mit zeitloser Gegenwart zu uns.« Der bekannte Buchautor, Theater- und Kunstkritiker Richard Biedrzynski (1900–1969), nach dem Krieg lange Jahre Feuilletonchef der *Stuttgarter Zeitung*, hat die Ibsen-Betrachtung 1944 in seinem Buch *Schauspieler Regisseure Intendanten* noch einmal abgedruckt.

Nun kann aber Ibsens Bild der Ehefrau als Puppe, eingesperrt in einem Puppenhaus, das zu klein für sie ist, aus dem sie, auf der Suche nach dem eigenen Ich, ausbricht, Mann und Kinder hinter sich lassend, im Jahr 1943 nicht anders denn historisch und verstaubt anmuten. Erst gut zwanzig Jahre später wird, unter anderen Vorzeichen, der Kampf um die weibliche Identität wieder so aktuell sein dürfen wie 1879, dem Entstehungsjahr des Dramas. Die bürgerliche Ehe ist im Deutschen Reich, jedenfalls auf dem Papier, ein längst besiegter Anachronismus und ebenso obsolet wie der in der »Systemzeit« gepflegte Individualismus. Im Nationalsozialismus existiert die Frau nicht für sich allein, sondern nur in Verbindung zum Mann, mit dem sie sich zu einem höheren Ganzen zu vereinigen hat. Die Erfüllung ihrer primären Aufgabe, dem Staat möglichst viele erbgesunde und rassisch einwandfreie Kinder zu schenken, wird mit dem »Ehrenkreuz der deutschen Mutter« belohnt. Als Arbeitsgenossin profitiert sie von dem kriegsbedingten Modernisierungsschub. Sie vertritt den Mann überall dort – in der Verwaltung, der Landwirtschaft, der Rüstungsindustrie –, wo sein Kriegseinsatz Lücken reißt. Schon vor 1939 arbeiten Millionen Frauen als Funktionärinnen in der Nationalsozialistischen Volkswohlfahrt, der Deutschen Arbeitsfront und dem Bund deutscher

Mädel in der Hitler-Jugend. Leitende Stellungen besetzen sie allerdings nicht, und die in begehrten Männerberufen erfolgreichen Frauen, wie die Regisseurin Leni Riefenstahl oder die Testpilotin Hanna Reitsch, sind die exotische Ausnahme. Im vierten Kriegsjahr muss der weibliche Kampf um »Seelenautonomie« geradezu absurd erscheinen. Die Frauen in Deutschland *sind* autonom, weil ihnen nichts anderes übrig bleibt. Als berufstätige Mütter tragen sie die alleinige Verantwortung für ihre Familien, organisieren die immer knapper werdenden Lebensmittel und improvisieren, wenn ausgebombt, eine neue provisorische Bleibe. Die ideologisch verbrämte Utopie einer Synthese von Mann und Frau zerschellt endgültig an einer Realität, die den Mann in den Krieg und die Frau in die Emanzipation katapultiert. Vor diesem Hintergrund ist es nur konsequent, wenn der Rezensent, im Gegensatz zum Kollegen Biedrzynski, auf Kosten der Werktreue für eine Modernisierung plädiert. »Hilde Krahl und der zeitlose Ibsen« ist der letzte überlieferte Zeitungsartikel von Gerhart Weise, und einigermaßen vernunftwidrig freue ich mich darüber, dass er seine Journalistenkarriere nicht mit Kriegspropaganda, sondern mit einer Theaterkritik und der Hommage an eine Schauspielerin beschließt.

Der Verwaltungsapparat Film ist keineswegs überschaubarer als der Aufbau des Propagandaministeriums insgesamt: Über allem schwebt Filmminister Goebbels, gleich unter ihm in Personalunion als Reichsfilmintendant und Leiter der Abteilung Film SS-Gruppenführer und Ministerialdirektor Hinkel, der mit diesem Posten im Mai 1944 den Gipfel seiner Machtbefugnisse erreicht. Anscheinend hat sich auch Kurt Frowein um das Amt beworben, aber Goebbels spricht ihm am 22. März 1944 in seinem Tagebuch die Befähigung dazu ab: In dieser Position habe er »einen Mann von Energie und Durchschlagskraft nötig. Frowein ist zwar gut als Reichsfilmdramaturg, aber die technischen und organisatorischen

Fragen beherrscht er doch zuwenig, und er ist noch zu jung dazu, als daß er sich hier durchsetzen könnte«. Hinkel soll, so Goebbels am 6. April, »mit großen Vollmachten ausgestattet« und Frowein, zum Trost, mit Hinkels Stellvertreter Kurt Parbel »gleichgestellt werden«. Aus einem Vermerk Hinkels vom 19. September 1944 geht hervor, dass die Reichsfilmintendanz auf Anweisung von Goebbels in a) Reichsfilmdramaturgie (Kurt Frowein) und b) Organisation (Kurt Parbel) zu gliedern sei. Frowein und Parbel werden vom Propagandaministerium »besoldet«, Weise steht auf der Gehaltsliste des Reichsfilmintendanten. In dessen Haushaltsplan schlägt der Dramaturg Weise im Jahr 1944 mit einem üppigen Jahresgehalt von 24 000 Reichsmark zu Buche, er verdient also das Doppelte seines vorherigen Honorars. Unter seinem Namen sind in Hinkels Haushaltsplan drei weitere Dramaturgen aufgelistet, die weit weniger bekommen: Koch (18 000), Blöcker (15 600), Frl. Janecke (12 000). Weises »Lohnzettel für das Kalenderjahr 1944«, der tatsächlich ein Gehalt von 24 000 Reichsmark ausweist, ist von der Ufa-Film-GmbH unterschrieben, denn, wie ich einem im besten Bürokratendeutsch verfassten Vermerk der Abteilung Haushalt an den Minister vom 3. November 1944 entnehme, ist der »Reichsfilmintendant ein Bestandteil der Ufa-Film-GmbH., der jedoch organisatorisch herausgelöst und unter Ministerialdirektor Hinkel nunmehr verselbständigt wird. Zur Abwicklung seiner Geldgeschäfte, die nicht unbeträchtlich sein werden, [...] bedient er sich am zweckmäßigsten der Kasse der Reichskulturkammer [deren Vizepräsident Hinkel ist!]. Die Mittel sind wie bisher von der Ufa-Film-GmbH. bereitzustellen, und zwar in der Weise, daß die von der Reichskulturkammer aufgewendeten Beträge in gewissen Zeitabständen vom Film erstattet werden.« Die Ufa-Film-GmbH, kurz Ufi, an deren Spitze seit April 1944 Goebbels' ehemaliger Staatssekretär Leopold Gutterer steht, ist die Dachorganisation der Produktionsfirmen Bavaria, Berlin-Film, Prag-Film, Terra, Tobis, Ufa und Wien-Film. Fast noch

Reichsfilmintendant
SS-Gruppenführer
Hans Hinkel

mehr als die komplizierte Buchhaltung verblüfft mich, in Anbetracht der Zeitumstände, die Datierung des Ufa-Lohnzettels: 28. März 1945. Die Bürokratie funktioniert bis zuletzt.

Die Adressen der Filmbürokratie erstrecken sich krakengleich über Berlin-Mitte, Charlottenburg und Wilmersdorf. Die Büros von Filmintendanz, Filmkammer und Filmdramaturgie befinden sich bis April 1944 unter ein und demselben Dach in der Krausenstraße 35–36 in Berlin-Mitte. Nach der Ernennung Hinkels zum Reichsfilmintendanten ziehen die Abteilungen aus der Krausenstraße um. In Berlin W 15, Schlüterstraße 45, Sitz der Reichskulturkammer seit 1942, ist Hinkel nun sein eigener Untermieter. Der erste auffindbare Brief des Reichsfilmintendanten mit der neuen Adresse datiert vom 2. Mai 1944. Nach Kriegsende wird das Haus in Charlottenburg zum Sitz der Kammer der Kulturschaffenden und des Kulturbunds zur demokratischen Erneuerung Deutschlands. Seit den 1960er Jahren befindet sich dort das Hotel Bogota, das mit einer kleinen Broschüre und wechselnden Ausstellungen an die Geschichte des Gebäudes erinnert. Der heutige Aufenthaltsraum in der zweiten Etage ist, noch mit dem ursprünglichen Mobiliar ausgestattet, Hinkels Büro gewesen. Im alten Dienstgebäude Hinkels, Krausenstraße 35–36, das zum Teil, einschließlich Fassade, noch steht, befindet sich heute ein Viersternehotel. Gleich nebenan, in der Krausenstraße 37–39, ist noch im März 1945 die Ufa Filmkunst GmbH untergebracht. Zu DDR-Zeiten hat das Gebäude, wie ein verwittertes Schild an der Fassade verrät, die Akademie der Wissenschaften beherbergt. Ein weiteres Büro der Ufa-Film ist, trotz Zerbombung des Zoo-Viertels im November 1943, noch bis mindestens Februar 1945 in der Budapester Straße 23 beheimatet. Der Präsident der Filmkammer, Carl Froelich, residiert in der Meinekestraße 21. Die Produktionsstätten der Ufa Filmkunst in Potsdam-Babelsberg, Ufastraße 99–103, werden im April 1945 von Einheiten der Roten Armee besetzt.

Zurück zu Gerhart Weises dramaturgischer Zensorentätigkeit. Die Rekonstruktion bleibt lückenhaft, da seine Personalakte abbricht, als er zur Reichsfilmdramaturgie wechselt, während Froweins Akte bis Anfang Januar 1945 erhalten ist. Die Arbeitsteilung zwischen Frowein und Weise scheint so geregelt zu sein, dass Ersterer für die Ministervorlagen zuständig ist, also seine Filmgutachten mit ausführlichen Inhaltsangaben, Beurteilungen und Vorschlägen »über den Herrn Reichsfilmintendanten« Hinkel an Goebbels schickt, der den Daumen hebt oder senkt, während Weise die Produktionsfirmen kontrolliert.

Womit Weise befasst ist, zeigen beispielhaft zwei Aktennotizen von Hans H. Henne, der im Juni 1944 nicht mehr als Dramaturg bei der Tobis, sondern für die von Otto Heinz Jahn geleitete Berlin-Film arbeitet. In einer Notiz vom 16. August 1944 fasst Henne die Bedenken Gerhart Weises gegenüber einem der Reichsfilmdramaturgie vorgelegten Filmprojekt zusammen. Der geplante Propagandafilm *Geliebte meiner Jugend* (Regie: Fritz Kirchhoff, Drehbuch: Stefanie von Below, Hauptrollen: Gustav Knuth und Hermann Speelmans) basiert auf der Idee einer mit der Organisation Todt vermengten Liebesgeschichte. Die nach dem 1942 bei einem Flugzeugabsturz umgekommenen Rüstungsminister Fritz Todt benannte Organisation ist seit Kriegsbeginn für alle militärischen Bauaufgaben zuständig. Der Filmentwurf sieht selbstverständlich nicht vor, die KZ-Häftlinge und Zwangsarbeiter zu zeigen, die sich auf den zahlreichen Baustellen der Organisation, die seit 1942 von Todts Nachfolger Albert Speer geleitet wird, im Reich und in den besetzten Gebieten zu Tode schuften. Weises Einwände haben einen anderen Hintergrund, im Gegensatz zum originalen Entwurf sieht er »den Stoff etwa so«: Zwei junge Männer, beide in dieselbe Frau verliebt, arbeiten nach ihrem Studium in einem »OT-Lager« für den Endsieg. Fritz, »überkorrekt« und »ein sehr heutiger Mensch«, konkurriert mit Herbert, »besessen von seiner Arbeit«, um Christine, die »nicht nur eine Feierabendliebe sein« möchte. Sie heiratet Fritz, führt mit ihm »eine sehr nüchterne und klare Ehe«. Herbert sieht ein, »dass man sich eine Liebe nicht nur so am Rande leisten kann, dass eine Frau nicht nur ein Objekt ist, sondern ein Partner, der in völliger Harmonie in einem aufgeht«. Es bleibt unklar, ob Fritz stirbt oder sonst wie verschwindet – jedenfalls finden Christine und Herbert endlich zueinander, weil »beide bewusst und gern etwas aufgeben. Der Mann nämlich sagt sich, dass er der Frau Raum geben muss in seinem Leben und in seiner Arbeit, und die Frau andererseits sagt sich, wichtiger als ich ist das Werk, das er zu leisten hat.« Offenkundig ist die eingereichte Vorlage nicht nüchtern genug gewesen, denn Weise »lehnt die Figur des romantischen OT-Mannes ab und behauptet, solche Leute gäbe es in einem OT-Lager nicht. […] Grundsätzlich soll also dem Stoff die süsse Romantik genommen werden. Es muss etwas vom Geist des OT-Landsknechtes darin sein«. Das daraufhin geänderte Drehbuch hat Frowein geprüft, denn in einer undatierten Ministervorlage, die, wie stets, vorab dem »Herrn Reichsfilmintendanten« zur Kenntnis gebracht werden muss, schlägt er eine weitere Änderung vor und empfiehlt »Genehmigung auf eigene Verantwortung«. Am 13. September 1944 bekommt Frowein die Vorlage mit dem handschriftlichen Vermerk zurück: »Der Min. hat das Vorhaben genehmigt u. sich Ihren Vorschlägen angeschlossen.« Dennoch ist das Projekt nicht realisiert worden; möglicherweise ist die Berlin-Film vor der Last der ihr aufgebürdeten Verantwortung zurückgeschreckt.

Eine zweite Aktennotiz Hennes vom 13. September 1944 besagt, dass die Verfilmung des Drehbuchs von Gustav Kampendonk nach Motiven des Fontane-Romans *Mathilde Möhring* grundsätzlich genehmigt worden sei. Allerdings seien noch einige Abänderungen erforderlich. »Herr Weise von der Reichsfilmdramaturgie versprach telefonisch, dass er das fertige Drehbuch dann sofort lesen wird. Herr Weise teilte mir telefonisch mit, dass [...] die Verträge mit den Schauspielern abgeschlossen werden können«. Es sind dies Heidemarie Hatheyer, Viktor Staal, Paul Klinger, Paul Bildt, Grete Weiser, Elsa Wagner und andere. Die Musik stammt von Werner Eisbrenner, Regie führt Rolf Hansen. Die Dreharbeiten für den alsbald in *Ich glaube an dich* umbenannten Film beginnen im November 1944 und werden im Februar 1945 beendet. 1950 stellt die DEFA den Film endgültig fertig – mit einigen Synchronisationen und sozialistischen Zensurmaßnahmen –, und am 9. Juni wird *Mathilde Möhring*, »ein Frauenschicksal nach dem Roman von Fontane« im Babylon-Filmtheater am Luxemburgplatz in der Hauptstadt der DDR uraufgeführt. Schon eine Woche später allerdings ist der Film, der nicht als DEFA-Produktion läuft und für den keinerlei Werbung betrieben wird, nach Köpenick ins Forum-Kino verbannt und wiederum eine Woche später nach Lichtenberg ins Capitol. Die Aufführungen in Westdeutschland laufen im Februar 1953 an, jedoch – zwecks Abgrenzung? – unter dem Verleihtitel *Mein Herz gehört Dir.*

Zwei der zahlreichen Ministervorlagen, beide vom 3. Oktober 1944, sind nicht von Frowein, sondern »i. V.« von Weise unterschrieben; vielleicht ist sein Chef wieder einmal krank oder im Urlaub. Weise beschreibt auf sieben Seiten den Inhalt des Terra-Projekts *Der Musterbauer* (Drehbuch: August Hinrichs), bemäkelt den etwas dürftigen Stoff des dörflichen Schwanks, hält aber die Gefahr »billigen ländlichen Klamauk[s]« für gering, wenn der in Aussicht genommene Boleslaw Barlog mit der Regie betraut werde. Schon zwei Tage später erhält Weise das Gutachten zurück mit der Bemerkung, dass der Minister das Vorhaben für ziemlich dünn halte. »Endgültige Entscheidung [nach] Vorlage [von] Besetzung und Regie.« Der Film ist allem Anschein nach nicht zustande gekommen. Für das Tobis-Vorhaben *Döderlein* (Exposé: Gerhard T. Buchholz) schlägt Weise die »Drehbuchvorlage vor, um ein Absinken des Stoffes ins allzu Kleinbürgerliche zu verhindern«, unterstützt aber die Auffassung der Tobis, die hier »eine grosse heitere Rolle für Heinrich George« sieht. Auch dieser Film ist nicht gedreht worden.

In einer Aktennotiz vom 9. November 1944 verlangt Weise »i. V.« einen Schnitt im bereits abgedrehten Film *Das war mein Leben,* einer Produktion der Berlin-Film (Regie: Paul Martin, Drehbuch: Stefanie von Below und Gustav Kampendonk, Musik: Michael Jary, Hauptrolle: Carl Raddatz): »Der Satz des alten Dorfarztes zu dem alten Bauern ›lieber ein schlechtes Leben als ein guter Tod‹ wird geschnitten. Als Aphorismus im leeren Raum wirkt der Satz unmöglich. Im Zusammenhang dieses Films wird er von einem in den Sielen ergrauten Arzt einem schwerhörigen, zu nichts mehr brauchbaren menschlichen Wrack auf dem Altenteil gesagt. Er ist ein Trostpflästerchen ohne tiefere Bedeutung. Insofern wirkt er in dem Zusammenhang nicht als These, sondern als gutmütige Arabeske. Trotzdem muß der Schnitt durchgeführt werden, da die Frage Leben oder Tod heute ein so elementares Wesen angenommen hat, daß der Satz mißverstanden werden könnte.« Missverstanden? Als unterschwellige Kritik am Euthanasieprogramm? Als Aufruf zur Fahnenflucht? Vermutlich als defätistischer Kommentar zu den katastrophalen Lebensbedingungen im November 1944 an der Heimatfront. Ich wüsste gern, ob die Uraufführung des Films tatsächlich, wie den Filmlexika zu entnehmen, bereits am 24. Oktober 1944 stattgefunden hat, denn in diesem Fall wäre der inkriminierte Satz mit der Freigabe durchgerutscht, und »lieber ein schlechtes Leben als ein guter Tod« hätte nachträglich aus zahlreichen Kopien herausgeschnitten werden müssen. Eine verwunderliche Aktennotiz auch insofern, als für Zensurmaßnahmen an einem abgedrehten Film nicht die Filmdramaturgie, sondern die Filmprüfstelle zuständig ist. Wie auch immer, die Aktennotiz ist handschriftlich mit dem Vermerk »erl. Hi[nkel]« versehen.

Vom 12. Dezember 1944 schließlich datiert eine »Blitzvorlage« Weises (i. V.) an den Herrn Minister über *Das Herz muß schweigen*, eine Produktion der Wien-Film (Regie: Gustav Ucicky, Drehbuch: Gerhard Menzel, Kamera: Günther Anders), ein weiterer staatspolitisch wichtiger Propagandafilm, in dem sich Paula Wessely und Mathias Wiemann für den Fortschritt der Medizin aufopfern. Der Blitzvorlage ist zu entnehmen, dass die vom Minister gewünschten Schnitte inzwischen durchgeführt sind, zum Beispiel: »Die Maxi-Rufe in der Sterbeszene werden nur noch dreimal statt fünfzehnmal wiederholt. [Die von Paula Wessely gespielte Röntgenassistentin Maximiliane stirbt an Krebs.] Kann der nach den Weisungen des Herrn Ministers geschnittene Film freigegeben werden?« Offenkundig ja, denn sieben Tage später wird *Das Herz muß schweigen* uraufgeführt.

DAS LEBEN GEHT WEITER

Koautor des letzten Propagandafilms

Das Leben geht weiter, der letzte Propagandafilm des Dritten Reiches, ist zum Mythos geworden, denn niemand hat ihn je gesehen und kaum jemand hat von ihm gewusst. Er ist verschwunden. Erst Hans-Christoph Blumenberg hat die abenteuerliche Produktionsgeschichte anhand der von ihm aufgefundenen Materialien – Treatment und Drehbuch, Produktionstagebücher und -skizzen, Standfotos und Filmakten – rekonstruiert. Auf seinem Buch beruht die von Mark Cairns gedrehte und mit dem Emmy Award ausgezeichnete Dokumentation des Filmprojekts.

Ein gravierendes Hindernis für meine eigene Rekonstruktion ist anfangs Blumenbergs Vermutung gewesen, die sich wie ein roter Faden durch sein Buch zieht, der eigentliche Autor des Treatments heiße Joseph Goebbels. Diese Vermutung wird jedoch vom Minister selbst widerlegt: »Frowein hat mir«, vermerkt Goebbels am 16. Juli 1944 in seinem Tagebuch, »ein Filmmanuskript aus seiner, Hennes und Weises Feder mitgegeben zum Thema ›Das Leben geht weiter‹. Da die anderen Manuskriptschreiber des Films nicht in der Lage waren, nach meinen Anregungen einen solchen Stoff zu bearbeiten, hat er sich selbst an die Arbeit gegeben [sic!]. Das Resultat ist sehr erfolgversprechend. Ich glaube, daß man daraus einen wirkungsvollen Film über die Bombennächte in Berlin machen kann.«

Zu den »Anregungen« gehört der Filmtitel, den Goebbels bereits als Überschrift für seinen am 16. April 1944 in *Das Reich* abgedruckten Leitartikel ersonnen hat. Nach den neuerlichen heftigen Bombenangriffen der Alliierten im März und April soll der Leitartikel den Durchhaltewillen der Volksgemeinschaft stärken: »Wenn selbst in den Mauerresten unserer zerstörten Stadtteile das Leben weitergeht, so zeugt diese Tatsache von der vitalen Daseinskraft eines Volkes, das auch das Schlimmste zu ertragen bereit ist, um seine Freiheit zu erhalten.« Gut möglich, dass Goebbels sich auch das Exposé ausgedacht hat. Es wäre nicht das erste Mal: »Ich diktiere das Exposé zu einem Familienfilm«, so heißt es im Tagebuch im Juli 1943, »den ich für Jannings entwerfen will.«

Das ausführliche Treatment, das der zufriedene Minister am 16. Juli 1944 in Händen hält, besteht aus fünfundzwanzig Kapiteln und ursprünglich hundertsiebenundsechzig getippten Seiten. Das einzige noch vorhandene Exemplar, dem die ersten fünf Seiten fehlen, hat sich im Nachlass von Hans H. Henne erhalten. Die Lektüre lässt vermuten, dass die drei Autoren unter großem zeitlichem Druck gestanden haben, um die durch »die anderen Manuskriptschreiber« verursachte Verzögerung aufzuholen, denn an einigen Stellen haben sie deutlich geschludert. Die hohe Schule des Gemeinschaftsgeistes wird anhand einer Hausgemeinschaft vorgeführt, in der jeder auf seine Art dem feindlichen Luftterror trotzt. Das »neuzeitliche Sechsfamilienhaus« liegt in Zehlendorf, einem der »friedlichsten und schönsten Wohnviertel Berlins« – obwohl der Minister laut Tagebucheintrag vom 30. März 1944 schon vor Monaten Carl Froelich aufgefordert hat, »eine Berliner Bombennacht in einem Haus im Hansaviertel«, also in Berlin-Tiergarten, zu schildern. Mit diesem Eintrag erwähnt Goebbels zum ersten Mal den geplanten Film. Der fast siebzigjährige Regisseur verschwindet damit allerdings sang- und klanglos aus dem Projekt.

Die sechs Mietparteien stellen einen repräsentativen Querschnitt durch die klassenlose Volksgemeinschaft dar: Haus- und

Schlossermeister Paul Schnakebusch, zugleich Luftschutzwart, samt Hausmeistersfrau und vierzehnjährigem Sohn; Diplom-Ingenieur Ferdinand Martens und Frau Gusti, die, kriegsbedingt, als Fahrerin bei der S-Bahn einen Männerberuf ausübt, übrigens »ein sehr glückliches Ehepaar« mit drei Kindern; Rudolf Winkler, »zweiter Geiger eines Unterhaltungsorchesters«, mit Ehefrau; die Bibliothekarin Marianne Carius, die mit ihrer alten Mutter zusammenlebt; der Indologe Professor Reutter, ein »Eigenbrötler« mit Monokel und Knebelbart, der mehr als vierzig indische Dialekte beherrscht. Ganz oben wohnt Frau Kolling mit ihren vier Kindern; ihr Mann ist »an der Front«. Ein Freund des Hauses und Verehrer von Gusti Martens, der flotte Axel Aressen, erscheint mit Panamahut und sechs Flaschen Wein unterm Arm auf Gustis heiterem Geburtstagsfest, mit dem der Film, dessen Handlung in den Herbst und Winter 1943 vorverlegt wird, beginnen soll. Doch der 31. August 1943 ist nicht nur Gustis Geburtstag, sondern auch der Tag, an dem Gauleiter Goebbels befiehlt, »die Reichshauptstadt zu evakuieren«, gefolgt von der Nacht, in der an Millionen Haushalte die entsprechenden Handzettel zugestellt werden. »Bei Ausbruch des nächsten Tages«, also am 1. September, »beginnt der Treck aus Berlin«. Tatsächlich startet die Evakuierung, wie im Goebbels-Tagebuch nachzulesen, schon am 1. August als Reaktion auf die am 25. Juli begonnene und fünf Tage während Bombardierung Hamburgs durch die alliierte Luftwaffe, und alle Handzettel sind bis zum 2. August an die Berliner Haushalte verteilt. Auch das Treatment bezieht sich auf diesen Großangriff, obwohl an Gustis Geburtstag die Zerstörung Hamburgs bereits vier Wochen zurückliegt. Hingegen werden die jüngsten Bombenangriffe in der Nacht zum 31. August 1943 auf Mönchengladbach und Rheydt, immerhin die Geburtsstadt des Filmministers, oder auf Berlin am 23. und 24. August im Treatment mit keinem Wort erwähnt. Auch ein sprachlicher Lapsus unterläuft den Autoren: Sie bezeichnen die Bombardierung Hamburgs als »Katastrophe«, obwohl Goebbels schon im Dezember 1943 darauf gedrungen hat, dieses Wort aus dem gesamten Sprachgebrauch zu eliminieren, da es sich psychologisch und politisch unerfreulich auswirke.

Am 1. September jedenfalls bringt Ferdinand Martens seine drei Kinder zu den Eltern ins Erzgebirge, und Gusti überlegt derweil, ob Frau Kolling mit den vier Kindern im Protektorat Böhmen und Mähren in Sicherheit gebracht werden kann. Der Bombenangriff auf Berlin im August wird auf eine Septembernacht verlegt, die Zehlendorfer Hausgemeinschaft versammelt sich im Luftschutz-keller, trifft dort einen geheimnisvollen Fremden namens Stefan Castell, allesamt helfen sie bei den Lösch- und Rettungsarbeiten in einem benachbarten Haus, um sodann bei Marianne Carius Kaffee zu trinken. »Zwischen ihnen schwingt die Gemeinsam-keit der vollbrachten guten Tat.« Ferdinand Martens hat einen Termin im Rüstungsministerium. Die drei Autoren schieben hier vorsichtshalber die Anmerkung ein, dass die Rüstungsszenen »noch mit einem Fachmann abgestimmt« würden, vor allem »die filmgemässe Verschleierung des wirklichen Anzeigegerätes für Feindbomber, das die Nachtjäger erhalten haben«. Der Produk-tionsdirektor, »ein kurzes, breites Energiepaket, mit Tonnen von Verantwortung beladen«, bellt im Kommandoton, Martens habe in seinem Labor bis Mitte November ein Frequenzgerät für die Luftwaffe zu entwickeln, das akustisch vor nahenden feindlichen Flugzeugen warnt. Auf den zaghaften Einwand des Diplom-In-genieurs, das sei in der kurzen Zeit nicht zu schaffen: »Heute früh war der Generaloberst hier. Ich habe ihm versprochen, dass Sie es schaffen. Jeder Tag zählt. So ist die Lage. Bescheiden! Jede Stun-de zählt. Wiedersehen.« Auf der folgenden »Sofortkonferenz« im Fabrikbüro ist Martens plötzlich nur noch »Energie, Wille, Befehl«, denn: »Es geht um die Verteidigung unserer Heimat, unserer Frauen, unserer Kinder. Die Front wartet auf uns.« Noch ein Bombenangriff: Gusti hat Dienst, rettet unter Lebensgefahr ein Kind, kommt zurück zum S-Bahn-Bunker, der Stationsvorsteher, neben dem sie eben noch gestanden hat, ist tot. Das soll heißen, der Einsatz ihres Lebens hat Gusti das Leben gerettet. Im »physikalischen Versuchskabinett« scheitert indessen ein Versuch nach dem anderen, das Anzeigegerät für Feindbomber fertigzustellen. Eingeblendetes Kalenderblatt: 21. Oktober. Martens verzweifelt fast: »Ich weiss nicht mehr weiter. Aber es muss ja weiter gehen. Es muss ja!« Doch schon wenig später kann er dem Produktionsdirektor versichern, dass die Produktion im November anläuft. Hektische Betriebsamkeit im physikalischen Labor, Martens beugt sich über »das Elektronenmikroskop von Ardenne«, »an einem danebenstehenden Gerät schliessen sich zwei rasend rotierende Neonlichtkreise« – kurz, es klappt. Das Kalenderblatt zeigt den 15. November. Nun folgt die Probe aufs Exempel. »Martens fliegt in einer Do 217« mit, um festzustellen, ob sein Frequenzgerät Alarm gibt, »wenn wir auf 20 Kilometer« an eine Feindmaschine »ran sind«. Nach der Landung beglückwünschen ihn der Produktionsdirektor, ein Fliegergeneral und ein paar Offiziere zu seinem Erfolg: »Nach der Peilung hat das Gerät schon auf 25 Kilometer angezeigt. Hervorragend!«

Während Martens sein Frequenzgerät erfindet, das für den Kinobesucher den Endsieg wieder in greifbare Nähe rücken soll, entspinnt sich eine Liebesgeschichte zwischen der ernsthaften Bibliothekarin Marianne Carius und Stefan Castell, dem geheimnisvollen Fremden. Die Liebe beginnt als heitere Slapstick-Einlage, bei der das Hin und Her um einen Rosenstrauß, den Castell – Symbol! – aus dem brennenden Nachbarhaus gerettet hat, zu einem ersten romantischen Höhepunkt führt: »Er bindet die Krawatte ab, schlingt sie zur Schleife um die Rosen und hängt das Kunstwerk an Mariannes Klinke. Auf den Boden einer Streichholzschachtel kritzelt er die Worte: ›Darf ich an Sie denken?‹ Die Buchstaben verschwimmen auf dem dünnen Holz.« Es folgt ein erster Kuss in der Staatsbibliothek, ein Ausflug an den Schwielowsee, ausgemalt als liebliches Idyll ohne Krieg, ohne Bomben, stattdessen mit

einem Marienkäfer auf Mariannes Hand: »Marienkäfer flieg, bitte
bring mir Glück«. Ein absichtlich gesetzter Kontrapunkt zum
Kriegslied »Maikäfer flieg«? Stefan »starrt«, den Kopf in Mariannes Schoß, »in den heissen seidigblauen Himmel«. Überblendung
zu einem Schlosskonzert in Potsdam. Auf dem Programm steht
Schuberts *Unvollendete*, deren Klänge die baldige Trennung des
Liebespaars ebenso ankündigen wie die »helle Statuette [...].
Ritterlicher Page nimmt Abschied von der Geliebten« im Park
von Sanssouci. Mein Verdacht, der Autor dieser Liebesgeschichte
könne Gerhart Weise, »der Ritter mit dem goldenen Kirschkern«,
sein, verdichtet sich zur Gewissheit, als Stefan einen Kiesel nimmt
und »ihn in sein eigenes Spiegelbild im Wasser« wirft: »Kamera auf
das zitternde Spiegelbild.« Die Ähnlichkeit mit Weises Selbstpor-
trät im *Angriff* 1938, als er, in Anspielung auf Charlie Rivel, es als
seine »Lieblingsbeschäftigung« bezeichnet hat, »in den Himmel,
ins Wasser oder in kochenden Asphalt zu starren«, aber nicht ins
eigene Spiegelbild, ist allzu verblüffend. Der Krieg, so Stefan, »ist
eine grosse Maschine, mit Blut gespeist und mit Feuer getrieben.
[...] Aber für das Andere, das Eigene [...] ist keine Zeit und kein
Raum mehr. Man wird selber ein Stück Krieg.« Der Traum ist
vorbei; Castell muss in geheimem Auftrag Berlin verlassen. Er sei
kein freier »Zugvogel«, sondern Flieger, sei von Befehlen abhängig
und könne »ganz plötzlich wie eine Kiste Stückgut von einer Ecke
Europas in die andere verschoben werden [...]. Marianne: wir
müssen auseinandergehen.«

Wochen später treffen sich der Kampfflieger und der Ingenieur
nach dessen erfolgreichem Testflug mit der Do 217 auf dem Flug-
platz und fachsimpeln über das neue Frequenzgerät. Der Hausgemeinschaft ist die neuerdings todunglückliche Miene Mariannes
nicht verborgen geblieben, und Martens redet Castell gut zu,
seinem Gefühl zu folgen. Aber der Kampfflieger bleibt hart: »wir
müssen mit relativ geringen Kräften eine Gegenoffensive in der
Materialschlacht zur Luft veranstalten. [...] Nur daran darf ich

denken. [...] Und für mich kann es jetzt nichts anderes geben als Kampf, Krieg, Kampf und nochmal Krieg.« Schnitt. Gustis großer Monolog über das siegreiche Leben wird vorbereitet. »Kamera fährt allmählich bis zur Großaufnahme heran, so dass das Gesicht wie losgelöst vom Raum zu sein scheint.« Marianne und Stefan seien stark, ernsthaft und mutig; auch im Krieg sei Liebe zu verantworten: »Das Leben geht doch weiter. Das Leben mit seinem grossen ewigen Atem. [...] Wir können getötet werden – aber nicht das, was in uns ist. Und das erst ist ja das eigentliche Leben.« Dass Gusti und Ferdinand beschließen, dem Glück auf die Sprünge zu helfen, stellt sich als überflüssig heraus, denn es ist der Krieg selbst, dem die Wiedervereinigung des Liebespaars zu verdanken sein wird. Schauplatzwechsel: Ein Nachtjägerflughafen in der Mark Brandenburg, eine wartende Gruppe von Fliegern. Auftritt Hauptmann Castell: »Also: in der Luft hängen schätzungsweise 1000 Viermotorige – wahrscheinliches Ziel: Berlin.« Er hebt langsam die Stimme und »bellt« schließlich: »Wenn Sie gleich in der Waschküche stecken, dann denken Sie an folgendes: In einer halben Stunde werden in Berlin vier Millionen Menschen im Keller sitzen! Über denen lädt gleich der Tommy ab, die will er zusammenschlagen. Die können sich nicht wehren, nicht in die Maschine steigen wie wir, die haben kein Zielgerät vor den Augen und keine Kanone vorm Bauch. [...] Wenn es unten rot wird und die Stadt zu brennen anfängt, vergessen Sie, dass Sie ein Leben haben, vergessen Sie, dass Sie zurückkehren wollen und denken Sie nur das eine: ran, noch dichter ran, abschiessen! Ich starte als Erster!« Jeder Berliner Kinobesucher soll sich beim Anblick dieser Szene an die massiven Bombenangriffe auf Berlin im November 1943 erinnern und sich deshalb vor Augen halten, wie die tapfere Luftwaffe ihr Leben hingegeben hat, damit das Leben weitergeht. Auch der Propagandaminister ist nicht untätig. Kurz nach dem Start der Nachtjäger sieht das Treatment »Dr. Goebbels und sein[en] Stab über einer Karte im Befehlsbunker«.

Falls Gerhart Weise tatsächlich für die Liebesgeschichte verantwortlich ist, die übrigens desto kitschiger wird, je entsagender und pathetischer sie sich entwickelt, kann der Verfasser der Erzählung *Die andere Welt,* in der es um die Urlaubsliebe eines Fliegeroffiziers geht, auch auf professionelle Erfahrungen zurückgreifen. 1938 hat er mutmaßlich die Dornier-Werke in Friedrichshafen besichtigt. Für seine Filmreportage »Noch einmal Krieg in Polen« vom September 1940 haben ihm die beiden Flieger-Asse Hans Bertram und Heinz von Jaworski ein »ganzes Geschwader von He-111-Bombern, eine Menge Zerstörer und Jagdmaschinen«, darunter die Ju 87, vorgeführt. Im Oktober 1940 hat der damalige Luftwaffen-Experte des Büros Schwarz van Berk den berühmten Erfinder des Junkers-Sturzkampfbombers und Nachtjägers Ju 88, Hermann Pohlmann, besucht. Und am 1. November 1940 ist in der Zeitschrift *Signal* Weises drei Seiten umfassender, reich bebilderter Bericht »Stukas. Über den Sturzkampfbomber und seine Geschichte« erschienen.

Anmerkung der Treatment-Autoren: Für die Darstellung einer der Bombennächte im November »ist zu prüfen, welche Streifen aus dem umfangreich vorhandenen dokumentarischen Filmmaterial am wirkungsvollsten zu verwenden sind«. Die Zehlendorfer Hausgemeinschaft ist wieder im Luftschutzkeller versammelt. »Stefan Castell springt von seinem Flugzeug. Er hat zwei Abschüsse, einen über der Stadt.« In tollkühner Autofahrt, Bombenkrater und brennende Häuser umkurvend, rast er nach Zehlendorf. Volltreffer auf das Sechsfamilienhaus. Die Hausgemeinschaft steht im Halbkreis um die brennende Ruine. Stefan und Marianne sinken sich in die Arme, und sie spricht aus, was endlich auch er zu fühlen sich erlaubt: »dass wir stärker sind als der Krieg. Er kann alles um uns, aber er kann nichts in uns zerstören. Unser Leben geht weiter.« Gustis hingegen nicht; eine weitere gute Tat hat sie diesmal das Leben gekostet: Als sie kurz den Luftschutzkeller verlassen hat, um für die alte Frau Carius ein Glas Wasser zu holen, wird sie von herabfallenden Trümmern erschlagen. Castell versucht, den zusammengebrochenen Martens aufzumuntern: »Wir sind heute mit Ihrem Gerät geflogen.« Keine Reaktion. Erst ein Fahrer der Fabrik – »die Hallen 2 und 6 haben Volltreffer« – vermag ihn aufzurütteln. Im davonfahrenden Auto blickt er durch die Rückscheibe auf die Trümmerstätte. »Es ist ein zerstörtes, unendlich trauerndes, lebloses Gesicht.« Der Morgen dämmert. »In den Trümmern beginnt wieder das Leben. Berlin stemmt sich gegen den Terror.« Martens steht an einem Fabrikfenster und »sieht in der Ferne auf einer Strasse einen Menschenzug. [...] Die Spitze des Zuges kommt über eine Bodenschwelle. Kamera fotografiert von unten. Die Menschen singen nicht. Sie haben auch keinen Gleichtritt. Aber der mächtige Chor braust dennoch über ihnen dahin. [...] Unendlich strömt der Zug. Denn das Leben geht weiter.« Diese bombastische Apotheose, die, mit umgekehrten Vorzeichen, von Eisenstein oder Pudowkin stammen könnte, folgt noch einmal der Dramaturgie des Goebbels-Leitartikels vom 16. April: »Wenn am Morgen nach den lodernden Bombennächten [...] sich durch ihre breiten Straßen der Strom der Männer und Frauen wälzt, die zwei und drei Stunden wie in großen Massenprozessionen ihren Arbeitsstellen zustreben, [...] dann erfaßt uns zu dieser tapferen Millionenstadt eine Art von Zuneigung aus der Tiefe des Herzens, die wir früher nicht gekannt haben.«

Obwohl das Treatment bereits am 16. Juli 1944 die Billigung des Ministers gefunden hat, beginnen die Dreharbeiten erst am 20. November. Die lange Zeitspanne erklärt sich aus dem Umstand, dass Goebbels die ihm eingereichten Drehbuchentwürfe immer wieder ablehnt, bis er sich schließlich mit einer von Wolfgang Liebeneiner geschriebenen Fassung einverstanden erklärt. Liebeneiner ist auch der auserwählte Regisseur; Karl Ritter muss sich mit der Produktionsleitung begnügen. Für die Hauptrollen werden die größten Ufa-Stars dienstverpflichtet: Gustav Knuth

1943 werden Veit Harlan (Mitte) und Wolfgang Liebeneiner
von Goebbels mit dem Professorentitel ausgezeichnet

und Hilde Krahl (Ehepaar Martens), Viktor de Kowa und Marianne Hoppe (Liebespaar), Heinrich George (Produktionsdirektor).
Da es sich bei diesem Film um einen »Staatsauftrag« von absoluter
Priorität handelt, wird ausnahmsweise schon gedreht, bevor der
Kostenvoranschlag fertig, geschweige denn genehmigt ist. Am
12. Dezember endlich liegt er vor, und auf dessen Seite 3 ist zu
lesen, dass jeder der Treatment-Autoren »Frowein, Weise, Henne«
ein Honorar in Höhe von stolzen 10 000 Reichsmark bekommen
hat. Schon am 30. September hat Hinkels Referent Walter Müller-
Goerne in einem Brief an die Ufa-Film GmbH verfügt, dass den
Verfassern das »ausführliche Treatment« mit dem Betrag von insgesamt 30 000 Reichsmark zu vergüten sei.

Das Drehbuch hält sich, vom Schluss einmal abgesehen, in
großen Zügen an das Treatment. Einige Szenen werden umge-
stellt, andere ergänzt oder kommen neu hinzu. Die Verlegung des
Zehlendorfer Sechsfamilienhauses nach Berlin-Tiergarten in die

Klopstockstraße 48 – bis 1943 die Adresse von Evas Schwester Elisabeth und vier Hausnummern vom ehemaligen Domizil der Reichspresseschule entfernt – mag sich Koautor Weise ausgedacht haben. Der weltfremde Reutter ist als Krebsforscher der Volksgemeinschaft von größerem Nutzen denn als Indologe und erinnert als Professor Hübner auch nicht mehr so unangenehm an die englische Presseagentur Reuters. Goebbels im Befehlsbunker ist gestrichen und ins Humorige gewendet. Winkler, der zweite Geiger, beschwert sich beim Hausmeister: »Erst scheucht einen der Dr. Goebbels mit einem Flugblatt, und dann lassen Sie einen nicht schlafen.« Dass die von Marianne Hoppe gespielte Marianne umgetauft werden muss, liegt auf der Hand; ihr neuer Name Leonore hat zudem den schönen Nebeneffekt, dass der Zuschauer mit diesem Namen die schwer geprüfte, mutige und treue Heldin aus Beethovens *Fidelio* assoziieren kann. Die Autoren haben ihr Treatment knapp vor dem Attentat des 20. Juli abgegeben, nicht ahnend, dass Ingenieur Martens nicht Ferdinand und der Fliegerhauptmann keinesfalls Castell heißen darf: Nach dem 20. Juli wird Louis Ferdinand, Prinz von Preußen, wegen einer eventuellen Mitwisserschaft von der Gestapo verhört; in den Ermittlungen gegen Claus Schenk Graf von Stauffenberg wird dessen Verwandtschaft mit den Grafen Schenk von Castell überprüft. Aus Ferdinand wird ein volkstümlicher Ewald und aus Stefan Castell ein schneidiger Walter Hoesslin. Das »Ende« im Drehbuch hat mit der geradezu rauschhaften letzten Szene des Treatments nicht die geringste Ähnlichkeit mehr. Da die Dreharbeiten der Uk-Gestellten sich über Monate hinziehen und erst am 16. April 1945 abgebrochen werden, vermutet Blumenberg, dass Liebeneiner seinen neuen Schluss bereits auf die Sieger zugeschnitten hat: Für Ewald Martens sind nach dem Tod seiner Frau die Durchhalteparolen nur noch »Phrasengewäsch verdammtes!«, das ihm verliehene Kriegsverdienstkreuz ist »das Dings da« und sein Apparat »ein Dreck gegen die Übermacht der anderen«. Eingeschüchtert von einem letzten heroischen Monolog Leonores ringt Ewald sich noch ein mattes »Hast auch recht, schließlich können ja alle die Opfer nicht umsonst gewesen sein« ab, doch als visueller Kommentar wird der Friedhof eingeblendet, auf dem Gusti, nun Gundel genannt, begraben liegt. Die »lange Pappelallee« vor dem Friedhofstor, auf der Ewald und Leonore von der Kamera in eine ungewisse Zukunft entlassen werden, kann als Metapher für die Aussage des Filmtitels kaum mehr überzeugen. Das Schlussbild könnte den humanistisch gebildeten Zuschauer an die Himmel und Erde gefährdende Fahrt des größenwahnsinnigen Phaeton gemahnen, der von Zeus, dem zürnenden Vater, mit dem Blitz erschlagen wird und in den Fluss Eridanos stürzt, an dessen Ufer die trauernden Schwestern sich in Pappeln verwandeln. Diese Assoziation, ob nun von Liebeneiner beabsichtigt oder nicht, fügt sich jedenfalls nahtlos in die wenig später einsetzende Mythisierung des NS-Staates.

Zurück zum Treatment. Zwischen Chefdramaturg Frowein und Dramaturg Weise scheint es zu kriseln. Hans H. Henne schreibt am 31. Juli 1944, also zwei Wochen nach Abgabe des Manuskripts, an seine Frau: »Mit Frowein sprach ich gestern eine Stunde am Telefon. Er hat Sorgen, und er tut mir leid. Zwischen ihm und Weise scheint das überhaupt nicht mehr zu klappen, und ich sehe schon Weise, der sich scheints von der Frau ganz blöd aufhetzen lässt, an die Front wandern, wenn das so weiter geht mit ihm.« Hier muss ich meine Phantasie walten lassen: Obwohl Goebbels im Tagebuch die Namen aller drei Autoren nennt, scheint er doch anzunehmen, Frowein habe die Hauptarbeit geleistet. Dem Kostenvoranschlag ist eine Gewichtung nicht abzulesen, denn dort sind »Frowein, Weise, Henne« in hierarchischer Reihenfolge aufgeführt: Die Produktionsfirma Berlin-Film ist der Reichsfilmdramaturgie natürlich untertan. Mein Verdacht geht in die Richtung, dass Froweins kreativer Anteil am Treatment nicht so groß gewesen ist, wie Goebbels gegenüber behauptet, und dass der von seiner Frau aufgehetzte Koautor seinen Chef der Marginalisierung seiner schriftstellerischen Teilhabe bezichtigt. Schließlich versteht Frowein nicht allzu viel vom Film und von der Luftwaffe schon gar nichts. Aber vielleicht lässt Weise es nur wieder ganz allgemein an der gebotenen Disziplin und Unterordnung fehlen, diesmal gegenüber einem Vorgesetzten, der auch noch ein Jahr jünger ist als er selbst. Henne berichtet in seinem Brief, Frowein sei angesichts der Kriegslage »in finstere Grübeleien« und Weise »in Zynismus« versunken. Es lässt sich denken, dass Weise, wie so vielen seiner Volksgenossen, der Glaube an seinen Führer abhandenkommt, sobald es mit dem Kriegsglück rapide bergab geht. Vielleicht traktiert er den offenbar depressiven Frowein mit bissigen Bemerkungen über die allgemeine Lage, spottet über einstige Ideale und gibt die kursierenden Flüsterwitze zum Besten. Das alles könnte lebensgefährlich sein. Einem zweiten Brief Hennes, nur mit »Berlin 1944« datiert, verdanke ich eine Charakterzeichnung, die Freund Weise zusätzliches Kolorit verleiht. Henne beschreibt ein Treffen mit dem Komponisten Willi Kollo: »Er ist ein sehr kalter Gangster, der aber sehr intelligent ist und Manieren hat; stell Dir Weise auf sympathisch vor.« Wie habe ich mir diesen unsympathischen Weise vorzustellen? Als jemanden, der kaltschnäuzig und berechnend ist, ausgesucht höflich, aber nicht auf nette Art volkstümlich, sondern unzugänglich und arrogant? Und obendrein, in all seiner Widersprüchlichkeit, ein geschickter Verwandlungskünstler? Der Brief könnte ebenfalls im Sommer 1944 geschrieben worden sein, als Henne mit Kollo über dessen von der Berlin-Film geplantes, aber nie realisiertes Lustspiel *Das geht uns nichts an* verhandelt.

An die Front wandert Gerhart Weise trotzdem nicht, sondern fährt ins Protektorat. Am 19. Dezember 1944 schickt er aus Prag ein an den Reichsfilmintendanten in Berlin adressiertes Telegramm: »ufa benoetigt fuer das leben geht weiter die tsche-

chischen arbeiter die bereits wieder in prag sind bis 31 januar stop
infolge vordringlichkeit des zeitnahen ufavorhabens befuerwortet
boehmisch maehrische filmzentrale die weitere abstellung dieser
kraefte zur ufa babelsberg stop«. Am 21. Dezember erfolgt die
Antwort der Reichsfilmintendanz als »Dringendes Telegramm an
Böhmisch-Mährische Filmzentrale, Prag II, Clemensgasse 6. Bitte
der Ufa für staatswichtigen Film ›Das Leben geht weiter‹ bis 31. 1.
die Ihnen benannten tschechischen Arbeiter zur Verfügung zu
stellen und alles Weitere von dort aus zu veranlassen. Reichsfilmintendant.« Bei den Arbeitern, die »bereits« wieder in Prag sind,
kann es sich nur um diejenigen Tschechen handeln, die als Komparsen schon für den Durchhaltefilm *Kolberg* zwangsrekrutiert
worden waren und, kaum zurück im Protektorat, nun noch einmal
für den allerletzten Propagandafilm nach Berlin befohlen werden.
Die Dreharbeiten für *Kolberg* haben, unter der Regie von Veit
Harlan, von Oktober 1943 bis Anfang Dezember 1944 gedauert.
Die Voraufführung für NS-Führungsoffiziere findet im Beisein
von Hinkel und Frowein am 5. Dezember in der Dienstwohnung
von Goebbels in der Hermann-Göring-Straße statt. Für dieses
Mammutunternehmen der vorletzten Stunde, das mit knapp acht
Millionen Reichsmark das Budget für mindestens drei Spielfilme
verschlungen hat, sollen über hundertfünfundachtzigtausend
Statisten und zusätzlich, gegen den Protest des Oberbefehlshabers
der Kriegsmarine Dönitz, viertausend Marinesoldaten rekrutiert
worden sein.

Mit der unrühmlichen Dienstreise nach Prag ist Gerhart Weises
Mitwirkung am Film *Das Leben geht weiter* abgeschlossen.

BOMBEN AUF BERLIN

Ausgebombt. Tragikomisches im Büro Schwarz van Berk.
Refugium Kleinmachnow

Die auf den letzten Seiten des Treatments *Das Leben geht wei-*
ter geschilderte Berliner Bombennacht hat nachweislich einen der
drei Autoren persönlich betroffen: Gerhart Weise ist ausgebombt,
das Haus in der Düsseldorfer Straße nur noch eine ausgebrannte
Ruine. Durch einen der fünf Großangriffe der britischen Luft-
waffe im November und Anfang Dezember 1943 ist auch das
Häuserareal rund um den Olivaer Platz in Flammen aufgegangen.
Augenzeugen, Journalisten, Auslandskorrespondenten haben ihre
Eindrücke über die verheerenden Folgen der »Battle of Berlin«
für ihre Zeitungen, in Briefen und Tagebüchern festgehalten. Die
in das Treatment eingebauten »Montagebilder« lesen sich wie ein
Extrakt aus alledem: »Berliner Strassen während des Angriffs.
Splitterregen, zerspringende Scheiben, abgefegte Ziegeldächer,
Bombenpfeifen, Einschläge, Flakfeuer. Ein junger Melder, der an
den Häusern entlangrennt, wird durch Luftdruck einer Mine aus
dem Blickfeld der Kamera gefegt. Während des Bombardements
und des Flakfeuers löschende Menschen auf einem brennenden
Dach. Ein Meldefahrer mit Stahlhelm fährt auf dem Motorrad
Slalom zwischen den glühenden Pilzen der Stabbrandbomben.
Ein Phosphorkanister durchschlägt einen halbgefüllten Gas-
Silo. Arbeiterwachen gehen an die aufgerissene Lücke heran.
Ein leeres Rotkreuzauto ist gegen ein verbogenes Strassenschild
geschleudert worden. Dahinter rasen Feuerwehrzüge.« Im Luft-

Ruine des im November
1943 zerbombten Wohn-
hauses Düsseldorfer Str. 46,
Aufnahme 1950

schutzkeller »heult eine Luftmine in allernächster Nähe. Es ist ein
schreiendes, niederpressendes, panikerregendes Heulen. Völlige
Finsternis. Mauern brechen. Eine Stahltür birst aus dem Scharnier.
Staubschwaden ziehen ins Freie. Jemand schreit. Mauermassen
brechen nieder.«

Womöglich ist das Haus in der Düsseldorfer Straße während
des zweiten Angriffs, in der Nacht zum 23. November, getroffen
worden, denn Goebbels hält im Tagebuch fest, dass sich die Luftangriffe dieser Nacht vor allem auf die Innenstadt konzentriert
haben, auf den Kurfürstendamm, die großen Filmpaläste, den
Zoo, die Gedächtniskirche. Nie bin ich später auf die Idee gekommen, meine Mutter nach Einzelheiten zu fragen. Vorausgesetzt,
ihr Mann ist überhaupt zu Hause und nicht in der Potsdamer
Kaserne gewesen: Haben die beiden mit der Hausgemeinschaft
im Luftschutzkeller gesessen? Haben sie mit Wassereimern auf
dem brennenden Dach gestanden? Haben sie noch etwas aus der
Wohnung retten können? Wo haben sie geschlafen? Wer hat sie

212

aufgenommen? Haben sie zu jenem »Strom von Ausgebombten«
gehört, »die mit ihren geretteten Habseligkeiten durch die brennenden Straßen zogen«, über die ein Schweizer Augenzeuge dieser
Nacht am 6. Dezember 1943 in der *Neuen Zürcher Zeitung* berichtet? »Inzwischen«, so der in einen Luftschutzkeller geflüchtete
Schweizer, »kam erneut Welle auf Welle, das unheimliche Pfeifen,
der entsetzliche Ueberdruck. Das Licht ging für ein paar Minuten
aus. Neben mir saß eine Mutter mit ihrem zweijährigen Kind
auf dem Arm. Als das Licht anging, sah ich, daß der arme Kleine
dem Luftdruck nicht widerstanden hatte und sein totes Köpfchen
herunterhängen ließ.« Um mich, die anderthalbjährige Eva Maria,
haben sich meine Eltern nicht sorgen müssen, denn ich bin, vermutlich im August oder September, evakuiert worden – nach Bad
Klosterlausnitz in Thüringen, wo inzwischen meine Großmutter
Margarethe lebt.

Auch das Regierungsviertel brennt, es brennen die Ministerien
und die Botschaften. »Das Bild rings im Regierungsviertel«, so
Goebbels am 24. November 1943 im Tagebuch, »ist geradezu
infernalisch. Vom Wilhelmplatz ist kaum noch etwas wieder-
zuerkennen.« Der Kaiserhof, in dem 1933 der junge Minister
seine erste Rede über den deutschen Film gehalten hat, »wird
von einer Unmenge von Brandbomben getroffen und steht bald
in lodernden Flammen«. Das Büro Schwarz van Berk, das ja
ebenfalls im Regierungsviertel liegt, brennt zwar nicht ab, erlebt
aber eine dramatische Nacht, die zu einem tragikomischen Nach-
spiel führt. Ein Konvolut von Aktennotizen hat sich erhalten, das
den Eindruck erweckt, als habe sich die Bürokratie den Filmtitel
Das Leben geht weiter zum Motto erkoren. Scheinbar unbeein-
druckt von der zerstörten Stadt, den Toten und Obdachlosen,
vom Zusammenbruch sämtlicher Telefonleitungen und öffent-
licher Verkehrsmittel, der Strom-, Gas- und Wasserversorgung,
wandern die sauber getippten Meldungen über den löblichen

oder tadelnswerten Einsatz der »Gefolgschaftsmitglieder«, vulgo Mitarbeiter, während der »Terrorangriffe« zwischen den Abteilungen des Propagandaministeriums hin und her. Aus der ebenso umfänglichen wie umständlichen Korrespondenz geht übrigens hervor, dass die »Gefolgschaft« des Propagandaministeriums, so Personalleiter Müller am 17. Dezember 1943, »allein für den Bereich außerhalb des Films rund 11 000 Köpfe« betrage. Ein Hydrozephalus, dieses Ministerium.

Dem Konvolut entnehme ich ebenfalls, dass das Büro Schwarz van Berk im November 1943 außer in der Behrenstraße 67 auch im »Dienstgebäude der PK-Presse« in der Krausenstraße 1, Ecke Jerusalemer Straße, untergebracht ist. Hier gilt es, in den frühen Morgenstunden des 23. November einen Brand zu bekämpfen. Das Gebäude selbst ist unversehrt geblieben, aber kurz nach vier Uhr früh schlagen plötzlich Flammen aus dem Dachstuhl der benachbarten Bethlehemkirche und setzen das Dachgeschoss durch Funkenflug in Brand. An der Bekämpfung des Feuers ist, neben drei SS-Kriegsberichtern, einem Pressestenographen und einem Fräulein Schilling, auch »die gehbehinderte weibliche Luftschutzkraft Frl. Speer« beteiligt. Am 29. November bittet Personalleiter Müller den Sonderbeauftragten für den Luftschutz, Ministerialdirektor Karl Ott, ihm »Meldungen über tatkräftiges und entschlossenes Verhalten von Gefolgschaftsmitgliedern vorzulegen«. Schon am 7. Dezember kann Müller dem Herrn Minister in einem sechsseitigen Schreiben sieben Gefolgschaftsmitglieder für die Ordensverleihung und weitere dreiundfünfzig für eine Belobigung vorschlagen. Etwas spät, nämlich erst am 14. Dezember, beantragt Schwarz van Berk beim Ministeramt »die Verleihung des Kriegsverdienstkreuzes II. Klasse an Fräulein Magdalena Speer«. Sie habe »in der Nacht zum 23. November durch ihre persönliche Initiative und ihr Zufassen die gefährliche Bedrohung des Gebäudes Krausenstr. Nr. 1 abgewehrt. [...] Besonders sei erwähnt, daß Fräulein Speer körperlich behindert ist und sich keiner robusten

Gesundheit erfreut. Sie hat trotzdem Übermenschliches geleistet.« Doch Müller schlägt »die Stenotypistin Speer« lediglich zu der »vorgesehenen Belobigung« vor. Magdalena Speer beklagt sich, wie ich annehme, bei Schwarz van Berk, und der wiederum muss sich höheren Orts beschwert haben. Vergeblich, wie sich zeigt, denn Müller antwortet im Januar 1944: »Bei dem strengen Maßstab, der für die Verleihung des KVK mit Schwertern angelegt wurde, war es nicht möglich, Frl. Speer diese Auszeichnung zukommen zu lassen.« In spitzem Ton bemerkt er noch, dass sie zusammen mit den anderen »in den Terrornächten bewährten Angehörigen des Hauses« zur Belobigung durch den Staatssekretär eingeladen worden, »jedoch als Einzige nicht erschienen« sei.

Schlimmere Folgen hätte die Bombennacht vom 22. auf den 23. November beinahe für Wolf Schirrmacher gehabt, der in diesen Stunden fast seine Karriere ruiniert hätte. Obwohl als »Wachbereitschaftsführer« eingeteilt, verlässt er kurz nach Mitternacht das Haus in der Krausenstraße 1. Der Hausinspektor erstattet am nächsten Morgen Meldung bei Ministerialdirektor Ott, dem Sonderbeauftragten für den Luftschutz: Bereitschaftsführer Schirrmacher habe sich eines »Wachvergehens« schuldig gemacht. Wegen seiner »groben Fahrlässigkeit« seien der Dachstuhl, wertvolles Material und Möbel teilweise zerstört und vernichtet worden. Was ist geschehen? Schirrmacher gibt am selben Morgen zu Protokoll, dass er nach der Entwarnung nochmals alle Stockwerke überprüft und sich bei seinem Stellvertreter abgemeldet habe, um seine Frau und eine Bekannte, während des Alarms in den Luftschutzkeller der Krausenstraße geflüchtet, zur U-Bahn am Potsdamer Platz zu bringen, die aber ebenso wenig gefahren sei wie die S-Bahn. Er habe sich verpflichtet gefühlt, die beiden Frauen »auf dem gefährlichen Weg durch die Potsdamer Str. zu bringen, die stellenweise kaum noch zu passieren war. [...] Ich war mir bewußt, daß ich damit gegen die Luftschutzpflicht verstieß, aber ich glaubte, die Frauen in der Situation nicht alleinlassen zu können. Ich habe mich als Frontoffizier bei dieser Entscheidung keineswegs von Sentimentalitäten bewegen lassen. […] Auf dem Weg zum Zoo kamen wir in immer gefährlichere Brände. Die Wohnung unserer Bekannten wurde gerade von den Flammen erfaßt. Von unserer eigenen Wohnung in der Spichernstr. war nichts mehr da, da ein Volltreffer das ganze Haus zerschlagen hatte. Ich habe nun mitten in Flammen mit meiner Frau die Wohnung unserer Bekannten in der Rankestr. leergeräumt.« Er sei »gegen 6 Uhr auf demselben Weg durch die brennenden Straßen in die Krausenstr.« zurückgekehrt. Dort habe er von dem gegen vier Uhr dreißig ausgebrochenen Brand in der Bethlehemkirche und den unter Beteiligung von Fräulein Speer geleisteten Löscharbeiten erfahren. Ich sehe einen rußgeschwärzten Ausgebombten vor mir, in zerrissener SS-Uniform, der nach einer schlaflosen, albtraumhaften Nacht erschöpft und aufgewühlt im Büro auf und ab läuft und ein Protokoll, das seine Karriere retten soll, in die Maschine diktiert. Doch Entrüstung auf höchster Ebene ist die Folge. Ott an Müller: »Das Verhalten von Sch. ist in jeder Beziehung unverantwortlich und aufs schärfste zu mißbilligen.« Vermerk der Personalabteilung am 27. November, nach der vierten Bombennacht: Zuwiderhandlungen gegen § 2 des Luftschutzgesetzes werden mit Haft oder Geldstrafe geahndet. Handschriftlicher Zusatz: »Sind durch die Tat vorsätzlich Menschen oder Schützenswertes [?] gefährdet worden, so kann auf Zuchthaus erkannt werden.« Am 29. November wird in einem weiteren, über Schwarz van Berk an Schirrmacher adressierten Vermerk mit sofortiger Wirkung die Uk-Stellung des Delinquenten aufgehoben und die Eintragung eines »strengen Verweises« in seine Personalakte beschlossen. »Von der Erstattung einer Strafanzeige gegen Sie wird zunächst abgesehen. Es wird Ihnen Gelegenheit zu erneuter Frontbewährung gegeben.« Gezeichnet: Ott und Müller.

Das ausgebombte Ehepaar Schirrmacher erhält in Schwarz van Berks Zehlendorfer Haus in der Fischerhüttenstraße 120 ein erstes

Obdach, und das Ministeramt bewahrt den abgängigen Wachbereitschaftsführer vor dem Schlimmsten. Ein Oberregierungsrat
Collatz plädiert für Milde: Das Schirrmacher zur Last gelegte
Verschulden an dem Brand sei nicht erwiesen, und der Brand wäre
auch dann nicht besser gelöscht worden, wenn Schirrmacher dabei
gewesen wäre. Als einziges Verschulden bleibe das formale Ver-
säumnis seiner Abmeldung beim Betriebsluftschutzleiter. Unter
diesen Umständen solle es mit der Freistellung zur Wehrmacht
genug sein. Die Frontbewährung gestaltet sich vorerst glimpflich:
Der hochdekorierte Frontoffizier und SS-Obersturmführer wird
im Februar 1944 als »Höherer Berichter« zur Propaganda-Ersatz-
und-Ausbildungs-Abteilung Potsdam eingezogen. Ein schlichter
Volksgenosse ohne Protektion wäre wahrscheinlich im Zuchthaus
gelandet. Auch eine neue Wohnung, in der Meinekestraße 4, hat
sich für das Ehepaar Schirrmacher gefunden; in einem schönen
Altbau, der bis Kriegsende von Bomben verschont bleibt und
heute noch steht. Das Gebäude Krausenstraße 1 ist bei einem späteren Luftangriff ebenso zerstört worden wie das Haus Behrenstraße 67. An die Bethlehemkirche erinnert heute nur noch eine
in die Pflasterung des Bethlehemplatzes eingelassene Markierung
ihres ehemaligen Grundrisses.

Seit dem 1. Januar 1944 leben meine ausgebombten Eltern am
südwestlichen Rand Berlins, in Kleinmachnow, Im Walde 3. Ich
wüsste gern, wie sie über Hitlers Neujahrsansprache gedacht
haben, in der es heißt: »Wer hier alles verloren hat, muß wissen,
daß nur der Sieg ihm seine Habe wiedergibt.« Anscheinend haben
die Weises schon nach dem 23. November 1943 ein Provisorium in
dem kleinen Villenvorort südlich von Zehlendorf bezogen, denn
auf der Rückseite eines Babyfotos von mir steht in der Handschrift von Großmutter Margarethe »Hohe Kiefer 26«. Nicht
weit davon, im Haus Hohe Kiefer 13, wohnt der Schriftleiter
Ernst Lemmer, den Weise aus dem Propagandaministerium kennt

und der bei der Suche nach einer neuen Bleibe wohl behilflich gewesen ist. Als Deutschlandkorrespondent schreibt Lemmer für den ungarischen *Pester Lloyd*, die *Neue Zürcher Zeitung* und andere Schweizer Blätter. 1938 hat er in mehreren Artikeln auf die »tragische Verschlechterung der Lage der Juden in Deutschland« hingewiesen. Sein Büro befindet sich in den Berliner Redaktionsräumen der *NZZ* in der Zimmerstraße 79, dem heute nach den jüdischen Gebrüdern Jacques, Moise, Raphael und Salomon Alfandary benannten Haus, die dort von 1914 bis 1934 gewohnt und einen Teppichhandel betrieben haben. Weniger bekannt ist die Tatsache, dass Lemmer seit Kriegsbeginn Mitarbeiter im Informationsreferat der Abteilung Auslandspresse des Propagandaministeriums und dort, wie aus mehreren erfolgreichen Anträgen 1941 und 1942 auf Verlängerung seiner Uk-Stellung hervorgeht, »ständig mit Aufgaben geheimzuhaltender Art betraut« gewesen ist, zu denen, ähnlich wie im Büro Schwarz van Berk, auch die »Lancierung von Artikeln in die Auslandspresse« gehört. In seinen 1968 publizierten Memoiren erwähnt der spätere CDU-Bundesminister im Kabinett Adenauer seine Propagandatätigkeit für Goebbels mit keinem Wort. Seine Erinnerung, er sei 1933 aus dem Reichsverband der Deutschen Presse ausgeschlossen worden, so dass er sich bis 1945 als Korrespondent ausländischer Zeitungen habe durchschlagen müssen, will zu diesem Hintergrund nicht recht passen.

Auch auf Kleinmachnow fällt ab und zu eine Bombe. In einem Brief an sein »Liebes kleines Spätzchen« in Bad Klosterlausnitz, den Großmutter Margarethe mir sicherlich vorliest, stutzt mein Vater am 21. März 1944 den Krieg auf ein kindgerechtes Maß zurück: »Als die amerikanischen Wuuuh-Flugzeuge, die Autos, die hoch fliegen, das letzte Mal zu Mittag da waren, haben sie sehr böse Bummbumm-Bomben ganz in die Nähe geworfen. Eine war nur so weit weg, wie es von Euerm Gartentor bis zum Spediteur gegenüber ist. Aber der Sandboden im Wald hat sie verschluckt, und es ist nicht einmal eine Fensterscheibe kaputt gegangen, und sogar die Boma [Bäume] rundherum sind stehen geblieben.«

Das Leben geht weiter: Im Sommer 1944 hat Gerhart Weise mit dem Treatment zu tun, er zensiert Drehbuchentwürfe und organisiert im Dezember die »Abstellung« tschechischer Komparsen an die Ufa. Ich vermute stark, dass der »in Zynismus« versunkene Dramaturg die weihnachtliche Rundfunkansprache von Goebbels – »Unseren Feinden ist das Lachen bereits vergangen. Sie reden nicht mehr von einem Spaziergang nach Berlin« – mit sarkastischen Bemerkungen bedacht hat, aber so vorsichtig, dass niemand ihn hätte denunzieren können.

Vom 15. November 1944 datiert ein Brief des Reichsfilmintendanten Hinkel an Goebbels mit dem Wunsch »nach einem verstärkten Einsatz großer nationaler Filme« und der Auflistung einer Vorauswahl von dreiunddreißig Filmen, zu denen, neben *Jud Süß*, *Reitet für Deutschland*, *Der große König*, *Kampfgeschwader Lützow*, auch der 1941/42 von Karl Ritter gedrehte Propagandafilm über die sowjetische Geheimpolizei *GPU* (unter anderem mit Will Quadflieg und Lale Andersen) gehört, dessen Initialen nach der Premiere am 16. August 1942 im *Angriff* mit »Grauen – Panik – Untergang« übersetzt worden sind. Auch wenn meine Eltern diesen Film gesehen haben sollten – sie ahnen gewiss nicht, dass die GPU vier Monate nach Kriegsende in Kleinmachnow vor der Tür stehen wird.

Vor Weihnachten – im Herbst? – muss ich noch einmal in Kleinmachnow gewesen sein. Ein Foto zeigt, wie die knapp Zweieinhalbjährige »zum ersten Mal«, wie es später heißt, allein eine Treppe hinuntergeht. Fast allein, denn ich halte mich am hilfreichen kleinen Finger von Tante Li fest. Li und Erwin Bartels-Troje wohnen gleich nebenan, Im Walde 5, in einem kleinen Holzhaus. Beide sind eng mit meinen Eltern befreundet, und ich habe Tante Li geliebt. Onkel Erwin ist Cellist von Beruf

Tante Li und Eva Maria
in Kleinmachnow,
vermutlich Herbst 1944

und hat in den zwanziger Jahren im renommierten Blüthner-Orchester und in der Staatsoper Unter den Linden musiziert. Jetzt ist er viel unterwegs, um im Auftrag des Hans Hinkel unterstehenden Amtes für Truppenbetreuung mit seinem Violoncello die Stimmung in der Wehrmacht zu heben. Darum wird er auch nicht zum Volkssturm eingezogen, obwohl er als Jahrgang 1897 zu den waffenfähigen Männern von sechzehn bis sechzig Jahren zählt. Erwin Bartels-Troje soll, so meine Mutter, am Rande zu der Widerstandsgruppe gehört haben, die von der Gestapo »Rote Kapelle« genannt worden und im Herbst 1944 längst zerschlagen ist: Zwischen Dezember 1942 und August 1943 sind über vierzig Verdächtige, darunter Harro und Libertas Schulze-Boysen, Arvid und Mildred Harnack sowie das in der Düsseldorfer Straße verhaftete Ehepaar Schumacher, hingerichtet worden. Es ist durchaus möglich, dass Bartels-Troje durch Adolf Grimme oder Adam Kuckhoff, die beide in Kleinmachnow gelebt haben, Kontakt zu der Gruppe bekommen hat. Adolf Grimme, von 1930 bis

1932 preußischer Kulturminister, wird am 1. Februar 1943 zu drei Jahren Zuchthaus verurteilt, seine im Oktober 1942 verhaftete Frau Maria im März 1943 freigelassen. Adam Kuckhoff wird im August 1943 hingerichtet, die Todesstrafe für seine Frau Greta in eine zehnjährige Haftstrafe umgewandelt. In Kleinmachnow erinnern ein Adam-Kuckhoff-Platz und der Adolf-Grimme-Ring an die beiden Hitlergegner. Es liegt nahe, dass Onkel Erwin das Kind auf der Treppe geknipst hat, doch habe ich früher insgeheim gehofft, dass es mein Vater gewesen ist, denn als ich das nächste Mal fotografiert werde, ist er bereits verschwunden.

KRIEGSSONDERSTRAFRECHTSVERORDNUNG

Erich Ohser alias e.o.plauen

Auf Wehrkraftzersetzung steht die Todesstrafe. Seit dem Winter 1942/43, der Niederlage von Stalingrad, häufen sich die Verhaftungen. Am 24. Oktober 1943 veröffentlicht *Das Reich* unter dem Titel *Das stumme Ringen* ein leidenschaftliches Plädoyer Schwarz van Berks gegen die Zersetzung der Kriegsmoral an der Heimatfront. Er zitiert § 5 Ziff. 1 der furchterregenden Substantivballung »Kriegssonderstrafrechtsverordnung«, die – hellsichtig – bereits im August 1938 beschlossen worden ist: »Wegen Zersetzung der Wehrkraft wird mit dem Tode bestraft, wer öffentlich dazu auffordert oder dazu anreizt, die Erfüllung der Dienstpflicht der deutschen oder einer verbündeten Wehrmacht zu verweigern oder sonst öffentlich den Willen des deutschen und des verbündeten Volkes zur wehrhaften Selbstbehauptung zu lähmen oder zu zersetzen sucht.« Den Begriff »öffentlich« interpretiert Schwarz van Berk im Sinne des Gesetzes wie folgt: »es ist nicht etwa nur die offene Straße, die Versammlung oder eine größere Menschengruppe gemeint, sondern jede Mitteilung, die überhaupt in Umlauf gesetzt wird.« Während des Krieges finde ein »ununterbrochenes stummes Ringen« zwischen den Zweiflern und den Zuversichtlichen eines Volkes statt. In diesen lautlosen Kampf habe der Staat drakonisch einzugreifen, »wenn irgendwo der moralische Zerfall eines Menschen gemeingefährlich geworden« sei und der Einzelne um der Gesamtheit willen »ausgemerzt werden« müsse. Mit dieser unmissverständlichen Stellungnahme reagiert Schwarz van Berk auf die kürzlich erfolgte und öffentlich bekannt gegebene »Hinrichtung einiger Volksverräter«, die nachweislich »zu wiederholten Malen [...] die Kriegsmoral zersetzt hatten. [...] Die Bekanntgabe dieser Todesurteile hatte durchaus einen pädagogischen Zweck. Sie sollte das Gefühl der Verantwortlichkeit wieder [!] wachrufen. Wer sich vor Augen hält, daß im Osten Divisionen seit dem Sommer im ruhelosen, fast schlaflosen Kampf mit dem Feinde liegen, ohne daß einer weiß, wo die Männer am Abend ihr Erdloch schaufeln werden, der wird jede leichtfertige, frivole oder resignierende Bemerkung in der Heimat als einen persönlichen Verrat an jedem einzelnen todmüden Soldaten draußen empfinden«. Das kleine Wort »wieder« verrät, aus welchem Grund der Artikel geschrieben worden ist: Die Zahl der Zuversichtlichen schwindet besorgniserregend dahin.

Am 25. März 1944 droht Reichsjustizminister Thierack im Rundfunk: »Was die Justiz dazu beitragen kann, um Zersetzungserscheinungen und Angriffe auf die innere Front zu verhindern, wird geschehen. Jede falsche Rücksichtnahme wäre hier eine unverzeihliche Schwäche.« Der neueste Flüsterwitz »Ick will lieba an den Endsieg glooben, als ohne Kopp rumloofen!« macht die Runde.

Am 28. März 1944 werden der Pressezeichner Erich Ohser alias e.o.plauen und sein Freund Erich Knauf, Pressechef der Terra-Filmkunst und Liedtexter (»Heimat, deine Sterne« und »Glocken der Heimat«), verhaftet. Nach den Bombenangriffen im November 1943 sind beide Freunde aus der Innenstadt nach Kaulsdorf, an den östlichen Stadtrand Berlins, gezogen. In dem am Feldberg 3 gelegenen Haus lebt auch das Ehepaar Schultz. Bruno Schultz, Fotograf und Verleger, hat von 1927 bis 1938 das Jahrbuch *Das deutsche Lichtbild* und 1940 in zweiter Auflage den Fotoband *Das deutsche Aktwerk* herausgegeben. Er und seine Frau Margarete gehören offenbar zu den »Zuversichtlichen«, die jede leicht-

Erich Ohser alias e.o.plauen am Arbeitstisch, 1943

fertige Bemerkung als persönlichen Verrat am Frontsoldaten auf-
fassen. Sie hören zu, sie schreiben mit, sie zeigen an. Es mag sein,
dass sie dies nicht ausschließlich aus innerer Überzeugung tun,
sondern auch aus Furcht vor Repressalien, denn die Unterlassung
einer Anzeige »defaitistischer Äußerungen« gilt als Vorbereitung
zum Hochverrat und wird mit einer mehrjährigen Gefängnis-
strafe geahndet. Bruno Schultz, der als Untersturmführer der
Allgemeinen SS angehört und als Hauptmann in der Abteilung
Wehrmachtpropaganda des Oberkommandos der Wehrmacht
tätig ist, erstattet am 22. Februar 1944 schriftliche Meldung bei
seinem OKW-Chef, Oberst Hans Leo Martin. In dem Schreiben
zitiert er auf dreieinhalb getippten Seiten »zersetzende Bemerkungen«, die Knauf und Ohser »sehr deutlich und hemmungslos«
wiederholt vor mehreren Zeugen im Luftschutzkeller von sich
gegeben hätten. Zum Beispiel die Bemerkung Knaufs über die
Goebbels-Leitartikel im *Reich*: »Dieser Lausejunge bekommt für
jeden Artikel RM 1500, obwohl er das als Propagandaminister
doch umsonst machen müßte ...« Oder die von Ohser: »Himmler

hält sich nur durch täglich 80 bis 100 Hinrichtungen. Ich merke es ja am Dünnerwerden meines Bekanntenkreises.« Noch einmal Ohser: »Nach dem Krieg gäbe es nur noch bitterste Not. [...] Die Verheissungen auf eine bessere Zukunft seien dümmster Bauernfang, auf den Leute hereinfallen, die sich sogar aus freiem Willen ein Hitler-Bild in die Wohnung hängen.« Anscheinend haben die beiden ihre defaitistischen Bemerkungen auch im Duett aufgesagt, denn der eifrige Hauptmann notiert: »Knauf und Ohser: ›Ein deutscher Sieg wäre unser größtes Unglück, weil Hitler nach eigenem Ausspruch dann erst ein richtiger Nationalsozialist werden wolle‹«.

Es ist vor allem diese als besonders wehrkraftzersetzend und feindbegünstigend eingestufte Bemerkung, mit der Roland Freisler, Präsident des Volksgerichtshofs, am 11. April 1944 sein Todesurteil begründet – gegen Erich Knauf allein, denn der Angeklagte Ohser ist seit einer Woche tot. Am 5. April hat er einen flehentlichen Brief an Goebbels mit der Bitte um seine Freilassung geschrieben, ein hoffnungsloser Akt der Verzweiflung, denn schon am nächsten Tag soll der Prozess beginnen, über dessen Ausgang kein Zweifel besteht. Noch in derselben Nacht erhängt er sich am Fenstergitter seiner Gefängniszelle. Marigard Ohser erhält die Erlaubnis, den Leichnam ihres Mannes zu bestatten. Die Veröffentlichung einer Todesanzeige wird ihr verboten. Der gemeinsame Sohn Christian ist dreizehn Jahre alt. Erich Knauf wird am 2. Mai 1944 durch das Fallbeil hingerichtet. Die der »zahlungspflichtigen« Witwe Erna Knauf zugestellte Kostenrechnung in Höhe von 585,74 Reichsmark führt akkurat die Einzelgebühren für Todesstrafe, Pflichtverteidiger, Strafhaft, Strafvollstreckung und »Porto für Übersendung der Kostenrechnung« in Höhe von 12 Reichspfennigen auf. Anders als noch bei der Hinrichtung der »Volksverräter« 1943 wird in diesem Fall von einer Bekanntmachung in der Presse bewusst Abstand genommen. Die pädagogische Maßnahme des Vorjahres scheint bei den Volksgenossen eher die Zweifel als die Zuversicht verstärkt zu haben.

Von meiner Mutter weiß ich, dass mein Vater über seine Kontakte im Ministerium schon früh von der drohenden Verhaftung Erich Ohsers erfahren hat. Er sagt es seiner Frau. Sie bittet ihn, seinen Freund zu warnen. Er weigert sich. »Damals hätte ich ihn fast verlassen«, sagt sie Jahrzehnte später zu mir. Der Gedanke, dass mein Vater nichts unternommen hat, um seinen Freund zu retten, hat mich schockiert und enttäuscht, aber lange Zeit habe ich mir zu seiner Entlastung folgendes Szenario vorgestellt: Gewiss hätte mein Vater eine Möglichkeit finden können, um seinen Freund unauffällig vor der drohenden Verhaftung zu warnen. Aber ebenso wird er gewusst haben, dass er sich damit selbst in Gefahr begeben hätte. Nur einmal angenommen, Ohser hätte Knauf erzählt, sein Freund Weise habe ihm einen Wink gegeben, und Schultz hätte mitgehört, mitgeschrieben und wieder denunziert: Bald hätte die Gestapo auch bei Weises in Kleinmachnow vor der Tür gestanden. Es liegt auf der Hand, so mein Gedankenspiel, dass mein Vater Angst gehabt hat. Aber auch wenn er mutig genug gewesen wäre, den Freund zu warnen – hätte diese Tat Ohsers Leben retten können? Ich habe versucht, mich in die innere Zerrissenheit einzufühlen, in der mein Vater gelebt haben muss, in seine Schuldgefühle, als er von der Verhaftung und dem Tod seines Freundes erfährt, in das tiefe eheliche Zerwürfnis, das seine Verweigerung auslöst. Ich habe nicht gewagt, meinen Vater zu verurteilen.

Aber es ist weit schlimmer gewesen. Die Prozessakten belegen, dass mein Vater sich nicht nur durch Untätigkeit, sondern durch aktive Beihilfe schuldig gemacht hat. Am 24. März 1944 schreibt Leopold Gutterer, Staatssekretär im Propagandaministerium, in Sachen Knauf und Ohser einen als »Geheim« zu behandelnden »Schnellbrief« an den Chef der Gestapo, SS-Gruppenführer Heinrich Müller. Aus diesem Brief geht hervor, dass die schriftliche Denunziation vom 22. Februar an Goebbels übergeben worden sei. Er, Gutterer, übermittle nun dem SS-Gruppenführer diese »Meldung« sowie eine »Aktennotiz eines Referenten des Reichsfilmdramaturgen über die Glaubwürdigkeit der Aussage von Hauptmann Schultz«. Er bitte darum, »das Weitere im Sinne unseres Telefongesprächs zu veranlassen«. Vier Tage später werden Knauf und Ohser verhaftet.

Die auf den 7. März 1944 datierte Aktennotiz stammt von Weise, ist an seinen Chef Frowein gerichtet und hat folgenden Wortlaut: »Auftragsgemäß empfing ich heute Hauptmann Schultz und ließ mir von ihm bestätigen, daß die in seiner Aufzeichnung vom 22.2.44 enthaltenen Angaben den Tatsachen entsprechen und daß Hauptmann Schultz nach wie vor zu ihnen steht. Er fügte hinzu, er hätte noch viel mehr aufschreiben können, und jeden Tag erhielte er neue Beweise. Hauptmann Schultz ist ein offener und etwas redseliger Mensch, der einen sehr gesunden Eindruck machte und der angab, er habe sich wochenlang überlegt, ob er über die Zustände in seinem Hause in Kaulsdorf Meldung machen sollte. Nach Rücksprache mit verschiedenen Kameraden habe er sich dazu entschlossen. Weise.«

Von wem hat Weise den Auftrag erhalten, die Glaubwürdigkeit von Schultz zu überprüfen, und warum er? Für wenig wahrscheinlich, aber nicht für ausgeschlossen halte ich die Überlegung, dass die Befehlskette von Goebbels über seinen Staatssekretär Gutterer und Frowein zu Weise verläuft, weil ein gegebenenfalls zur Milde bereiter Minister von einem Freund Ohsers und ehemaligen *Reich*-Mitarbeiter zumindest Neutralität und keine persönlichen Rachegefühle gegen den Verdächtigen erwartet. Ich komme darauf, weil die auf den 1. April, vier Tage nach der Verhaftung von Ohser und Knauf, datierte Notiz eines Mitarbeiters von Gutterer überliefert ist, die besagt, dass der Minister vor der Urteilsverkündung von Freisler angerufen werden wolle, »um das Urteil eventuell abzumildern«. Andererseits notiert Goebbels am 7. April im Tagebuch: »Sie hatten diese Todesstrafe auch hundertfach verdient. Oser [sic!] hat sich ihrer Vollstreckung durch Selbstmord entzogen.« Plausibler erscheint mir daher die Hypothese, dass der angesichts der Kriegslage in »finstere Grübeleien« versunkene Frowein den von Henne im Juli beobachteten »Zynismus« seines Referenten schon im März nicht mehr erträgt und ihn mit seinem Auftrag in Schwierigkeiten bringen will. Er weiß über die Freundschaft Ohser-Weise Bescheid, und Letzterer wird ab und zu in Gegenwart seines Chefs die eine oder andere abfällige Bemerkung über den Kriegsverlauf fallengelassen haben. Da ist es an der Zeit, die Staatstreue des parteilosen Gefreiten zu prüfen, indem Parteigenosse, Oberleutnant und Fast-Oberregierungsrat Frowein, der sogar die Machtbefugnis besitzt, Weise jederzeit an die Front zu schicken, seinen Untergebenen in ein Dilemma stürzt. Es muss ein furchtbares Dilemma gewesen sein, denn Erich Ohser ist nicht nur sein Freund, sondern hat, wie er selbst, Frau und Kind. Andererseits hätte sich die Freundschaft der beiden für meinen Vater verhängnisvoll auswirken können, denn der naheliegende Verdacht, hier handle es sich um einen weiteren Wehrkraftzersetzer, hätte auch ihn in die Verhörkeller der Gestapo bringen können. Wie auch immer, mein Vater läuft nicht in die Falle, verhält sich staatstreu statt neutral, stellt dem Denunzianten ein mustergültiges Zeugnis aus, das durch die schlau eingebaute Wertung, Schultz sei »etwas redselig«, zusätzliche Glaubwürdigkeit erhält. Ich kann nicht vor der Erkenntnis davonlaufen, dass es dem für sprachliche Zwischentöne begabten Journalisten ohne Gefahr für das eigene Leben möglich gewesen wäre, sein Gutachten mit einem subtil angedeuteten Zweifel an der Glaubwürdigkeit des Hauptmanns zu unterlegen, dessen Redseligkeit nicht nur zu konstatieren, sondern kritisch zu interpretieren, anstatt dessen Gesundheitszustand und Gewissensnöte positiv herauszustreichen. So aber hat mein Vater zwei Menschen wissentlich mit in den Tod geschickt. Auf denkbar makabre Weise, aber ideologisch einwandfrei hat er nun endlich jene »charakterliche Härte« unter Beweis gestellt, deren Fehlen von seinen Vorgesetzten über die Jahre immer wieder beklagt worden ist.

Den Hintergrund für seine Entscheidung kenne ich ebenso wenig wie die Zwänge oder Ängste, die ihn dazu getrieben haben mögen. Ob meine Mutter die Aktennotiz aus ihrer Erinnerung verbannt oder ob mein Vater sie ihr verschwiegen hat, werde ich nicht mehr herausfinden, auch nicht die Antwort auf meine nie gestellte Frage, warum *sie* nicht versucht hat, Erich Ohser zu warnen. Als mein Vater am 21. März den oben zitierten liebevollen Brief an mich schreibt, zwei Wochen nach seiner verhängnisvollen Aktennotiz, eine Woche vor der Verhaftung des ehemaligen Freundes, muss der Konflikt zwischen meinen Eltern bereits getobt haben. »Leider«, heißt es dort, »wissen die Mama und der Vati noch nicht einmal, ob sie nächsten Sonnabend [26. März] endlich kommen können. Es kann auch noch eine Woche später werden, und das ist sehr traurig für sie.« Ob sie nun am nächsten oder übernächsten Wochenende nach Klosterlausnitz gefahren sind – am Montag, dem 28. März, als der Freund verhaftet und ins »Hausgefängnis« der Gestapo in der Prinz-Albrecht-Straße eingeliefert wird, ist mein Vater, keine fünf Minuten entfernt, mit Sicherheit in seinem Büro in der Krausenstraße gewesen.

Der Fund dieser Aktennotiz hat nicht nur die allerletzten Überbleibsel meines ursprünglichen Vaterbildes zerstört, sondern mich gleichzeitig mit der Unmöglichkeit konfrontiert, die Beweggründe für die Unterlassungen und Handlungen eines Menschen, der den Bedingungen einer mörderischen Diktatur ausgesetzt ist, überhaupt zu beurteilen. Ein Abwehrmechanismus, der die tiefsitzende Furcht verdecken soll, dass auch ich in einer anderen Zeit fähig wäre, einen Freund zu verraten? »Ihr Menschenbrüder«, lässt Jonathan Littell in seinem Roman *Die Wohlgesinnten* den SS-Offizier Max Aue sagen, »lasst mich euch erzählen, wie es gewesen ist. Wir sind nicht deine Brüder, werdet ihr antworten, und wir wollen es gar nicht wissen.«

Das Epitaph der Bürokraten für Erich Ohser, 3. März 1903 – 6. April 1944, hat folgenden Wortlaut: »Vertraulich!!! [...] Erich Ohser (E. O. Plauen) wurde lt. vertraulicher Mitteilung des Geschäftsführers der RdbK [Reichskammer der bildenden Künste] aufgrund defaitistischer Äusserungen festgenommen. Er hat sich daraufhin im Mai 44 im Gefängnis erhängt. Der Tag ist hier unbekannt. Bei Rückfragen ist anzugeben: O. lebt nicht mehr. – Berlin, den 8.6.1944. Gez. Hoelzner. Kartei not. Ho. Z. d. A. [Zu den Akten]«

KRIEGSENDE

Kolberg. *Kriegsberichter in Forst an der Oder
und für den Stab Dönitz*. The Other World *bei
Klaus Mehnert in Shanghai*

Der Spielfilm *Kolberg* wird am 30. Januar 1945, dem zwölften
Jahrestag der »Machtübernahme«, in der Festung La Rochelle,
der letzten von der Wehrmacht gehaltenen Stellung am Atlantik,
und in den Berliner Kinos Tauentzien-Palast und Ufatheater
Alexanderplatz uraufgeführt. Inhalt: Die Stadt Kolberg wagt
1806 den Widerstand gegen den Ansturm napoleonischer Truppen
und siegt durch den Zusammenschluss preußischer Militärs und
Zivilisten. Der Stadtverordnete Nettelbeck (Heinrich George),
General Gneisenau (Horst Caspar) und eine todesmutige Bürger-
wehr führen in vergangener Zeit erfolgreich aus, was Hitler seinen
Volksgenossen erfolglos befiehlt: »Kampf bis zum Endsieg«. Am
1. Februar schreibt Reichsfilmintendant Hinkel an Goebbels,
der Film habe bei seiner Uraufführung in Berlin das Publikum
»außergewöhnlich stark« beeindruckt. »Die Darsteller wurden
bei ihrem Erscheinen lebhaft gefeiert (15 Vorhänge!) […]. In der
Presse wurde der Film in großer Aufmachung übereinstimmend
als ein aufrüttelndes Dokument von gleichnishafter Bedeutung
gewürdigt. Ich schlage daher vor, dem Film ›Kolberg‹ das Prädikat
›Film der Nation‹ zu erteilen. […] Heil Hitler!«
Man bedenke den Wahnwitz der Inszenierung: Am 27. Januar
1945 hat die Rote Armee in Auschwitz noch etwa achttausend »le-
bende Skelette« angetroffen. Am 30. Januar erreichen sowjetische

Truppen die Oder und bilden Brückenköpfe nördlich und südlich von Küstrin. Ebenfalls am Tag der *Kolberg*-Uraufführung sinkt das mit Flüchtlingen vollbesetzte ehemalige KdF-Schiff *Wilhelm Gustloff* in der Pommerschen Bucht nach Torpedotreffern eines sowjetischen U-Bootes. Über fünftausend Menschen kommen um. Zwei Tage nach Hinkels Durchhaltebrief an Goebbels werden bei einem schweren amerikanischen Luftangriff auf Berlin zweiundzwanzigtausend Zivilisten getötet, darunter Roland Freisler, der Präsident des Volksgerichtshofs. Kolberg in Pommern, heute Kolobrzeg in Polen, wird im März 1945 fast vollständig zerstört. Ein im Dreißigjährigen Krieg entstandenes Kinderlied ist wieder aktuell: »Maikäfer flieg / dein Vater ist im Krieg / die Mutter ist in Pommernland / Pommernland ist abgebrannt / Maikäfer flieg«.

Am 23. Januar 1945 ist dem *Angriff* zu entnehmen, dass sich der Reichspostminister – er wohnt gleichfalls in Kleinmachnow und hat die Neue Hakeburg am Machnower See zu seiner Privatresidenz erkoren – gezwungen sieht, »mit sofortiger Wirkung Maßnahmen zu treffen, durch die der Anfall an Postsendungen dem vorhandenen Beförderungsraum angepaßt wird«. Dies bedeutet im Klartext, dass Briefe nur noch im Ortsverkehr und in leicht erreichbare Nachbarorte befördert werden, es sei denn, Absender oder Empfänger sind die NSDAP, Behörden, Presse und Rüstungsbetriebe. Für alles andere muss die Postkarte genügen. Zwischen Theorie und Praxis klafft wieder einmal eine Lücke: Nicht nur hat sich ein Kontoauszug der Sächsischen Bank Dresden vom Januar 1945 erhalten, der, da noch an die Düsseldorfer Straße adressiert, sogar nach Kleinmachnow weitergeleitet worden ist, sondern ebenso ein dreiseitiger Brief meines Vaters vom 24. Februar 1945 an seine Frau und mich in Klosterlausnitz. Zwischen beiden Daten liegt, am 13., 14. und 15. Februar, die Bombardierung Dresdens. Nie habe ich meine Mutter gefragt, wie ihr Mann auf die Nachricht der Zerstörung seiner Heimatstadt reagiert hat.

Der Brief ist heiter. Kaum ein Wort über die seit dem 21. Februar ununterbrochenen Bombenangriffe auf Berlin. Wir sollen uns nicht beunruhigen: »Liebe Prinzessin und liebes Spätzchen, als die Mammi auch fortgefahren war, wurde es recht trist zu Hause. Ich habe mir nachts mein Süppchen gekocht und den Kaffee ausgetrunken, der noch dastand, nach dem Spätalarm habe ich im Garten gebuddelt und noch ein bißchen im Haus herumgeräumt. Bei Nikolassee hatte eine Luftmine einen S-Bahn-Zug umgepflügt, und seitdem ist auf der Wannseestrecke Pendelverkehr.« In Wirklichkeit wird noch einiges mehr »umgepflügt« worden sein als ein S-Bahn-Zug, der vermutlich voller Menschen gewesen ist. Schließlich handelt es sich bei einer Luftmine um eine Sprengbombe, deren Druckwelle im Umkreis von mehreren hundert Metern Dächer abdeckt und noch in zwei Kilometern Entfernung Fensterscheiben zerspringen lässt. Kleinmachnow grenzt im Norden unmittelbar an Nikolassee. Spätalarm, einen dreimal anschwellenden Heulton, gibt es jetzt jeden Abend. Aus dem Brief geht mittelbar hervor, dass meine Mutter gleich nach der Bombennacht am 21. Februar zu mir nach Thüringen gefahren sein muss. Wie lange mag diese Reise gedauert haben? Seitdem sämtliche Eil- und D-Züge für Militärtransporte requiriert sind, stehen nur noch überfüllte Bummelzüge zur Verfügung, die – sofern sie nicht ausfallen – Verspätung haben, umgeleitet werden, auf freier Strecke stehenbleiben und stets in Gefahr sind, von sowjetischen Tieffliegern entdeckt zu werden.

Mein Vater sorgt sich um das empfindliche Gleichgewicht der erzwungenen Wohngemeinschaft von Mutter und Schwiegertochter, die es nur schwer miteinander aushalten, und erteilt unerbetene Ratschläge, deren belehrender Tonfall seiner Prinzessin mit Sicherheit auf die Nerven geht: »Da meine Mutter beinahe das Gegenteil eines Organisationsgenies ist und oft kleinen Dingen eine übertriebene Bedeutung beimißt, wodurch eher Verwirrung als etwas anderes entsteht, mache ihr doch für Eure einstweilige

Hausgemeinschaft auf meine Aufforderung hin einen regelrechten Organisationsvorschlag: Wer wann kocht, wer was einkauft usw., eine Teilung der Beschäftigungen, bei der Euch beiden nichts durcheinander gerät und bei der jeder seinen eigenen Aufgabenkreis behält. So eine planmäßige und grundsätzliche Lösung kann am ehesten dazu führen, daß Ihr Euch nicht zu dicht auf der Pelle hockt, was einem niemals gut tut, daß Verwirrung und unnötige Kritik oder viele kleine Reibungen vermieden werden und daß Ihr auch auf längere Zeit einen einigermaßen neutralen modus vivendi findet.« Hier spricht der Patriarch. Nun ist Gerhart Weise ja durchaus imstande, charmante Briefe und geschmeidige Texte zu verfassen. Flüchtet er sich aus Nervosität in diesen hölzernen Sprachverhau? Ist der gestelzte Tonfall eigentlich für seine Mutter bestimmt? Mir fällt der Zettelverkehr von Mutter und Sohn, die nicht mehr miteinander reden, in der Saarstraße ein, aber auch das seltsame Foto meiner frisch verheirateten Eltern, auf dem sie aussehen wie leblose Puppen. Je mehr ich über meinen Vater und seine Ehe nachdenke, desto weniger scheine ich darüber zu wissen.

Immerhin: »Im linken Kasten des Radioschränkchens« hat er noch Schokolade von Evas Schwester Elisabeth gefunden, »die ich standhaft aufheben will«. Das ist auch gut so, denn vier Tage später werden wieder einmal die Lebensmittelrationen gekürzt, diesmal mit der Begründung, dass die Versorgung der »aus dem Osten des Reichs vorübergehend rückgeführten Volksgenossen« sichergestellt werden müsse, so die Sprachregelung für die Flüchtlingsströme, die sich gen Westen ergießen.

Am 22. Februar 1945 in der Frühe muss er selbst mit seiner »für die Ostfront gepackten Aktentasche losreisen«. Das hört sich angesichts der Kriegslage einigermaßen skurril an und hat wohl zu bedeuten, dass seine Uk-Stellung aufgehoben und er noch einmal als Kriegsberichter eingesetzt worden ist. Aber schon zwei Tage später kann er seine Aktentasche in Kleinmachnow wieder auspacken, und der Zweck dieser Blitzreise bleibt, in seinem für Eva wohl verharmlosten Bericht, im Dunkeln: »Donnerstagabend [22. Februar] waren wir in dem Blockhaus von Bartels in Grünheide, am nächsten Morgen fuhren wir über Cottbus nach Forst an der Ostfront. Dettmann kam nicht mit, weil er nicht wegkonnte. Bartels lebt wie die Made im Speck, und es gab viel und gut zu essen und zu trinken. Erfreulicherweise war den ganzen Tag Nebel, und die sowjetischen Tiefflieger blieben zu Hause. Forst war zu einem Drittel in russischer, zu zwei Dritteln in deutscher Hand. Als wir da waren, wurde nur in einiger Entfernung getroffen. Die Sowjets kamen links und rechts durch die Wälder und versuchten, die Stadt einzuschließen. Frontal machten sie entsprechend wenig. Außer ihrer Vorliebe für Uhren, Schmuck, Füllfedern und leider wohl auch Frauen weiß man immer noch wenig über ihr eigentliches Verhalten. Es scheint davon abzuhängen, ob sie betrunken sind und woher sie kommen. Was geschieht, wenn die Kommissare kommen, ist unbekannt.«

»Wir« – zwei Kriegsberichter, Wort und Bild, und ein von Fritz Dettmann abgestellter Kameramann der Ufa-Wochenschau? – übernachten also auf dem Weg von Berlin an die Ostfront im Nobelvorort Grünheide bei, wie ich annehme, Hugo Christian Bartels, dem Film-Architekten der Ufa, der sich offenbar der allerbesten Schwarzmarktkontakte erfreut. Die Ostfront hat sich längst ins Deutsche Reich vorgeschoben. Die brandenburgische Stadt Forst, südlich von Küstrin, liegt knapp hundertfünfzig Kilometer vor Berlin. Es wird noch etwa sieben Wochen dauern, bis auch Forst von sowjetischen Truppen endgültig erobert ist. Dann liegen fünfundachtzig Prozent der Stadt an der Neiße in Trümmern, und die SS erschießt in letzter Minute achtzig desertierte Wehrmachtsoldaten. Während mein Vater seinen harmlos anmutenden Erlebnisbericht schreibt und das Verhalten der Sowjets abwartend beurteilt, hat die furchtbare Rache, das Morden, Brennen, Plündern, Vergewaltigen, längst begonnen.

Die von Goebbels, dem Generalbevollmächtigten für den totalen Kriegseinsatz, im Februar erneut angekurbelte Greuelpropaganda soll daher auch noch den letzten Volksgenossen motivieren, sich in den »Endkampf« zu stürzen. In der Vorwoche hat *Der Angriff* eine Anleitung zur »Bedienung der Panzerfaust« in Bildern veröffentlicht: »Ausschneiden und aufheben!«, seit dem 16. Februar wird der Film *Panzerfaust* in sieben Berliner Kinos gespielt, und im Tauentzien-Palast läuft immer noch *Kolberg*. Nun sei, so Schwarz van Berk am 18. Februar 1945 im *Reich*, die »Stunde der Dankbarkeit« gekommen, und er meint das ernst, denn: »Wo das Vaterland uns alles gegeben hat, wollen wir ihm da weniger geben?« Nur noch eine hauchdünne Membran aus Konjunktiven schützt seine Verblendung vor dem Zusammenbruch: »Die Geschichte unserer Zeit, die wir alle miterlebt haben, müßte ein einziger Selbstbetrug gewesen sein, ein Massenwahn, wenn nicht das, wozu wir uns damals bekannt haben, auch noch heute unser Bekenntnis wäre.«

»Während wir unterwegs waren«, schreibt mein Vater, »sollen dicke Bomberströme über Mitteldeutschland und Thüringen geflogen sein. Hoffentlich habt Ihr außer dem Gebrumm nichts gehört und gespürt. Es ist wohl richtig, wenn Ihr jetzt bei diesen Tageseinflügen auch in Kl. [Klosterlausnitz] in den Keller geht.« In der Tat sind am 23. Februar Jena und Gera bombardiert worden. Bad Klosterlausnitz, zwischen beiden Städten gelegen, bleibt verschont. »Laßt es Euch gut gehen und lebt gesund und friedlich dahin« sind die letzten Worte im letzten erhaltenen Brief meines Vaters.

Mitte März 1945 werden die Dreharbeiten für *Das Leben geht weiter* von Babelsberg in die Lüneburger Heide verlegt und am 16. April abgebrochen. Am 21. April 1945 erscheint zum letzten Mal *Der Angriff* mit der Schlagzeile »Erbittertes Ringen unserer tapferen Soldaten gegen den Massenansturm der Sowjets«, einen

Tag später zum letzten Mal *Das Reich* mit dem letzten Leitartikel von Reichsminister Goebbels, »Widerstand um jeden Preis«. Neun Tage später folgt er seinem Führer in den Tod. Was macht Gerhart Weise? Wo ist er? In einer der Suchanzeigen, die meine Mutter nach seinem Verschwinden aufgegeben hat, ist als seine letzte Tätigkeit vor Kriegsende angegeben: »MKBK Stab Dönitz«. MKBK bedeutet Marine-Kriegsberichter-Kompanie. Hat der Kriegsberichter die letzten Maßnahmen im Seekrieg des ihm persönlich bekannten Großadmirals propagandistisch unterstützt? Zum Beispiel die fatale Entscheidung, die immer knapper werdenden Kohlenvorräte vorrangig für sinnlose Militärtransporte einzusetzen und die Evakuierung der Verwundeten und Flüchtlinge hintanzustellen? Oder die Entscheidung, noch im April einige Hundertschaften von Marinesoldaten nach Berlin einfliegen zu lassen, obwohl sie für den Kampf zu Lande nicht ausgebildet sind?

Am 25. April 1945 besetzen Rotarmisten Kleinmachnow. Das nahegelegene KZ-Außenlager des Rüstungsbetriebs der Bosch-Tochtergesellschaft Dreilinden Maschinenbau GmbH wird aufgelöst. Fünfundsechzig Selbstmorde und einundvierzig Erschießungen durch Soldaten der Roten Armee werden in diesen Tagen gezählt. Zu den Erschossenen gehört der einundsiebzigjährige Friedrich Kayssler, soeben aus der Lüneburger Heide zurück, wo der Staatsschauspieler für *Das Leben geht weiter* als Krebsforscher Professor Hübner vor der Kamera gestanden hat. Auf offener Straße wird der Schriftsteller Friedo Lampe erschossen, den Weise gekannt haben soll. Lampe, ebenfalls im November 1943 in Berlin ausgebombt, ist etwa zur selben Zeit nach Kleinmachnow gezogen wie wir. Hat Weise eventuell 1937 Lampes Roman *Septembergewitter* gelesen und versucht, einen stilistischen Anklang von dessen magischem Realismus in seine *Leichte Nikotinvergiftung* zu übernehmen? Friedo Lampe wird am 2. Mai erschossen. Es ist derselbe Tag, an dem Dönitz als Hitlers Nachfolger in

THE

XXth

CENTURY

SHANGHAI

Vol. VIII   APRIL/MAY 1945   Nos. 4/5

Abdruck der Erzählung *The Other World* in der
von Klaus Mehnert in Shanghai herausgegebenen
Zeitschrift *The XXth Century*, April/Mai 1945

Flensburg absurderweise die neue »Geschäftsführende Reichs-regierung« proklamiert. Hört Gerhart Weise am 8. Mai in seinem Volksempfänger die vom Reichssender Flensburg ausgestrahlte Kapitulationserklärung des »Reichspräsidenten« Dönitz?

Zu ebendieser Zeit wird Gerhart Weises bereits 1941 publizierte Erzählung *Die andere Welt* in China veröffentlicht – für mich, die sprachlose Entdeckerin, eine Abstrusität ohnegleichen. *The Other World* erscheint im Doppelheft April/Mai 1945 der eng-lischsprachigen, von Klaus Mehnert in Shanghai herausgegebenen Monatszeitschrift *The XXth Century*. Aufgabe der kulturpoliti-schen Publikation, deren erste Nummer im Oktober 1941 heraus-kommt, ist es, im Auftrag des Auswärtigen Amtes in Ostasien ein positives Bild des Nationalsozialismus zu propagieren. Der 1906 in Moskau geborene promovierte Historiker und Journalist Klaus Mehnert ist kompetent und weitgereist, seinen Auftrag in Shanghai verdankt er guten Beziehungen zum Auswärtigen Amt. Laut Impressum wird *The XXth Century* in Nord-, Süd- und Zentralchina verkauft. Zielgruppe ist ein gebildetes Publikum von Chinesen und englischsprachigen Ausländern. Im April 1945 lassen halb- und ganzseitige Anzeigen in der Zeitschrift immer noch auf eine florierende Wirtschaft schließen: Amerikanische Zigaretten neben russischem (nicht sowjetischem!) Wodka, der Pharmakonzern Bayer neben Siemens China Company, Agfa China Company neben I. G. Farben. Zum Konzept der Zeitschrift gehört eine literarische Erzählung pro Heft, meist Übernahmen aus deutschen Publikationen. Der Herausgeber muss in arger Verlegenheit gewesen sein, um auf einen 1941 veröffentlichten Text zurückgreifen zu müssen, dessen Plot – ein Fliegerleutnant auf Heimaturlaub – durch den Kriegsverlauf längst überholt ist. Aber Shanghai ist weit weg vom blutigen Geschehen in Europa, und Klaus Mehnert wird sogar noch eine letzte Juni-Nummer herausgeben. Ich bezweifle, dass Gerhart Weise je von der Veröffentlichung erfahren hat. Auch Mehnerts Auswahl der anderen Beiträge für die April/Mai-Ausgabe erweckt den Eindruck, als sei *The XXth Century* in einen Dornröschenschlaf gefallen. Es sind klangvolle Namen darunter: Der Baudelaire-Übersetzer und Josef-Kainz-Biograph Paul Wiegler beschreibt in »Death in Ford's Theater« die Ermordung Abraham Lincolns. Von Max Loehr, einem ausgewiesenen Spezialisten für fernöstliche Kunst, hat der Herausgeber »The Animal Art of the Eurasian Steppes« abgedruckt. Von dem Anfang 1945 in Halle verstorbenen Kunsthistoriker Wilhelm Waetzoldt, bis zu seiner Absetzung 1933 Generaldirektor der Staatlichen Museen zu Berlin, erscheint posthum ein Essay, in dem der Autor die kriegsbedingte Zerstörung von Kunstwerken reflektiert – in vergangenen Jahrhunderten. Der Theologe und Parteigenosse Gerhard Kittel, dem Regime als Experte für rassisch-biologistische Religionsforschung zu Diensten, weist in »The Jews in the Roman Empire« darauf hin, dass die »Judenfrage« bereits in der Antike ein Problem gewesen sei. In »Robots«, einer Geschichte des Roboters von der Antike bis zur Gegenwart, schwärmt ein G. Probst von der »Vergeltungswaffe« V 1, der erstmals im Juni 1944 gegen London eingesetzten »robot bomb«, über die inzwischen hinlänglich bekannt gewesen sein dürfte, dass sie sich doch nicht als die erwartete »epoch-making German invention« erwiesen hat. Klaus Mehnert selbst reagiert mit dem offenen Brief »Answer to Lord Vansittart« auf dessen extrem deutschfeindliches Buch *Lessons of my Life* von 1943. Er attestiert dem Autor die Besonderheit, dass er nicht eines der zahllosen Anti-Hitlerbücher verfasst, sondern das gesamte deutsche Volk angegriffen habe. Diese Gleichsetzung von deutsch und nationalsozialistisch zerpflückt Mehnert über Seiten hinweg, um zu folgendem Schluss zu kommen: Er selbst halte die Deutschen keineswegs für unfehlbar, und vieles in ihrer Geschichte würden sie selbst am liebsten ungeschehen machen. Aber der Nationalsozialismus sei keineswegs spezifisch deutsch, sondern Teil eines weltweiten Trends im zwanzigsten Jahrhundert. Es sei ein »broad viewpoint« vonnöten, um die Entwicklungen unseres Zeitalters zu verstehen. Vor dem Krieg mag dieser »weite Blickwinkel« vielleicht noch ein diskutables Argument gewesen sein, im April 1945 hingegen gleicht er einem fotografischen Weitwinkel, durch den sich das verkleinerte Objekt vom Betrachter entfernt, mit seinem Umfeld verschmilzt, an Gewicht verliert. Mit dieser relativierenden Sichtweise und der Trennung in gute Deutsche und böse Nazis ist Klaus Mehnert auf der Höhe der Zeit – der Nachkriegszeit.

NACHKRIEG

Vermutungen und Tatsachen

Auch die sowjetische Besatzungsmacht hält, zumindest propagandistisch, die Sortierung in gute Deutsche und böse Nazis für machbar. In der am 15. Mai 1945 in Berlin herausgegebenen ersten Ausgabe der Frontzeitung der Roten Armee, *Tägliche Rundschau*, ergeht die Aufforderung an die Besiegten, »vor der ganzen Welt [zu] beweisen, daß Hitler – nicht Deutschland, daß die nazistische Bande – nicht das deutsche Volk ist«. Das Ergebnis ist bekannt, und ein Berliner Taxifahrer hat es vor kurzem mir gegenüber noch einmal unnachahmlich zusammengefasst: »Also, ick war Nazi, aba ick gloobe, ick war der einzje.« Längst hat die Flucht in die Westsektoren und ein schwunghafter Handel mit »Persilscheinen« begonnen. In ihrer Briefchronik der Monate Februar bis September 1945, *Tage des Überlebens*, beschreibt die Journalistin Margret Boveri die Denunzierungswelle und die teils wahllos anmutenden Verhaftungen ihrer Kollegen während der ersten Nachkriegsmonate in Berlin. Gerhart Weise bleibt in Kleinmachnow und wird nicht verhaftet. Er habe sich, so meine Mutter, als Nicht-Parteigenosse, der nie antibolschewistische Propaganda betrieben, nie eine Waffe in der Hand gehabt und folglich auch keinen einzigen sowjetischen Soldaten erschossen habe, in Sicherheit gefühlt. Das habe ich geglaubt, bis ich seine antisowjetischen Zeitungsartikel »Hinter der Sowjet-Front« und über den Kaukasus aus dem Jahr 1942 gefunden habe. Kann es trotzdem sein, dass er sich wegen seiner weit massiveren antibritischen und antiamerikanischen Propaganda in den Westsektoren weniger sicher gefühlt hätte? Auch die Tatsache, dass die Sowjets als erste der vier Siegermächte bereits im Juni 1945 Presselizenzen vergeben, mag ein Grund für seine Entscheidung gewesen sein. Über sein – und unser – Leben während der Monate Mai und Juni kann ich nur spekulieren. Ich gehe davon aus, dass meine Eltern in erster Linie damit beschäftigt sind, nicht zu verhungern und ihr Kind am Leben zu erhalten. Ernst Lemmer beschreibt in seinen Memoiren die schier katastrophale Situation der Gemeinde Kleinmachnow, die bis in den September hinein, wegen amerikanisch-sowjetischer Streitigkeiten um die Stadtgrenze, als eine Art Niemandsland von jeglicher Lebensmittelzufuhr abgeschnitten gewesen sei.

Ob und wann der parteilose Gerhart Weise »entnazifiziert« wird, um wieder als Journalist arbeiten zu dürfen, habe ich nicht herausfinden können. Im Archiv des Magistrats von Berlin ist eine entsprechende Akte nicht erhalten. Auch im Volksbildungsamt und in der Kammer der Kunstschaffenden in der Schlüterstraße 45 hat Weise keine Spuren hinterlassen. Aber ich nehme an, dass ihm sein ehemaliger Kollege Ernst Lemmer, der am 28. April von den Sowjets zum ersten Nachkriegsbürgermeister Kleinmachnows ernannt wird, für alle Fälle einen hilfreichen »Persilschein« ausstellt. Von meiner Mutter weiß ich, dass ihr Mann die Mitarbeit an einer Frauenzeitschrift plant, die Hans Huffzky herausgeben will. Kollege Huffzky, ebenfalls Jahrgang 1913, ist 1938 Hauptschriftleiter der Illustrierten *Junge Dame* gewesen und hat ab 1940 als Kriegsberichter für *Das Reich* geschrieben; 1948 gründet er mit John Jahr die *Constanze*.

Am 15. Juni wird Gerhart Weise zweiunddreißig Jahre alt. Bald darf er wieder arbeiten, kommt bei der im Juli gegründeten Tageszeitung *Neue Zeit* unter und schmiedet Pläne für seine journalistische Zukunft. Was kann ihm schon passieren. Ich stelle mir, trotz Verstörung, Mühsal und Hunger, ein hoffnungsfrohes Paar vor. Die beiden haben überlebt. Sie denken nicht an gestern. Das Leben geht weiter.

Am 27. Juli 1945 wird in der *Neuen Zeit* eine Kammermusik-Matinee angekündigt, die, veranstaltet vom Volksbildungsamt, zwei Tage später im Evangelischen Gemeindehaus Zehlendorf stattfindet. Auf dem Programm steht Arnold Schönbergs *Verklärte Nacht,* op. 4, von 1899. Am 24. August wird das Konzert im Berliner Rundfunk ausgestrahlt, am 2. September noch einmal im Kulturamt Zehlendorf aufgeführt und am 4. September in der *Neuen Zeit* kurz besprochen. Zwölf Jahre lang totgeschwiegen, gehört nun zumindest diese frühe Komposition des Emigranten zum Re-Education-Programm in der amerikanischen Besatzungszone. Das Rudolf-Schulz-Quartett wird, um Schönbergs Sextett spielen zu können, um zwei Musiker aufgestockt. Einer davon ist der Cellist Erwin Bartels-Troje. Die Zehlendorfer Matinee ist vielleicht der erste musikalische Auftritt Onkel Erwins im Nachkriegsberlin. Mit welcher Zuversicht muss ihn, nach all den Kriegsjahren, seine Mitwirkung an einem anspruchsvollen Konzert erfüllt haben, das sogar wiederholt und im Rundfunk übertragen wird.

Bei der Sonntags-Matinee am 27. Juli sitzt Tante Li in der ersten Reihe des Evangelischen Gemeindehauses und ist stolz auf ihren Mann. Meine Eltern werden nicht dabei gewesen sein, denn wer hätte auf ihr dreijähriges Kind aufpassen sollen? Knapp vier Wochen später haben alle vier das Konzert im Radio gehört, und am Sonntag, dem 2. September, ist Tante Li mit mir zu Hause geblieben, und in der ersten Reihe haben nun meine Eltern gesessen. Eva und Gerhart kennen Schönberg höchstens dem Namen nach, und niemand hat ihnen gesagt, dass mit dieser Komposition ein unerträgliches Poem von Richard Dehmel vertont worden ist. So hören sie, frei und unbelastet, das Sextett als absolute Musik. Von den kontrapunktischen und motivischen Raffinessen verstehen sie nichts, aber der hochexpressive Spannungsbogen einer spätromantischen Tonalität trägt sie mit sich fort. *Verklärte Nacht*. In ihr versinken sie für eine glückliche halbe Stunde – ohne zu ahnen, dass währenddessen lautlos ein Leben verrinnt. Die Vollmondnacht des 21. September, in der drei Wochen später eine Zukunft endet, ist an diesem Sonntag weit weg. So könnte es gewesen sein. Die Daten stimmen. Auch die Tonkonserve hat überlebt. Sie rauscht und knistert, die Streicher klingen mal dumpf und flach, mal schrill und blechern. Und doch bewahrt diese alte Rundfunk-Aufnahme für mich die zauberische Aura einer Musik, die jenen Septembersonntag wundersam aus der Zeit gehoben hat.

Die einzigen konkreten Informationen über die letzten Monate meines Vaters verdanke ich einem langen, an mehreren Tagen im Oktober 1945 geschriebenen Brief Hans H. Hennes an seine Frau in Oldenburg. Henne wohnt in Nikolassee im amerikanischen Sektor bei Otto Heinz Jahn, seinem ehemaligen Chef bei der Berlin-Film. Am 20. Oktober berichtet er von Plünderern, Denunzianten, spurlos verschwundenen Nachbarn und ergänzt, dass es »in der Gegend von Weise« noch schlimmer sei: »da geht es plötzlich wieder Nacht für Nacht und fängt mit Kinnhaken an. Ich war bei Weise noch nicht, höre aber, dass ihm nahegelegt worden sei, nicht mehr bei der Zeitung, für die er schreibt, zu erscheinen, da er doch auch usw.« Die erneute Verhaftungswelle hängt ursächlich mit dem am 10. Oktober 1945 verabschiedeten Alliierten Kontrollratsgesetz zusammen. Das Gesetz geht auf die Konferenz in Potsdam zurück, auf der die Siegermächte im August die Zerschlagung der NSDAP und ihrer angeschlossenen Organisationen, die Bestrafung der Kriegsverbrecher und die Entnazifizierung der Bevölkerung beschlossen haben.

Was er über seinen Freund Weise weiß, für welche Zeitung er geschrieben hat, teilt Henne seiner Frau einen Tag und drei Seiten später mit: »Von Frl. Höppner (alte Bekannte von Weise, die bei Frl. v. Mirbach wohnt) erfuhr ich, dass Dovifat, der damals von den Kommunisten angegriffen wurde, jetzt seines Postens enthoben wurde. Frl. Höppner ist bei seiner Zeitung beschäftigt. Weise darf dort auch nicht mehr arbeiten, man hat's ihm nahegelegt.« Zu diesem Zeitpunkt, am 21. Oktober, hat Henne also noch keine Ahnung, dass sein Freund seit vier Wochen verschwunden ist, und auch »Frl. Höppner«, die sich Weises plötzliche Abwesenheit wohl mit den angedeuteten Turbulenzen in der Redaktion erklärt, scheint keinen Verdacht zu hegen.

»Frl. Höppner«, vermutlich eine Journalistin, habe ich nicht identifizieren können, wohl aber »Frl. v. Mirbach«. Weise hat Gabrielle (genannt Jella) Freiin v. Mirbach, Jahrgang 1908, im Mai 1942 in Paris entweder kennengelernt oder wiedergetroffen, wo sie erst als Volontärin, dann als Schriftleiterin bei der *Pariser Zeitung* arbeitet. Die von den Besatzern 1941 gegründete Tageszeitung propagiert bis 1944 in deutscher und französischer Sprache ein neues, natürlich judenfreies, nationalsozialistisches Europa. Im Nachkriegsberlin scheint Jella v. Mirbach von einigem Einfluss gewesen zu sein. Henne erwähnt in seinem Brief, dass sie inzwischen für 700 Reichsmark monatlich »bei der engl. Zeitung angestellt worden sei« und sich beim stellvertretenden Leiter der Kammer der Kunstschaffenden für ihn verwenden wolle. Henne, der sich bisher vergeblich darum bemüht hat, wieder als Journalist arbeiten zu dürfen, kann bei der Zeitung erst dann mitarbeiten, »wenn ich von der Kammer die Genehmigung erhalten habe«. Schon vier Tage später meldet ihn Jella v. Mirbach bei Herbert Volkmann an, dem Stellvertreter Johannes R. Bechers in der Zentralverwaltung für Volksbildung im sowjetisch besetzten Deutschland. Mirbach und Volkmann haben, laut Henne, früher im Berliner Büro der Nachrichtenagentur *United Press* zusammengearbeitet. Aber Henne hat kein Glück: Im Dezember ist er noch immer arbeitslos.

Emil Dovifat, bis 1945 Professor für Zeitungswissenschaft

Mitarbeiter der von der CDU herausgegebenen Tageszeitung *Neue Zeit*, Juli bis September 1945 und allgemeine Publizistik an der Friedrich-Wilhelm-Universität und Leiter des Instituts für Zeitungswissenschaft in Berlin, ist Herausgeber und Chefredakteur der Tageszeitung *Neue Zeit*. Die erste Ausgabe des offiziellen Presseorgans der CDU, zu deren Gründungskreis Dovifat und Ernst Lemmer gehören, erscheint am 22. Juli. Allerdings hat Gerhart Weise weder in der *Neuen Zeit* selbst noch im öffentlich zugänglichen Nachlass oder im Familienarchiv Dovifat auch nur die geringste Spur hinterlassen. So bleibt mir lediglich die Vermutung, dass er – als Lemmers Protegé? – zu jenen dreiundzwanzig Personen gehört, die sich, laut Tagebucheintrag der Tochter Dorothee, am 14. Juli in der Zehlendorfer Wohnung Dovifats einfinden, um sich als künftige Mitarbeiter zu bewerben, und dass seine Beiträge anonym erschienen sind. Schon vier Wochen später wird das Blatt – dessen Redaktionsräume, wie übrigens Lemmers früheres Büro, im Alfandary-Haus in der Zimmerstraße 79 liegen – von der Sowjetischen Militäradministration wegen »faschistischer Tendenzen« zunehmend unter Druck gesetzt und der CDU-Parteivorstand aufgefordert, sich von seinem Chefredakteur zu trennen. Nach zwei publizistischen Attacken am 26. und 27. September im KPD-Organ *Deutsche Volkszeitung* und in der *Täglichen Rundschau*, in denen Dovifat der propagandistischen Unterstützung des NS-Regimes beschuldigt wird, setzt die CDU eine Untersuchungskommission ein, der auch Ernst Lemmer angehört und die im Oktober zu dem Ergebnis gelangt, Dovifat sei als Chefredakteur nicht länger tragbar. Am 12. Oktober bietet Dovifat seinen Rücktritt an, der sieben Tage später bekannt gegeben wird.

Als Dovifat die Leitung der *Neuen Zeit* abgeben muss, ist Weise bereits seit einem Monat verschwunden. Trotzdem könnten beide Ereignisse zusammenhängen. Ist das Misstrauen der Besatzer gegen die Tendenz der Zeitung und die Vergangenheit ihres Herausgebers erst einmal geweckt, liegt es nahe, auch die Biographien

Wohnhaus in Kleinmachnow, Im Walde 3, aus dem
Gerhart Weise am 21. September 1945 von der sowjetischen
Geheimpolizei verschleppt wird. Links das Holzhaus
von Erwin und Li Bartels-Troje. Aufnahme 1980

der Mitarbeiter zu überprüfen. Im August wird der politische
Kurs der Zeitung erstmals bemängelt, und ebenfalls im August
nimmt die Zentralverwaltung für Volksbildung im sowjetisch
besetzten Deutschland ihre Arbeit auf. Gut möglich, dass Weise
dorthin beordert wird und dass es ihm ähnlich ergeht wie zwei
Monate später seinem Freund Henne in der Kammer der Kunstschaffenden in der Schlüterstraße. Als die Sekretärin, so schreibt
Henne seiner Frau, auf dem Fragebogen seinen Namen liest, sagt
sie: »Sie sind doch ein Nazi und von Goebbels bei der Berlin-Film
eingesetzt worden. Sie gingen doch bei Goebbels ein und aus.
[…] Sie waren doch auch beim Angriff. […] Sie waren doch auch
ein bekannter Kriegsberichter«. Offenbar zitiert die Sekretärin
aus Hennes Akte, denn in der Schlüterstraße lagern noch die gesamten Unterlagen der Reichskulturkammer.

Sofern nicht durch Kriegseinwirkung zerstört, ist auch ein

großer Teil der Unterlagen des Propagandaministeriums in die Hände der sowjetischen Besatzer gefallen. Vom 5. Januar 1945 datiert eine ministerielle Verfügung über die Unterbringung der Personalakten: Seit den ersten Luftangriffen auf Berlin in einem »abgelegenen Gebäude« in Strausberg, östlich von Berlin, untergebracht, sollen sie nun auf der Insel Schwanenwerder im »Keller der sogenannten Burg«, also vermutlich im Luftschutzkeller nahe der Goebbels-Villa, versteckt werden. Die Personalakte »Weise, Gerhard« hat von dort aus einen langen Weg zurückgelegt: nach 1945 von Berlin nach Moskau, nach 1949 über das Ministerium für Staatssicherheit der DDR ins Zentralarchiv Potsdam, nach 1989 ins Zwischendepot Dahlwitz-Hoppegarten, wo ich sie gefunden habe, und 2008 ins Bundesarchiv Berlin-Lichterfelde. Es wäre also denkbar, dass Gerhart Weise wegen der aufgefundenen und ausgewerteten Personalakte von der Zentralverwaltung für Volksbildung mit Arbeitsverbot belegt und wenig später zum Verhör abgeführt wird. Vielleicht aber gehört er schlicht zu den vielen Journalisten, die, pauschal der Opposition gegen das sowjetische Herrschaftssystem verdächtigt, in einem der elf Speziallager der Sowjetischen Besatzungszone interniert werden.

Am 25. Oktober weiß Henne Bescheid: »Ich komme gerade, 18 Uhr, von der ziemlich fertigen Frau Weise. Man hat ihn vor fünf Wochen, abends um 11 Uhr, abgeholt. GPU in Zivil. Sie hat seither nichts von ihm gehört, noch hat sie die leiseste Ahnung, wo er steckt.« In Kleinmachnow werde nach wie vor gehungert, berichtet Henne: »Bei Eva sind die Essenverhältnisse so, dass sie 200 gr. Brot die Woche bekommt, jetzt seit langer Zeit ½ Liter Magermilch für das Kind. Sie haust gänzlich verlassen da, trotz ihrer mir nicht liegenden Art tut sie mir sehr leid. Sie kann ja auch nichts unternehmen.« Die Festnahme meines Vaters lässt ihn nicht los. Am 11. November schreibt er an seine Eltern: »Selbst der letzte Freund, der noch geblieben war, ist jetzt verschwunden. Von den russ. Behörden verhaftet worden. Ich möchte wissen,

Eva Weise 1945.
Passfoto für die neue
Kennkarte in der
sowjetisch besetzten Zone

was er ausgefressen hat, er war nicht Pg. und auch sonst schon immer dagegen.« Da Henne seinen Freund seit zehn Jahren kennt, müsste er es besser wissen, aber auch über sich selbst schreibt er, dass er »kein Nazi im gewöhnlichen Sinne war«. Hätte ich nicht selbst die Erfahrung gemacht, wie sich aus dem Unbewussten heraus unmerklich ein unsichtbarer Schutzschirm aufbauen kann, um eine Illusion vor ihrer Zerstörung zu schützen, ich würde Henne einen Lügner nennen. So aber stelle ich mir vor, dass der Rückblick dieses einst frohgemuten Gläubigen auf eine Vergangenheit, deren von ihm mitgestaltete Versatzstücke sich plötzlich zu einem unerträglichen Ganzen ballen, sein Fassungsvermögen sprengt. So oder ähnlich mag es auch in meinem Vater ausgesehen haben, bevor ihn die GPU am 21. September 1945 um elf Uhr in der Nacht abholt.

Wie es meiner Mutter in dieser Nacht und in den kommenden Tagen und Nächten ergangen sein mag, lässt sich nur erahnen. Ich weiß aber, wie sie ausgesehen hat damals mit achtundzwanzig Jahren. Ein Passfoto, linkes Ohr frei, ist vermutlich für ihre neue Kennkarte aufgenommen worden. Die Besatzer verwenden die Vordrucke aus der Nazizeit weiter; der Reichsadler samt Hakenkreuz wird einfach überklebt. Der abwesende, hoffnungslose Blick gehört zu einer Frau, die sich umgebracht hätte, wenn ich, das dreijährige Kind, nicht gewesen wäre. So hat sie es mir später erzählt. Aber erst einmal, gleich am nächsten Morgen, klingelt sie an der Hohen Kiefer 13 bei Ernst Lemmer, dem von der Roten Armee eingesetzten Bürgermeister und früheren Kollegen ihres Mannes. Er müsste doch über seine guten Beziehungen zur Militäradministration etwas tun können? Wenigstens herausbekommen, wo ihr Mann jetzt ist? Wie lange er fortbleibt? Ob er wiederkommt? Nein. Meine Mutter hat sich später über Lemmer, da war er längst Bundesminister, sehr bitter geäußert. Geholfen hat er ihr nicht – ob er nicht gekonnt oder nicht gewollt hat, vermag ich nicht zu beurteilen. Auch ein Deutsches Rotes Kreuz, an das sie sich hätte wenden können, gibt es in der Sowjetischen Besatzungszone auf Jahre hinaus nicht mehr. Es gibt nichts und niemanden. Hennes Bemerkung, sie könne ja auch nichts unternehmen, trifft buchstäblich ins Schwarze. Sie kann nur warten, »gänzlich verlassen«, bei zweihundert Gramm Brot die Woche und einem halben Liter Magermilch für das Kind.

Alle späteren, sich über Jahrzehnte erstreckenden Versuche, durch das Deutsche Rote Kreuz, die Archive der ehemaligen sowjetischen Speziallager, das Auswärtige Amt, die Deutsche Botschaft in Moskau und die Archivbehörden der Russischen Föderation den Verbleib Gerhart Weises ausfindig zu machen, sind ergebnislos geblieben. Über eine Publikation der Gedenkstätte Berlin-Hohenschönhausen, des ehemaligen Speziallagers Nr. 3, habe ich Karin Raschke ausfindig gemacht, deren Vater, Hermann Kippenberg, ebenfalls in Kleinmachnow von der GPU verhaftet worden ist, fünf Tage später als Gerhart Weise, wohl aufgrund der Denunziation eines Nachbarn. Bevor der Denunzierte am 10. Oktober 1945 ins Lager Hohenschönhausen eingeliefert wird, wo er ein halbes Jahr später stirbt, bringt man ihn am Tag seiner Verhaftung in einen Verhörkeller der GPU in Teltow-Seehof, der sich im Gebäude des ehemaligen Landratsamtes befindet. Das hat seine topographische Logik, denn seit Beendigung der von Ernst

Lemmer erwähnten Grenzstreitigkeiten gehört Kleinmachnow nicht mehr zu Berlin-Zehlendorf, sondern zum Kreis Teltow. In dem Keller befinden sich, als der Verhaftete dort eintrifft, etwa sechzehn bis achtzehn Personen, von denen zwei an Diphtherie erkranken und sterben. Die Details hat Hermann Kippenberg im Lager einem Mithäftling erzählt, der sie 1950 der Familie mitteilt.

Mangels anderer Hinweise stelle ich mir vor, dass Gerhart Weise fünf Tage vor Kippenberg in diesen Keller gesperrt worden, durch Ansteckung an Diphtherie erkrankt und dort noch vor dem 10. Oktober gestorben ist. Aufgrund der nach Auskunft meiner Mutter eher schwachen körperlichen Konstitution ihres Mannes und angesichts der Tatsache, dass im September 1945 in Berlin die wöchentliche Zunahme der Diphtherie-Erkrankungen etwa vierhundertzwanzig Personen betrifft und die Inkubationszeit zwei bis fünf Tage beträgt, halte ich diese Hypothese auch rein rechnerisch nicht für unrealistisch. Zu den Symptomen dieser akuten toxischen Infektionskrankheit, die ohne Behandlung tödlich verläuft, gehören Fieber, Husten, Erbrechen, Schluckstörungen und Schwellungen der Lymphknoten. Der Mund- und Rachenraum überzieht sich mit einem grauweißen Belag, die Schleimhaut der Luftröhre entzündet sich und schwillt an. Der Kranke erstickt. So könnte es gewesen sein.

LAUF DER DINGE

Journalisten und eine Witwe im Nachkrieg

Gerhart Weises Freund Hans H. Henne wird am 8. Dezember
1945 unter Spionageverdacht von den Engländern festgenommen,
nach vier Wochen aus der Haft entlassen und am 16. Januar 1946
erneut verhaftet, diesmal durch den militärischen Nachrichten-
dienst Smersch (Smert Schpionam = Tod den Spionen) der Sowjets. Wegen faschistischer Propaganda und vor allem wegen seines antisowjetischen Kriegsbuches *Der Weg nach Kandalakscha*
wird »Henne, Hans« im Namen der Union der Sozialistischen
Sowjetrepubliken am 2. Juli 1946 in Potsdam zum Tod durch
Erschießen verurteilt und am 12. August hingerichtet. Erst vier
Jahre später erfährt Inge Henne durch einen ehemaligen Mithäftling vom Tod ihres Mannes.

Der Balte Karlheinz Dahlfeld, ehemaliger Reisegefährte in
Tripolis, ist anscheinend davongekommen. Noch vor seiner Verhaftung schreibt Henne Anfang November 1945 in einem letzten
Brief an seine Schwester: »Mein Freund Dahlfeld, den ich zu den
Toten rechnete und der mit mir [1935] von Duisburg nach Berlin
ging, lebt. Ich habe es jetzt gehört, er soll aus der Gefangenschaft
zurück sein. Das war meine grösste Freude in der letzten Zeit.«
Ob das Gerücht stimmt, ob sich die beiden Freunde noch einmal
wiedersehen und ob Dahlfeld nach Duisburg zurückkehrt, ist
nicht überliefert.

Im August 1954 veröffentlicht *Die Wildente* in ihrer siebten
Folge einen Nachruf auf den »Kameraden« Henne, der »sich

durch hervorragende Darstellungen des Kampfgeschehens einen geachteten Namen als Journalist gemacht« habe und »von den Sowjets gegen jedes Menschen- und Kriegsrecht ermordet« worden sei. Das Mitteilungsblatt der ehemaligen Angehörigen der Propaganda-Kompanien erscheint in unregelmäßiger Folge von 1952 bis 1966 in Hamburg und wird von Ex-Kriegsberichter Günther Heysing herausgegeben. *Die Wildente*, durch Spenden und Anzeigen der Ehemaligen finanziert, ist denn auch ein nostalgischer Veteranentreff im DIN-A5-Format, deren Name signalisieren soll, dass dieses revanchistische Blatt nicht gewillt ist, sich die bundesrepublikanischen »Zeitungsenten« über den Nationalsozialismus zu eigen zu machen. Heysing, Jahrgang 1911, Mitglied der SA, SS und NSDAP, hat als Kriegsberichter mehrere Artikel im *Reich* publiziert. Ab 1952 verbreitet er in seinem Blatt die dann über Jahrzehnte hartnäckig verteidigte Legende, dass die Wehrmacht und deren Propagandatruppen mit den Kriegsverbrechen »der Nazis« nichts zu tun gehabt hätten. Mit Heysings Unterstützung und zahlreichen Zitaten aus der *Wildente* betreibt Generalmajor a. D. Hasso von Wedel in seinem Buch *Die Propagandatruppen*, das 1962 in der Reihe »Die Wehrmacht im Kampf« in der militaristischen Scharnhorst Buchkameradschaft erscheint, ebenfalls die moralische Reinwaschung der Wehrmacht.

In der *Wildente*, die hauptsächlich launige bis wehmütige Reminiszenzen und Anekdoten der Ehemaligen über die gute alte Zeit abdruckt, finde ich die Namen einiger PK-Angehöriger wieder, die Kollegen und Freunde meines Vaters gewesen sind.

Der »Kriegsberichter Dettmann (Luftwaffe)«, ehemals *Reich*-Autor und Hauptschriftleiter der Deutschen Wochenschau, sei nach sieben Jahren Gefangenschaft »in kümmerlichstem Gesundheitszustand« aus dem Zuchthaus Waldheim in Sachsen entlassen worden, heißt es in der zweiten Folge vom Dezember 1952. Hingegen geht aus einer »Strafnachricht« der Deutschen Volkspolizei, Abt. Strafvollstreckung, hervor, dass Fritz Dettmann, vom Landgericht Chemnitz wegen Verbrechen gegen die Menschlichkeit erst 1950 zu achtzehn Jahren Zuchthaus verurteilt, also bereits nach zwei Jahren Haft entlassen worden ist. Dettmann scheint zu den treuen Lesern der *Wildente* zu gehören, denn in der siebten Folge, im August 1954, berichtet er über einen vom Italienischen Aeroclub veranstalteten Flieger-Wettbewerb.

Kurt Kränzlein, ehemaliger Chefredakteur des *Angriff*, steuert in der sechsten Folge im April 1954 den fünfspaltigen Artikel »Meinen Sie den Verleger Rowohlt?« bei, in dem er die »herzliche Kameradschaft« schildert, die sich im Herbst 1942 zwischen ihm und Hauptmann Ernst Rowohlt entwickelt, der als »Ic-Prop.« (Dritter Generalstabsoffizier Feindnachrichten/Abwehr/Propaganda) eines vom »Sonderstab F« aufgestellten Expeditionskorps die Bekanntschaft Kränzleins macht. Dieser wiederum ist mit der Führung des Propaganda-Zuges für dieses Korps beauftragt. Das Expeditionskorps soll »im arabischen Raum von Tunis« eingesetzt werden, bleibt aber vorerst an der russischen Front, »um die Trümmer der 6. Armee aufzufangen«. Nach einem Einsatz auf dem Balkan gelangt das Korps zur Besatzungsarmee auf den Peloponnes. Hinter dem »Sonderstab F« verbirgt sich Hellmuth Felmy, General der Flieger, der 1948 wegen Geiselerschießungen auf dem Balkan in Nürnberg zu fünfzehn Jahren Haft verurteilt, aber schon nach drei Jahren entlassen wird. Kränzlein missbilligt die »Verurteilung des vom ganzen Korps aufs innigste verehrten tadellosen Mannes«, der »heute bei der Funklotterie des hessischen Senders Frankfurt« wirke. Die Aktivitäten des von Rowohlt geleiteten Expeditionskorps erwähnt Kränzlein mit keinem Wort, ausführlich hingegen die Rettung deutschfreundlicher ukrainischer Zivilisten vor den Sowjets durch seine Propaganda-Kompanie.

In der elften Folge vom Dezember 1955 ist der Trauzeuge meiner Eltern und ehemalige Sonderführer Karl-Georg v. Stackelberg im eleganten Dreiteiler abgebildet, flankiert vom Bundesminister für wirtschaftliche Zusammenarbeit und Vizekanzler Franz Blücher, FDP, und dem US-Amerikaner George Gallup. Das Foto stammt vom September, als Stackelberg das zehnjährige Jubiläum seiner erfolgreichen Emnid-Institute für Markt-, Verbrauchs-, Werbe- und Meinungsforschung feiert, die nun auch in die internationale Gallup-Organisation aufgenommen worden sind. Laut Bildunterschrift hat Stackelberg Emnid »unmittelbar nach Kriegsende« gegründet, »als er in Bielefeld nach einer Verwundung in der letzten Phase des Krieges das Lazarett verlassen hatte«.

In derselben Ausgabe erscheint zum ersten Mal die Suchanzeige für meinen Vater, die vom Deutschen Roten Kreuz geschaltet worden ist: »Weise, Werner [sic!], geb. 15. 6. 13 in Dresden, Redakteur u. Filmdramaturg bei der UFA, MKBK Stab Dönitz, wurde am 23. [sic!] 9. 45 in Klein-Machnow abgeholt u. ist seitdem verschollen.« Auf diese Anzeige, die noch mehrmals in späteren Ausgaben abgedruckt wird, hat sich nie jemand gemeldet.

Über das Schicksal Otto Kühbachers, des parteilosen Kollegen im Büro Schwarz van Berk, ebenfalls in Kleinmachnow wohnend, Märkische Heide 18, habe ich nichts in Erfahrung gebracht und über Hans Stief, Schriftleiter beim *Angriff* und Fotograf des Babys Eva Maria, lediglich, dass er 1952 gestorben sein soll. Wenn die Erinnerung meine Tante Elisabeth nicht getrogen hat, ist der Graphiker und Schriftleiter Wilhelm Reetz ebenfalls im September 1945 von der GPU verhaftet worden und seitdem verschollen. Gerhard Kölling hat sich durchgeschlagen. 1961 wird er in der aufwendig gestalteten Jubiläumsschrift *125 Jahre Berlinische Lebensversicherung* als Fotograf genannt.

Wolf Schirrmacher, einst Mitarbeiter im Büro Schwarz van Berk, arbeitet wieder als Journalist. Ich kann allerdings kaum glauben, dass er mit jenem Rezensenten gleichen Namens identisch sein soll, der die Hamburger Uraufführung (Regie: Wolfgang Liebeneiner) des Schauspiels *Draußen vor der Tür* von Wolfgang

Borchert am 1. Dezember 1947 in der Literaturzeitschrift *Der Ruf* auführlich bespricht. Der Text hat literarisches Niveau und ist so einfühlsam und klug geschrieben, jenseits aller hohlen Betroffenheitsklischees, dass ich ihn mit den »Bildern einer Kriegsschule der Waffen-SS« von 1943 in keinerlei Übereinstimmung zu bringen vermag. Andere Beiträge – beispielsweise über Elektronengehirne, Neurophysiologie, Antarktisforschung –, die zwischen 1948 und 1950 in der Wochenzeitung *Die Zeit* erscheinen, lassen die Autorschaft Wolf Schirrmachers schon plausibler erscheinen, und die Überschrift eines 1960 in der *Frankfurter Neuen Presse* abgedruckten Artikels klingt geradezu vertraut: »Kniebeugen sind unbekannt. Ernste Bilanz der Musterungen: Es fehlt an Haltung.« Außer für die *Frankfurter Neue Presse* schreibt Wolf Schirrmacher bis in die 1970er Jahre für den *Hamburger Anzeiger* und den *Tagesspiegel*. Er stirbt 1986 im Alter von zweiundsiebzig Jahren.

Kurt Frowein kehrt in seine Heimatstadt Wuppertal zurück. Seine Mutter hat dort inzwischen einen bescheidenen Textilgroßhandel aufgebaut, den der Sohn zu einem Gummigroßhandel erweitert. Der ehemalige Oberleutnant, Reichsfilmdramaturg und Oberregierungsrat verkauft nun Einweckgummis, Schläuche und Strumpfhalter an Haushaltswaren- und Sanitärfachgeschäfte. Eine Wiederaufnahme der Journalistenlaufbahn kommt für ihn, seiner Vergangenheit wegen, nicht in Frage. Anfang 1964 stirbt er, neunundvierzigjährig, nach einem Unfall.

Am 15. Juli 1945 meldet der Magistrat der Stadt Berlin, Abteilung für Finanz- und Steuerwesen, »Steuerrückstände von führenden Personen und von Nutznießern des Nazi-Systems«, darunter für den Bezirk Zehlendorf Hans Schwarz van Berk mit einem »Gesamtrückstand« von 2314 Reichsmark. Das wird den Steuerschuldner nicht weiter gestört haben, denn von 1945 bis März 1950 ist er in verschiedenen US-amerikanischen Kriegsgefangenenlagern interniert. Kurze Zeit später gründet Schwarz van Berk in Stuttgart eine Werbeagentur, die er viele Jahre lang erfolgreich betreibt. Zum Dauerbrenner wird seine Erfindung »Ilja Rogoff«, ein uralter bulgarischer Bauer, der sich dank der konsumierten Knoblauchpillen gleichen Namens bis heute einer unverwüstlichen Gesundheit erfreut. Schwarz van Berk schreibt zusammen mit Hans Diebow – einst Chefredakteur des *Völkischen Beobachters* und Autor des Bildbandes *Der ewige Jude* – ein Buch über die Schicksale von Kunstwerken durch die Jahrhunderte, das in der Beschreibung des Bildersturms im Dritten Reich gipfelt. Unter dem Pseudonym H. H. Pars erscheint *Noch leuchten die Bilder* 1953 in einem Stuttgarter Verlag. Anders als die meisten Kollegen, die ihre Karrieren in der Bundesrepublik nahtlos fortsetzen, arbeitet Schwarz van Berk, ebenso wie Kurt Frowein, nie wieder als Journalist. Seine Entscheidung begründet er in einem Gespräch mit der Tochter: Er habe sich einmal so sehr geirrt, dass er keine öffentliche politische Aussage mehr treffen könne, ohne unglaubwürdig zu wirken. Das Thema seiner Verstrickung in die nationalsozialistische Ideologie hat ihn bis zu seinem Tod 1973 nicht losgelassen. In Briefen an alte Freunde, auch an Frowein und Schirrmacher, an den 1969 allseits hofierten Autobiographen Albert Speer und in seinen Fragment gebliebenen Lebenserinnerungen hat Hans Schwarz van Berk versucht, die Wurzeln seines Selbstbetrugs zu ergründen.

Eva Weise muss mit ihrer vierjährigen Tochter im Sommer 1946 das Haus Im Walde 3 verlassen, weil es für die Familie eines SED-Funktionärs requiriert wird. Mit jenem Sommer beginnt meine Erinnerung. Ich sehe einen Mann, der mit einer Kloschüssel unter dem Arm den Gartenweg entlang zum Haus geht, im Hintergrund eine verlegene Frau vor dem Umzugswagen, während meine Mutter mit mir vor unserem Steingartenbeet kniet, weinend einige Pflanzenblätter zwischen ihren Fingerspitzen zerreibt und mir unter die Nase hält, damit ich den Duft nicht vergesse. Ich

Eva und Eva Maria im Atelier
Foto-Friedrich in Kleinmachnow, 1946/47

habe ihn vergessen. Damals oder ein Jahr später muss das Klein-
machnower Atelierfoto von meiner Mutter und mir entstanden
sein. Sie wird gewollt haben, dass ihr Mann, falls er denn wieder-
käme, sich vorstellen kann, wie seine Tochter im Alter von vier,
fünf Jahren ausgesehen hat.

FRAGEN AN EIN BILD

Letzter Versuch

Ein Foto gibt es, irgendwann zwischen 1942 und 1945 entstanden – für einen Dienstpass? einen Marschbefehl? vor oder nach dem Verrat an Erich Ohser? –, das dich im Militärmantel mit den Sonderführer-Schulterklappen zeigt. Es ist immer mein Lieblingsbild gewesen und hat dem romantischen Nimbus, den ich dir angedichtet habe, lange nicht widersprochen: ein schöner Mann, ein sensibler Intellektueller, ein introvertierter Melancholiker. Heute versuche ich, in dem Foto die Essenz deiner Biographie zu finden. Der Mund zeigt die letzte Spur eines spöttischen Lächelns – noch einmal, kurz vor ihrem Verschwinden, die zynische Attitüde? –, während der abwesende Blick unter den schweren Augenlidern eine tiefe Erschöpfung verrät. Es könnte der Blick eines Menschen in den Abgrund seiner selbst sein, eines Menschen, der schwer daran trägt, dass er sich in einer barbarischen Zeit »in eine Art Maschinenteil, einen Roboter, ein Werkzeug« verwandelt hat – deine eigenen Worte im *Reich*-Artikel »Hinter der Sowjet-Front« über die von der »bolschewistischen Überorganisation« erfassten Moskauer. Aber nicht nur die horizontale Trennung in Mund und Augen, auch die vertikale zeigt ein widersprüchliches Ergebnis. Eine Gesichtshälfte scheint weich und versonnen, die andere unnachgiebig, fast grausam. Die rechte Hälfte erinnert mich an Charlie Rivel, der »auf eine Blume dösen kann«, an die einstige »Lieblingsbeschäftigung« des jungen Journalisten, »ins Wasser oder in kochenden Asphalt zu starren«, aber keinesfalls ins eigene

Das letzte Foto

Spiegelbild, und an den Ritter vom goldenen Kirschkern. Die linke Hälfte scheint einem Mann zu gehören, der sich – »als eiskalter Gangster«? – ohne eine Schramme durch den Krieg schlängelt, um desto willfähriger an der Heimatfront den Machthabern zu dienen, und den diese Überlebensstrategie das Leben kosten wird. Was auch immer dein Gesichtsausdruck in jenem Augenblick bedeutet haben mag – er zerfällt, auf der letzten erhaltenen Fotografie von dir, in Fragmente, die nicht zueinanderpassen und doch zusammengehören. Dein Essay »Geheimnis um ein Stück Gesicht« fällt mir ein, in dem es heißt: »Der Ausdruck nicht nur eines, sondern mancher Wesen ist darin.« Bist du, wie in der Mimik des Clowns gespiegelt, in jener Zeit das geworden, »was wir alle sind«?

In Gedanken vierteile ich dein Gesicht wie das des Clowns und vergrößere es Stück für Stück mit der Lupe, doch es gibt sein Geheimnis nicht preis. Je genauer ich hinsehe, desto mehr verschwimmt es im Zwielicht meiner Deutungsversuche. Ich konzentriere mein gesamtes Wissen auf dieses Foto. Die Fakten, die ich herausbekommen habe, ergeben kein Gesamtbild, meine Interpretation bleibt Stückwerk und der Mensch auf dem Foto ein Rätsel. An deinem Blick prallen alle Fragen ab. Ein unbekannter Vater liegt in einem unbekannten Grab.

So ist das Traurige an dieser Geschichte, dass sie eigentlich keinen Schluss hat.

DANK

Mein ganz besonderer Dank gilt den Nachkommen der Kollegen und Freunde meines Vaters, die meine Recherchen verständnisvoll und hilfsbereit unterstützt haben, so Christian Frhr. v. Mirbach, Volker Schirrmacher und Wolfhart Baron v. Stackelberg. Mit Henning Schwarz van Berk, der mir Unterlagen seines Vaters zur Verfügung stellte, habe ich ausführliche Gespräche führen können. Ohne Axel Pohlmann, der mir großherzig den umfangreichen Nachlass seines Onkels und die Ergebnisse eigener Recherchen in Kopie überließ, die Zusammenhänge erklärte und mir sogar einen Originalbrief schenkte, hätte ich nie von der Freundschaft Hans H. Hennes mit meinem Vater erfahren, und viele Stationen seines Lebens wären unaufgedeckt geblieben. Charlotte Frowein, die Witwe Kurt Froweins, hat sich an einige mit meinen Eltern verbrachte Abende erinnert und daran, 1943 meinen Kinderwagen geschoben zu haben.

Elke Fröhlich verdanke ich einen Hinweis zu meinem Vater in den von ihr für das Institut für Zeitgeschichte in München herausgegebenen Goebbels-Tagebüchern. Erika Martens hat den Kontakt zu Christian Haase, University of Nottingham, hergestellt, der mich an seinen Kenntnissen über den Journalismus nach 1945 teilhaben ließ. Wichtige Informationen erhielt ich auch von Gabriele Toepser-Ziegert und Beate Lücke vom Institut für Zeitungskunde Dortmund. Die ehrenamtlichen Mitarbeiterinnen des Archivs StuDeO in Kreuth, Renate Jährling und Anita Günther, haben mich im Zusammenhang mit der Zeitschrift *The XXth Century* freundlich unterstützt. Michael Kohlstruck und Christian Taaks haben mir zahlreiche Details über diese Zeitschrift und ihre kulturpolitischen Hintergründe mitgeteilt. Rainer Rother und Holger Theuerkauf von der Deutschen Kinemathek Berlin und insbesondere Ines Belger vom Filmmuseum Potsdam haben mir mit Auskünften weitergeholfen. Dankbar erinnere ich mich an die unbürokratische Hilfsbereitschaft von Cesrin Schmidt im Bundesarchiv Berlin und Sabine Kaulitz im Zwischenarchiv Dahlwitz-Hoppegarten.

Erst das Gespräch mit Karin Raschke über die Verhaftung ihres Vaters, Hermann Kippenberg, hat mich auf die Idee gebracht, wie und wo mein Vater gestorben sein könnte. Aleida Assmann hat mir am Rande einer Tagung des Instituts für Geschichte und Biographie in Lüdenscheid den entscheidenden Impuls gegeben, neu über Gedächtnis, Abwehr und Verdrängung nachzudenken. Norbert Frei, Friedrich-Schiller-Universität Jena, und Bernd Sösemann, Friedrich-Meinecke-Institut der FU Berlin, haben mich ausdrücklich dazu ermuntert, das Manuskript zu veröffentlichen. Christiane Fritsch-Weith, seit zwanzig Jahren »meine« Buchhändlerin am Bayerischen Platz, hat schon an mein Buch geglaubt, als sie noch keine Zeile daraus kannte.

Meiner 2008 verstorbenen Tante Elisabeth Egert, geb. Müller, danke ich für ihre Erinnerungen und die Briefe und Fotografien, die sie mir noch im hohen Alter schickte.

Marion Antholzner und Rose Schatter haben mir in Berlin und Köln einiges an Recherche abgenommen. Roswitha Gehrmann hat mir jederzeit mit freundschaftlichem Rat beigestanden. Auch Unda Hörner und Renate Scheffler verdanke ich die eine und andere Anregung. Michael Freitag danke ich für eine seltene Archivalie und einen langen Brief. Mit Karin Hoerstel konnte ich ein grundlegendes Gespräch über Leben in der Diktatur führen. Brigitte Bruns hat mich während der gesamten Entstehungszeit des Buches einfühlsam und geduldig begleitet.

Die ersten Leser des Manuskripts in seinen verschiedenen Stadien sind Helen Adkins und mein Mann, Peter Hahn, gewesen. Ihre konstruktive Kritik und stetige Ermutigung haben verhindert, dass die Zweifel, meine ständigen Begleiter, über mir zusammengeschlagen sind. Und wer weiß, ob das Manuskript ohne die spontane Begeisterung von Norbert Miller überhaupt in die Hände der Verlegerin Elisabeth Ruge gelangt wäre. Ihr danke ich ebenso wie meinem Lektor, Malte Ritter, dessen kluge Fragen und Kommentare mich zu den notwendigen Änderungen motiviert haben.

ABKÜRZUNGEN

Pressekürzel Gerhart Weise eis., GW, G. W., gw., W., w., we.

Abt. A	Abteilung Ausland
AOK	Armee-Oberkommando
AP	Auslandspresse
BBC	British Broadcasting Corporation
BDM	Bund Deutscher Mädel
CDU	Christlich Demokratische Union
DAF	Deutsche Arbeitsfront
DDR	Deutsche Demokratische Republik
DEFA	Deutsche Filmaktiengesellschaft in der DDR
DNB	Deutsches Nachrichtenbüro
Do 217	Kampfflugzeug (Bomber) der Dornier-Werke
d. R.	der Reserve
FDP	Freie Demokratische Partei
Gestapo	Geheime Staatspolizei
GPU	Gossudarstwennoje Polititscheskoje Uprawlenije (russ., Staatlich Politische Verwaltung), die Staatspolizei der Sowjetunion, 1922 aus der Tscheka hervorgegangen, 1934 dem NKWD (Volkskommissariat für Inneres) eingegliedert
Flak	Flugabwehrkanone
He-111	In den Heinkel-Werken entwickelter Standardbomber der Deutschen Luftwaffe
HJ	Hitler-Jugend
i. A.	in Ausbildung
i. G.	im Generalstab
i. V.	in Vertretung
Ju 87 und 88	1935 und 1936 in den Junkers-Werken entwickelte Sturzkampfbomber
KdF	Kraft durch Freude (Unterorganisation der DAF)
KPD	Kommunistische Partei Deutschlands
Krad	Kraftrad
MKBK	Marine-Kriegsberichter-Kompanie

NSDAP	Nationalsozialistische Deutsche Arbeiterpartei
NSKK	Nationalsozialistisches Kraftfahr-Korps
NSV	Nationalsozialistische Volkswohlfahrt
OKW	Oberkommando der Wehrmacht
OT	Organisation Todt
P. E. A.	Propaganda-Ersatz-Abteilung
Pg	Parteigenosse
PK	Propagandakompanie
RMVP	Reichsministerium für Volksaufklärung und Propaganda
RdP	Reichsverband der deutschen Presse
RM	Reichsmark
RSHA	Reichssicherheitshauptamt
SA	Sturmabteilung (Massenorganisation der NSDAP)
S. A.	Societé Anonyme
SBZ	Sowjetisch besetzte Zone
SD	Sicherheitsdienst des Reichsführers SS
Sdf	Sonderführer
SED	Sozialistische Einheitspartei Deutschlands
SPD	Sozialdemokratische Partei Deutschlands
SS	Schutzstaffel (Eliteorganisation der NSDAP)
Stapo	Staatspolizeistelle der Gestapo
Stuka	Sturzkampfbomber
Tscheka	Kurzwort für die Außerordentliche Kommission zum Kampf gegen Konterrevolution und Sabotage, 1917–1922 die politische Polizei des bolschewistischen Russland, 1922 in die GPU umgewandelt
Ufa	Universum-Film AG
Ufi	Universum-Film GmbH, Dachorganisation der Bavaria, Berlin-Film, Prag-Film, Terra, Tobis, Ufa und Wien-Film
Uk, uk, u. k.	Unabkömmlich
V 1	Die erste der beiden »Vergeltungswaffen« genannten Flugkörper, gegen Ende des Zweiten Weltkriegs vorwiegend gegen London eingesetzt
Vg	Volksgenosse
Z	Zugführer
z. V.	zur Verfügung
Ic	Dritter Generalstabsoffizier für Feindnachrichten und Abwehr
I Prop	Leiter der Abteilung Propaganda

AUSWAHLBIBLIOGRAPHIE GERHART WEISE

BUCHPUBLIKATION

Werner Hartmann, *Feind im Fadenkreuz. U-Boot auf Jagd im Atlantik.* Nacherzählt von Gerhart Weise. Mit einem Vorwort vom Befehlshaber der U-Boote Admiral Karl Dönitz, 232 S. und 62 Abb., Berlin: Die Heimbücherei 1942; Vorabdruck in 14 Folgen: Kölnische Illustrierte Zeitung 11. Dezember 1941, Nr. 50 – 19. März 1942, Nr. 12

BUCHBEITRAG

Gerhart Weise, Das andere Leben. In: *Das andere Leben. Preiserzählungen,* Leipzig/Berlin: Verlag Otto Beyer (= Bücher der Neuen Linie) 1943, S. 5–22

ZITIERTE ZEITUNGSBEITRÄGE

Dresdner Anzeiger
Residenztheater. Hoheit tanzt Walzer, 20. September 1933, Nr. 261, S. 3
Die Zirkusprinzessin. Auftakt im Zentraltheater, 21. Oktober 1933, Nr. 273, S. 5
Wahlversammlung der Dresdner Theatermitglieder, 3. November 1933, Nr. 305, S. 3
Marietta. Nonstop-Operette im Residenztheater, 6. November 1933, Nr. 308, S. 6
Zentraltheater [Land des Lächelns], 20. November 1933, Nr. 322, S. 6
Folterkammer des Kunstgeschmacks. Bildbericht des Illustrierten Beobachters über »Entartete Kunst«, 19. Dezember 1933, Nr. 351, S. 6
»Dresden is a nice town«, 14. April 1934, Nr. 102, S. 6
»Hallo! Hier 64 001!«, 27. Mai 1934, Nr. 144, S. 6
Wir besuchen das Handwerk. Schrippen – früh um fünf, 3. Juni 1934, Nr. 151, S. 7
21 Rivels – mit und ohne Maske. Kleine Glossen im Zentraltheater, 3. Juni 1934, Nr. 151, S. 7

Wir besuchen das Handwerk. »Morgen kehren!«, 10. Juni 1934, Nr. 158, S. 5–6
Das gähnende Lastauto. Los von der Aschengrube!, 24. Juni 1934, Nr. 172,
S. 5

Deutsche Presse. Zeitschrift des Reichsverbandes der Deutschen Presse
Presse und Film, 17. August 1935, Nr. 33, S. 399–401

Das 12 Uhr Blatt
Weihestunde für das Buch. Hinkel, Johst und Dr. Lippert sprachen, 30. Oktober 1935, Nr. 255, 2. Beilage
Ein Erfolg Hans Mosers als Clown. Knox, Pat und Patachon, 30. November 1935, Nr. 280, 2. Beilage
Wer ist ein Narr – wer ein Weiser? Clowns – schööön!, 13. Dezember 1935, Nr. 292, 2. Beilage
Avantgardist – Spökenkieker – Fanatiker. Gespräch mit dem Filmregisseur Werner Hochbaum, 11. Januar 1936, Nr. 9, 2. Beilage
Filmgespräch – so oder so. Mit Lucie Höflich und Carl Junghans, 16. Januar 1936, Nr. 13, 2. Beilage
Ein Regisseur taucht auf. Toni Huppertz hat heute Film-Premiere, 28. Februar 1936, Nr. 50, 2. Beilage
Ein Photo, erst geviertelt, dann vergrößert. Geheimnis um ein Stück Gesicht, 7. April 1936, Nr. 83, 2. Beilage
Filmregisseur aus Leidenschaft. Gespräch mit Hans H. Zerlett, 29. April 1936, Nr. 100, 2. Beilage
Wie Berlin den 1. Mai feierte. Zwei Millionen marschierten auf, 2. Mai 1936, Nr. 103, 1. Beilage
Schuhputzer, Märchenerzähler, Filmaußenseiter. Peter Pewas überrumpelt den Alexanderplatz, 9. Mai 1936, Nr. 109, 2. Beilage
Der Letzte der Tom Mixe. »Der Held von Texas« ritt, schoß und liebte, 15. Mai 1936, Nr. 114, 2. Beilage
Generale, Söhne und Soldaten. »Italien marschiert« im Titania-Palast, 18. Mai 1936, Nr. 116, 2. Beilage
»… und das Kulturleben der Nichtarier in Deutschland?« Von Reichskulturwalter Hans Hinkel, Geschäftsführer der Reichskulturkammer. Aus einem Gespräch wiedergegeben von 15. August 1936, Nr. 191, 2. Beilage
Warum geht Schmidt nicht ins Kino? Der und die große Unbekannte der Filmindustrie, 15. Oktober 1936, Nr. 243, 2. Beilage
Heute Festtag der deutschen Artisten. Hans Hinkel spricht in den Groß-Varietés, 27. Oktober 1936, Nr. 253, 2. Beilage

Bierkowski schrieb den Journalistenfilm [Togger], 10. November 1936, Nr. 265, 2. Beilage

Gespräch mit Reichskulturwalter Hinkel. Wozu brauchen wir eine Reichskulturkammer?, 26. November 1936, Nr. 279, 2. Beilage

Kultur und Volk. Was ist der Reichskultursenat?, Bedeutsame Arbeitstagung am Sonnabend, 27. November 1936, Nr. 280, 2. Beilage

Die HJ – Das Kampfblatt der Hitler-Jugend

Eine Anregung für die Filmleute. Wochenschauen ohne Eisbären, 14. August 1937, Folge 33, S. 5

Dachkammer und Gedankenfabrik. Bücher warten auf dich!, 28. August 1937, Folge 35, S. 5

Junge Filmkünstler – aus der HJ! Gespräch mit Hans Steinhoff, 16. Oktober 1937, Folge 42, S. 5

Zu Wilhelm Buschs 30. Todestag. Im Wappen die lachende Träne, 8. Januar 1938, Folge 2, S. 11

»Urlaub auf Ehrenwort«. Ein Film schlägt eine Bresche, 15. Januar 1938, Folge 3, S. 5

Der Angriff – Tageszeitung der Deutschen Arbeitsfront

Seit Hamburg immer wieder, 1. Oktober 1935, Nr. 229, S. 6, und 2. Oktober 1935, Nr. 230, S. 10

Was liest der Arbeiter?, 2. November 1935, Nr. 257, S. 3–4

Heimkehr zum Schacht. Das Schicksal eines Kumpels, 28. November 1937, Nr. 279, S. 4–5

Mutter der Verlorenen. Die Geschichte der Martha Schwanebeck, 12. Dezember 1937, Nr. 191, S. 4–5

Artisten-Attraktionen, 28. Juli 1938, Nr. 179, S. 1–2

Fräulein Nummer sagt an: Der letzte Salto der Frascoya, 30. Juli 1938, Nr. 181, S. 3

Fräulein Nummer sagt an: Mord aus Neugier, 4. August 1938, Nr. 185, S. 11

Nanu – mal fünf. Heinz Rühmann filmt in der Plaza, 28. August 1938, Nr. 206, S. 4

»Ab Untersekunda warf ich mich auf die Politik«, 25. November 1938, Nr. 282, S. 3

Kapitäne über sieben Achsen, 27. November 1938, Nr. 284, S. 3

Kurt Seifert erschreckt den zweiten Stock. In der Wohnung von Rudi Godden, 4. Januar 1939, Nr. 3, S. 4

»Rauschende Ballnacht« im Atelier, 20. Januar 1939, Nr. 17, S. 4

Ein KdF-Tagebuch aus Tirol, 7. März 1939, Nr. 56, S. 14

In den Hauptrollen: 13 Pimpfe. Ritter beginnt mit den »Kadetten«, 15. März 1939, Nr. 63, S. 4

»Hol mal Kaffee, Leutnant!«, 30. März 1939, Nr. 76, S. 4

Admirale reden dich an, 12. April 1939, Nr. 88, S. 3

Carl Froelich, 3. Mai 1939, Nr. 106, S. 10

Die Helden der »Legion Condor« im Film, 17. Juni 1939, Nr. 146, S. 4

Der Schrei in die Lüfte, 16. Juli 1939, Nr. 171, S. 5

Nach dem ersten Schock. Paris auf den Trümmern einer Illusion, 15. August 1940, Nr. 197, S. 3, und 16. August 1940, Nr. 198, S. 3–4

Noch einmal Krieg in Polen, 22. September 1940, Nr. 230, S. 3

Geheimnisse des Orients. Wo der Secret Service herrscht, 15. Februar 1941, Nr. 39, S. 3

Kaukasus – Schwelle zwischen den Meeren, 17. August 1942, Nr. 208, S. 3

Der Nordkaukasus und seine Völker, 20. November 1942, Nr. 281, S. 3

Metzer Zeitung – Gauamtliches Abendblatt der Westmark

Hilde Krahl und der zeitlose Ibsen, 18./19. September 1943, Nr. 219, o. S.

Das Reich – Deutsche Wochenzeitung

Der Mann aus der Kanone. Notizen zur Aufrüstung der U.S.A., 8. Februar 1942, Nr. 6, S. 3

Hinter der Sowjet-Front. Wie sieht es in Moskau aus?, 15. März 1942, Nr. 11, S. 3

Die Gezeiten des U-Boot-Krieges, 26. Juli 1942, Nr. 30, S. 3

Wo die Heimat zur Front wird, 16. August 1942, Nr. 33, S. 3

Die Schüsse in Algier. Ruhm und Ohnmacht des Intelligence Service, 3. Januar 1943, Nr. 1, S. 3

Signal. Sonderausgabe der Berliner Illustrirten Zeitung

Stukas. Über den Sturzkampfbomber und seine Geschichte, 1. Novemberheft 1940, S. 19–21

ZEITSCHRIFTENBEITRÄGE

Gerhart Weise, Die andere Welt, In: *die neue linie*, hrsg. von B. E. Werner, Leipzig/Berlin/Wien, Mai 1941, 12. Jg., Heft 9, S. 35–37, 40–42

Gerhart Weise, The Other World, In: *The XXth Century*, hrsg. von Klaus Mehnert, Shanghai, Bd. VIII, April/Mai 1945, Nr. 4/5, S. 224–228

BEITRÄGE FÜR RUNDFUNK UND FILM

Hans H. Henne und Gerhart Weise, Mensch und Motor, Hörspiel. Ausgestrahlt am 16. Februar und 19. April 1936 im Reichssender Berlin, am 27. Juni 1936 im Reichssender Königsberg, Typoskript, 43 S., Privatarchiv Axel Pohlmann

Technische Daten der Ausstrahlung Katalog RRG, S. 306, DRA Wiesbaden

Kurt Frowein, Hans H. Henne, Gerhart Weise, Das Leben geht weiter, Treatment, undat. (1944), Typoskript, S. 5–116, Privatarchiv Axel Pohlmann

UNVERÖFFENTLICHT ODER UNBEKANNTER PUBLIKATIONSORT

Gerhart Weise, Leichte Nikotinvergiftung, Kurzgeschichte, undat. (1937), Typoskript, 2 S., Privatarchiv Eva Züchner

QUELLEN UND LITERATUR

ARCHIVE

Bundesarchiv Aachen

Die Dienst- und Rechtsverhältnisse der Sonderführer im Heere (Bestimmungen für den Einsatz von Sonderführern in Offizierstellen). In: Sammlung wehrrechtlicher Gutachten und Vorschriften, H. 3, als Manuskript gedruckt, Zentralnachweisstelle Kornelimünster 1965, S. 54–63

Bundesarchiv Berlin

BArch: DS/A 101 Personalakte Werner Knochenhauer; NJ 13364, Bd. I Prozess-Akte Erich Knauf/Erich Ohser; NS 24 Nationalsozialistisches Kraftfahr-Korps NSKK; PK/G 66 NSDAP-Akte Werner Knochenhauer; PK/L 0348 Personalakte Magdalena Speer; R 2 RFM 4791 Filmwirtschaft; R 2 RFM 4845 Ufa-Film GmbH: 4791; R 55/09 Personalakte Otto Kühbacher; R 55/9 Bd. 2 Dienststellenverwaltung, Anweisung Parteiabzeichen; R 55/13 Personalanforderungen und Geschäftsverteilungsplan Auslandsabteilung; R 55/64 Pässe, Dienstausweise; R 55/115 Bd. 11 Verleihung von Kriegsverdienstkreuzen; R 55/393 Bd. 2 Auslandspressebüro, Ernst Lemmer; R 55/409 Bd. 3 Personalabteilung, Bericht über die Tätigkeit der Abt. Ausland; R 55/440, 441 Bd. 11, 12 Nachrichtenblatt des RMVP; R 55/664 Filme und Filmvorhaben, Ministervorlagen Kurt Frowein; R 55/778 Reichsfilmintendanz, Haushalt und Personal; R 55/1115 Bd. 59 PK-Berichterstattung Karl-Georg v. Stackelberg; R 55/1337 Propagandaabteilung beim Militärbefehlshaber Frankreich; R 55/1367 Personalangelegenheiten der Propagandaabteilung in Frankreich; R 55/23116 Personalakte Gerhart Weise; R 55/23445 Personalakte Hans Schwarz van Berk; R 55/23580 Personalakte Karlheinz Dahlfeld; R 55/23644 Personalblatt Werner Knochenhauer; R 55/23904 Personalakte Wolf Schirrmacher; R 55/24096 Personalakte Kurt Frowein; R 78/2229 Korrespondenz Reichs-Rundfunk-Gesellschaft mit Gerhart Weise; R 78/2247 Hörspiel-Vertrag Reichsrundfunk-Gesellschaft mit Hans H. Henne; R 78/2259 Hörspiel-Vertrag Reichsrundfunk-Gesellschaft mit Gerhart Weise; R 103/43 RdP-Korrespondenz betr. Gabrielle v. Mirbach; R 103/140 RdP-Mitgliedsnummern der Berufsliste A;

R 103/156 Reichspresseschule; R 109 II/Bd. 13,14 Film »Kolberg«; R 109 II/ 15 Film »Panzerfaust«; R 109 II/47 Film »Das Leben geht weiter«; R 109 II/ 53 Film »Das Leben geht weiter«; R 109 III/Bd. 10 Deutsche Wochenschau, Akte Fritz Dettmann; RK I/77 Akte Fritz Dettmann; RK I/0232 Akte Hans H. Henne; RK I/553 Akte Karl-Georg v. Stackelberg; RK I/0606 Akte Gerhart Weise; RK Y/31 Nachrichtenblatt des RMVP; RKK 2681 Lohnzettel Ufa-Film GmbH für Gerhart Weise; RS/F 0332 RSHA-Sippenakte Wolf Schirrmacher; RS/F 0032, SSO 79 B SS-Personalakte Wolf Schirrmacher

Bundesarchiv Berlin, Zwischendepot Dahlwitz-Hoppegarten
Z-Akte VgM Strafnachricht 1954 Fritz Dettmann

Bundesarchiv-Militärarchiv Freiburg
1 AE/1942 Propagandaabteilung Paris; MSg3 Zeitschrift »Die Wildente«; RH 20–2 AOK 2; RM 14 Marine-Propagandaabteilung; RW 4/217 Propaganda-abteilung Frankreich, Außenstelle Paris; RW 42/27, Bd. 8 Geschäftsvertei-lungsplan Büro Schwarz van Berk

Bundesarchiv Koblenz
N/1373 Nachlass Hans Schwarz van Berk; R 55/13, 893, 1317, 1402 Geschäfts-verteilungspläne RMVP

Deutsches Rundfunk-Archiv Potsdam
ZMK 2074 Tonträger Arnold Schönberg, Verklärte Nacht, Aufnahme 1945

Geheimes Staatsarchiv Preußischer Kulturbesitz, Berlin
I. HA, Rep. 151, Nr. 2293 Blankoexemplar Schriftleiterausweis RdP

Konrad-Adenauer-Stiftung, Sankt Augustin
ACDP 01–280 Nachlass Ernst Lemmer

Landesarchiv Berlin
LA: A Rep. 243-04, Nr. 6402 Reichskammer der bildenden Künste, Akte Erich Ohser; A Rep. 250-06–04 Nr. 1–5 Schriftleitung »Der Angriff«; A Rep. 342-02 Nr. 14928 Blattsammlung zum Handelsregister A über das Cecilien Sanatorium

Archiv Studienwerk Deutsches Leben in Ostasien e. V. (StuDeO), Kreuth
Zeitschrift »The XXth Century«, Shanghai

Familienarchiv v. Stackelberg, Remagen
Weihnachtszeitung 1943 der Nachrichten Ersatz Abteilung 3

Privatarchiv Axel Pohlmann, Dortmund
Nachlass Hans H. Henne

Privatarchiv Henning Schwarz van Berk, Lüdenscheid
Briefe und Manuskripte Hans Schwarz van Berk

AUSKÜNFTE

Amtsgericht Potsdam; Auswärtiges Amt, Berlin; Botschaft der Bundesrepublik Deutschland, Moskau; Bundesarchiv Berlin und Koblenz, Militärarchiv Freiburg und Zwischenarchiv Dahlwitz-Hoppegarten; Die Bundesbeauftragte für die Unterlagen des Staatssicherheitsdienstes der ehemaligen Deutschen Demokratischen Republik, Berlin; Deutsche Dienststelle für die Benachrichtigung der nächsten Angehörigen von Gefallenen der ehemaligen deutschen Wehrmacht (WAst), Berlin; Deutsche Kinemathek, Berlin; Deutsches Rotes Kreuz, Suchdienst München; Deutsches Rundfunkarchiv, Wiesbaden; Filmmuseum Potsdam; Gedenkstätte Berlin-Hohenschönhausen; Heimatverein Kleinmachnow; Institut für Zeitgeschichte, München; Institut für Zeitungsforschung, Dortmund; Landesarchiv Berlin; Militärgeschichtliches Forschungsamt, Potsdam; Museum Haus am Checkpoint Charlie, Berlin; Stiftung Sächsische Gedenkstätten zur Erinnerung an die Opfer politischer Gewaltherrschaft, Dresden; Suchreferat der Liga für Russisch-Deutsche Freundschaft, Moskau; Hans-Christoph Blumenberg, Hamburg; Diethild Buchheim, Feldafing; Barbara Dovifat, Berlin; Götz Eberbach, Stuttgart; Charlotte Frowein, Wuppertal; Christian Haase, Nottingham; Christian Härtel, Berlin; Michael Kohlstruck, Berlin; Erika Martens, Rosengarten; Christian Frhr. v. Mirbach, Berlin; Karin Raschke, Berlin; Joachim Rissmann, Berlin; Volker Schirrmacher, Heidelberg; Wolfhart Baron v. Stackelberg, Remagen; Gerhart Steinecke, Meißen; Christian Taaks, Berlin

VERWENDETE LITERATUR

Die im Text genannten Kriegs- und Propagandabücher, Broschüren, Zeitschriften und Zeitungen der NS-Zeit sind hier nicht noch einmal aufgeführt.

Benz, Wolfgang: *Potsdam 1945. Besatzungsherrschaft und Neuaufbau im Vier-Zonen-Deutschland*, München 2005 (4. aktualisierte Neuausgabe)

Benz, Wolfgang (Hrsg.): *Wie wurde man Parteigenosse? Die NSDAP und ihre Mitglieder*, Frankfurt am Main 2009

Blumenberg, Hans-Christoph: *Das Leben geht weiter. Der letzte Film des Dritten Reiches*, Berlin 1993

Boberach, Heinz (Hrsg.): *Meldungen aus dem Reich 1938–1945. Die geheimen Lageberichte des Sicherheitsdienstes der SS*, 17 Bde., Herrsching 1984

Boelcke, Willi A. (Hrsg.): *Kriegspropaganda 1939–1941. Geheime Minister-konferenzen im Reichspropagandaministerium*, Stuttgart 1966

Boelcke, Willi A. (Hrsg.): *Wollt Ihr den totalen Krieg? Die geheimen Goebbels-Konferenzen 1939–1943*, München 1969

Boveri, Margret: *Wir lügen alle. Eine Hauptstadtzeitung unter Hitler*, Olten/Freiburg i. Br. 1965

Boveri, Margret: *Tage des Überlebens. Berlin 1945. Mit einem Vorwort von Egon Bahr*, Berlin 2004

Czerwiakowski, Ewa/Angela Martin (Hrsg.): *Muster des Erinnerns. Polnische Frauen als KZ-Häftlinge in einer Tarnfabrik von Bosch*, Berlin 2005

Davis, Brian L.: *Uniformen und Abzeichen des deutschen Heeres 1933–1945*, Stuttgart 1973

Dollinger, Hans (Hrsg.): *Facsimile Querschnitt durch Signal*, eingeleitet von Willi A. Boelcke, München/Bern/Wien 1969 (= Facsimile Querschnitte durch alte Zeitungen und Zeitschriften, Bd. 14)

Dresdner Geschichtsverein e. V. (Hrsg.): *Die Ausstellung »Entartete Kunst« und der Beginn der NS-Kulturbarbarei in Dresden* (= Dresdner Hefte, Heft 77, Januar 2004)

Ellrich, Hartmut: *Dresden 1933–1945. Der historische Reiseführer*, Berlin 2008

Engel, Kathrin: *Deutsche Kulturpolitik im besetzten Paris 1940–1944: Film und Theater*, München 2003 (= Pariser Historische Studien, hrsg. vom Deutschen Historischen Institut Paris, Bd. 63)

Frei, Norbert/Johannes Schmitz (Hrsg.): *Journalismus im Dritten Reich*, München 1999 (3. Aufl.)

Fröhlich, Elke (Hrsg.): *Die Tagebücher von Joseph Goebbels. Teil I: Aufzeichnungen 1923–1941, 9 Bde., Teil II: Diktate 1941–1945, 15 Bde., Teil III: Register, 3 Bde.*, München/New Providence/London/Paris 1987–2008

Fürlus, Eckhard: Künstlerfreunde. In: *Hannah Höch. Eine Lebenscollage, Bd. III 1946–1978*, hrsg. von den Künstler-Archiven der Berlinischen Galerie, Berlin 2001, S. 79–121

Graf, Johannes: *Friedo Lampe (1899–1945). Die letzten Lebensjahre in Grün-*

heide, Berlin und Kleinmachnow, Frankfurt/Oder 1998 (= Frankfurter Buntbücher, hrsg. von Wolfgang Barthel, Bd. 21)

Hachmeister, Lutz/Michael Kloft (Hrsg.): *Das Goebbels-Experiment. Propaganda und Politik*, München/Hamburg 2005

Härtel, Christian: *Stromlinien – Wilfrid Bade. Eine Karriere im Dritten Reich*, Berlin 2004

Heiber, Helmut: *Joseph Goebbels*, Berlin 1962

Heiber, Helmut (Hrsg.): *Goebbels-Reden. Bd 1: 1932–1939, Bd. 2: 1939–1945*, Düsseldorf 1971

Heiber, Helmut/Hildegard von Kotze (Hrsg.): *Facsimile Querschnitt durch das Schwarze Korps*, München/Bern/Wien 1968 (= Facsimile Querschnitte durch [alte] Zeitungen und Zeitschriften, Bd. 12)

Jäckel, Hartmut: *Menschen in Berlin. Das letzte Telefonbuch der alten Reichshauptstadt*, Stuttgart/München 2000

Jansen, Wolfgang: *Das Varieté. Die glanzvolle Geschichte einer unterhaltenden Kunst*, Berlin 1990

Jünger, Ernst: *Strahlungen I. Gärten und Straßen / Das erste Pariser Tagebuch / Kaukasische Aufzeichnungen*, München 2003 (5. Aufl.)

Koch, Heinz: *Chronik von Kleinmachnow*, Berlin 1984

Kohlmann-Viand, Doris: *NS-Pressepolitik im Zweiten Weltkrieg. Die ›Vertraulichen Informationen‹ als Mittel der Presselenkung*, München/London/New York/Paris 1991 (= Kommunikation und Politik, hrsg. von Jörg Aufermann u. a., Bd. 23)

Kohlstruck, Michael: Der Fall Mehnert. In: *Der Fall Schwerte im Kontext*, hrsg. von Helmut König, Opladen/Wiesbaden 1998, S. 138–172

Kohlstruck, Michael: Klaus Mehnert und die Zeitschrift »The XXth Century«. In: *Exil Shanghai 1938–1947. Jüdisches Leben in der Emigration*, hrsg. von Georg Armbrüster, Michael Kohlstruck und Sonja Mühlberger, Berlin 2000, S. 233–253

Kreimeier, Klaus: *Die Ufa-Story. Geschichte eines Filmkonzerns*, München/Wien 1992

Kulturbetrieb der Stadt Plauen (Hrsg.): *Erich Ohser – e.o.plauen. Der politische Zeichner*. Ausst.-Kat. Vogtlandmuseum, Plauen 2004

Kunstamt Schöneberg (Hrsg.): *Orte des Erinnerns, Bd. 2: Jüdisches Alltagsleben im Bayerischen Viertel*, Berlin 1995 (= Deutsche Vergangenheit, Bd. 119, 2. Aufl.)

Leber, Annedore, in Zusammenarbeit mit Willy Brandt und Karl Dietrich Bracher (Hrsg.): *Das Gewissen steht auf. 64 Lebensbilder aus dem deutschen Widerstand 1933–1945*, Berlin/Frankfurt am Main 1954

Lemmer, Ernst: *Manches war doch anders. Erinnerungen eines deutschen Demokraten*, Frankfurt am Main 1968

Littell, Jonathan: *Die Wohlgesinnten*, Berlin 2008

Martens, Erika: *Zum Beispiel Das Reich. Zur Phänomenologie der Presse im totalitären Regime*, Köln 1972

Mehlhardt, Dieter: *Kleinmachnow. Geschichte und Entwicklung des Ortes. Eine kleine Heimatkunde*, hrsg. vom Kulturbund zur Demokratischen Erneuerung Deutschlands, Kommission Natur- und Heimatfreunde, Kreis Potsdam-Land/DDR 1954

Mironenko, Sergej, Lutz Niethammer u. a. (Hrsg.): *Sowjetische Speziallager in Deutschland 1945 bis 1950. Bd. 2: Sowjetische Dokumente zur Lagerpolitik*, eingeleitet und bearbeitet von Ralf Rossekel, Berlin 1998

Moeller, Felix: *Der Filmminister. Goebbels und der Film im Dritten Reich*. Mit einem Vorwort von Volker Schlöndorff, Berlin 1998

Müller, Hans Dieter (Hrsg.): *Facsimile Querschnitt durch Das Reich*, eingeleitet von Harry Pross, München/Bern/Wien 1964 (= Facsimile Querschnitte durch alte Zeitungen und Zeitschriften, Bd. 4)

Müsse, Wolfgang: *Die Reichspresseschule – Journalisten für die Diktatur? Ein Beitrag zur Geschichte des Journalismus im Dritten Reich* (= Dortmunder Beiträge zur Zeitungsforschung, Bd. 53), München 1995

Neyer, Hans Joachim (Hrsg.): *Erich Ohser e.o.plauen. Zeichnungen Illustrationen Politische Karikaturen und alle Bildgeschichten von »Vater und Sohn«.* Ausst.-Kat. Wilhelm-Busch-Museum Hannover, Konstanz 2000

Pars, H. H., *Noch leuchten die Bilder. Ihr Schicksal – ihre Rettung – ihr Untergang*, Stuttgart 1953

Rohde, Horst: *Das deutsche Wehrmachttransportwesen im Zweiten Weltkrieg*, Stuttgart 1971

Rössler, Patrick: *die neue linie 1929–1943. das bauhaus am kiosk*, Berlin/Bielefeld 2007

Rott, Joachim: *Bernhard Weiss. Polizeivizepräsident in Berlin – Preußischer Jude – Kämpferischer Demokrat*, Berlin 2008

Rürup, Reinhard (Hrsg.): *Berlin 1945. Eine Dokumentation. Stiftung Topographie des Terrors*, Berlin 1995 (2. Aufl.)

Schivelbusch, Wolfgang: *Vor dem Vorhang. Das geistige Berlin 1945–1948*, Frankfurt am Main 1997

Schruttke, Tatjana: *Die Jugendpresse des Nationalsozialismus*, Köln/Weimar/Wien 1997 (= Medien in Geschichte und Gegenwart, Bd. 9)

Schulz, Jürgen Michael: Aktivitäten für die »Neue Zeit«. Emil Dovifat und sein publizistisches Engagement für die CDU. In: *Emil Dovifat. Studien und Dokumente zu Leben und Werk*, hrsg. von Bernd Sösemann in Zusammenarbeit mit Gunda Stöber, Berlin/New York 1998 (= Beiträge zur Kommunikationsgeschichte, Bd. 8, hrsg. von Bernd Sösemann), S. 187–227

Stephan, Werner: *Joseph Goebbels. Dämon einer Diktatur*, Stuttgart 1949

Stiftung Topographie des Terrors (Hrsg.): *Das »Hausgefängnis« der Gestapo-Zentrale in Berlin. Terror und Widerstand 1933–1945*, Berlin 2006 (2. Aufl.)

Stiftung Topographie des Terrors (Hrsg.): *Topographie des Terrors. Gestapo, SS und Reichssicherheitshauptamt in der Wilhelm- und Prinz-Albrecht-Straße. Eine Dokumentation*, Berlin 2008

Strunk, Peter: *Zensur und Zensoren. Medienkontrolle und Propagandapolitik unter sowjetischer Besatzungsherrschaft in Deutschland*, Berlin 1996 (= edition bildung und wissenschaft, Bd. 2, hrsg. von Manfred Heinemann)

Studt, Christoph (Hrsg.): *»Diener des Staates«* oder *»Widerstand zwischen den Zeilen«?* Die Rolle der Presse im *»Dritten Reich«* (= Schriftenreihe der Forschungsgemeinschaft 20. Juli 1944, Bd. 8), Berlin/Münster u. a. 2007

Verein Biographische Forschungen und Sozialgeschichte e. V. (Hrsg.): *Genslerstraße 66*, H. 1, zusammengestellt und eingeleitet von Peter Erler und Thomas Friedrich, Berlin 1995

Wedel, Hasso von: *Die Propagandatruppen der Deutschen Wehrmacht*. Mit einem Vorwort von Hermann Teske, Neckargemünd 1962 (= Die Wehrmacht im Kampf, Bd. 34)

Wulf, Joseph: *Presse und Funk im Dritten Reich. Eine Dokumentation*, Frankfurt am Main/Berlin/Wien 1983

Wulf, Joseph: *Theater und Film im Dritten Reich. Eine Dokumentation*, Frankfurt am Main/Berlin/Wien 1983

Zentner, Christian: *Adolf Hitlers Mein Kampf. Eine kommentierte Auswahl*, München 2007 (19. Aufl.)

Zuschlag, Christoph: *»Entartete Kunst«. Ausstellungsstrategien im Nazi-Deutschland*, Worms am Rhein 1995 (= Heidelberger Kunstgeschichtliche Abhandlungen, Neue Folge, Bd. 21, hrsg. vom Kunsthistorischen Institut der Universität Heidelberg)

LEXIKA UND NACHSCHLAGEWERKE

Amtliches Fernsprechbuch für den Bezirk der Reichspostdirektion Berlin. Ausgabe Juni 1941, Stand 1. Februar 1941; Nachtrag zur Ausgabe 1941: Ausgabe März 1943

Berliner Adreßbuch. Straßen und Häuser unter Benutzung amtlicher Quellen, Berlin 1937, 1939, 1942, 1943

Reichsband. Adressenwerk der Dienststellen der NSDAP mit den angeschlossenen Verbänden des Staates, der Regierungs-Behörden und der Berufsorganisationen in Kultur, Reichsnährstand, Gewerbliche Wirtschaft, hrsg. unter der Aufsicht der Reichsleitung der NSDAP, Berlin 1941/42, 3. Ausg.

Organisationsbuch der NSDAP, hrsg. vom Reichsorganisationsleiter der NSDAP, München 1943 (7. Aufl.)

Benz, Wolfgang, Hermann Graml und Hermann Weiß (Hrsg.): *Enzyklopädie des Nationalsozialismus*, München 2001 (4. Aufl.)

Brauneck, Manfred (Hrsg.): *Autorenlexikon deutschsprachiger Literatur des 20. Jahrhunderts*, Reinbek bei Hamburg 1988 (3. Aufl.)

Christoffel, Udo/Elke von der Lieth: *Berlin-Wilmersdorf. Verfolgung und Widerstand 1933–1945*, Berlin 1996

Frenzel, Herbert A./Elisabeth Frenzel: *Daten deutscher Dichtung. Chronologischer Abriß der deutschen Literaturgeschichte. Bd. II: Vom Biedermeier bis zur Gegenwart*, München 1977 (14. Aufl.)

Kammer, Hilde/Elisabet Bartsch: *Lexikon Nationalsozialismus. Begriffe, Organisationen und Institutionen*, Reinbek bei Hamburg 2002 (6. Aufl.)

Klee, Ernst: *Das Personenlexikon zum Dritten Reich. Wer war was vor und nach 1945?*, Frankfurt am Main 2003

Overesch, Manfred/Friedrich Wilhelm Saal: *Bd. 2/I: Das Dritte Reich 1933–1939. Droste Geschichts-Kalendarium. Chronik deutscher Zeitgeschichte, Politik Wirtschaft Kultur*, Düsseldorf 1982

Overesch, Manfred: *Bd. 2/II: Das Dritte Reich 1939–1945*, Düsseldorf 1983

Overesch, Manfred: *Bd. 3/I: Das besetzte Deutschland 1945–1947*, Düsseldorf 1986

Studt, Christoph: *Das Dritte Reich in Daten*, München 2002

Weniger, Kay: *Das große Personenlexikon des Films*, 8 Bde., Berlin 2001

Nachdruck des Pharus-Plans Berlin von 1944, Berlin 2004

INTERNET

Axishistory.com; Deutsches-Filminstitut.de; filmportal.de; Lexikon-der-Wehrmacht.de; Luise-Berlin.de; Shoa.de; OPAC der ZDB; Wikipedia.de; Zeitungsviertel.de; ZVAB.de

BILDNACHWEIS

Trotz intensiver Recherchen war es uns nicht in allen Fällen möglich, die Rechteinhaber der Abbildungen ausfindig zu machen. Berechtigte Ansprüche werden selbstverständlich im Rahmen der üblichen Vereinbarungen abgegolten.

Bauhaus-Archiv, Berlin 122
Blumenberg, Hans-Christoph: *Das Leben geht weiter. Der letzte Film des Dritten Reiches*, Berlin 1993 (Bildteil) 191, 206
bpk Bildagentur für Kunst, Kultur und Geschichte, Berlin 48, 64, 73, 87, 186
Bundesarchiv Berlin 80, 82, 102, 106, 107, 133, 172, 181, 247
Diakonisches Werk der Evangelischen Kirche in Deutschland, Berlin 40, 50
Kulturbetrieb der Stadt Plauen (Hrsg.): *Erich Ohser – e.o.plauen. Der politische Zeichner*. Ausst.-Kat. Vogtlandmuseum, Plauen 2004 (S. 36) 224
Landesarchiv Berlin 212
Privatarchiv Axel Pohlmann 36, 71
Privatarchiv Henning Schwarz van Berk 103
Sächsische Landesbibliothek, Staats- und Universitätsbibliothek Dresden, Deutsche Fotothek 17, 22
StuDeO-Archiv, Kreuth 238
Universitäts- und Stadtbibliothek, Köln 145

Alle übrigen Bilder im Besitz der Autorin

PERSONENREGISTER